Das Piraten Tagebuch

Marshall Editions, The Old Brewery, 6 Blundell Street, London N7 9BH

Titel der englischen Originalausgabe:
The Illustrated Pirate Diaries

Autorisierte deutsche Ausgabe für diese Übersetzung veröffentlicht von
National Geographic Deutschland (G+J/RBA GmbH & Co KG), Hamburg 2009.

Mitarbeiter der deutschen Ausgabe:
Übersetzung: Karin Schuler und Henning Dedekind
Lektorat: Ulrich Mihr
Titelgestaltung: Büro Hamburg
Produktion: Verlagsservice Rau

Printed in China
ISBN 978-3-86690-098-1

Das Piraten Tagebuch

Aus dem abenteuerlichen Leben des größten Freibeuters der Karibik

Alexander Exquemelin

Herausgegeben von Terry Breverton

NATIONAL GEOGRAPHIC

INSVLÆ AMERICANÆ
IN OCEANO SEPTENTRIONALI,
cum Terris adiacentibus.
FLORIDA.
GOLFO DE MEXICO.
NOVÆ HISPANIÆ PARS.
CVB
YVCATAN
HONDVRAS.
NICARAGVA.
MAR DEL ZVR.
Ampl^mo Prud^mo Doct^moq Viro
D. ALBERTO CONRADI VANDER BVRCH
I.C. Reip. Amsterdamensis Senatori, Collegii
Scabinorum Præsidi, Societatis Indicæ, quæ
ad Occidentem militat, aßeßori, et nuper
ad Magnum Moscoviæ Ducem Legato,
Tabulam hanc inscribit Guilielmus Blaeu.

Links: Diese Karte der karibischen Inseln von Willem Blau (um 1650) zeigt Kuba, Hispaniola, Jamaika und die Küstenlinie Zentralamerikas.

INHALT

VORWORT DES HERAUSGEBERS

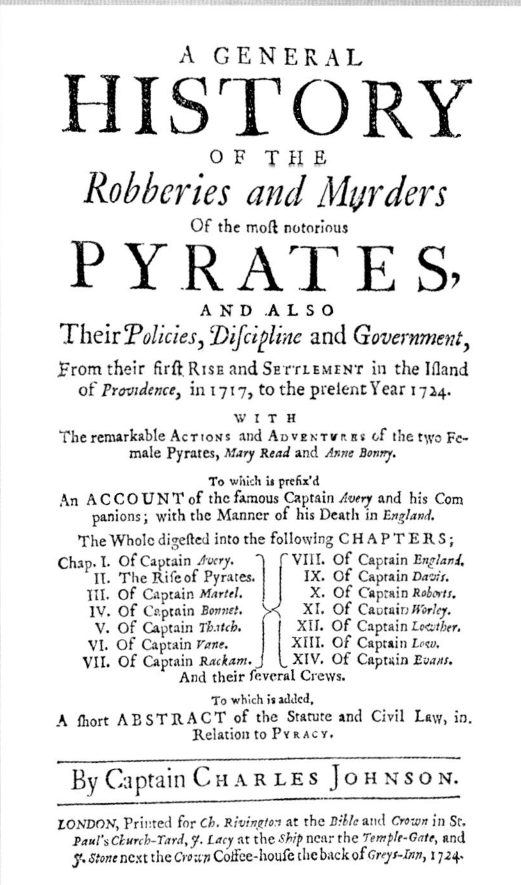
A GENERAL
HISTORY
OF THE
Robberies and Myrders
Of the moſt notorious
PYRATES,
AND ALSO
Their *Policies*, *Diſcipline* and *Government*,
From their firſt RISE and SETTLEMENT in the Iſland of *Providence*, in 1717, to the preſent Year 1724.
WITH
The remarkable ACTIONS and ADVENTURES of the two Female Pyrates, *Mary Read* and *Anne Bonny*.
To which is prefix'd
An ACCOUNT of the famous Captain *Avery* and his Companions; with the Manner of his Death in *England*.
The Whole digeſted into the following CHAPTERS;
Chap. I. Of Captain *Avery*.
II. The Riſe of Pyrates.
III. Of Captain *Martel*.
IV. Of Captain *Bonnet*.
V. Of Captain *Thatch*.
VI. Of Captain *Vane*.
VII. Of Captain *Rackam*.
VIII. Of Captain *England*.
IX. Of Captain *Davis*.
X. Of Captain *Roberts*.
XI. Of Captain *Worley*.
XII. Of Captain *Lowther*.
XIII. Of Captain *Low*.
XIV. Of Captain *Evans*.
And their ſeveral Crews.
To which is added,
A ſhort ABSTRACT of the Statute and Civil Law, in Relation to PYRACY.
By Captain CHARLES JOHNSON.
LONDON, Printed for *Ch. Rivington* at the *Bible* and *Crown* in St. *Paul's Church-Yard*, *J. Lacy* at the *Ship* near the *Temple-Gate*, and *J. Stone* next the *Crown* Coffee-houſe the back of *Greys-Inn*, 1724.

Title-page of the First Edition, 1724

Die einzigartige Teilbiografie Exquemelins ist unsere wichtigste Quelle zu den Freibeutern und Piraten des 17. Jahrhunderts. Exquemelins Bericht inspirierte Autoren wie Defoe ebenso wie unzählige Nachahmer. Vor allem seinem Bericht verdanken wir die Klischees von Charakter und Handeln der Seeräuber. Edward Cox meint dazu: «Dieses Werk inspirierte eine gewaltige Menge von Romanen, Dramen, Fantasiereisen und brachte zweifellos viele abenteuerlustige Leser dazu, Seeräuber werden zu wollen … Es ist der Klassiker der Freibeuterliteratur.» Als Daniel Defoe mehr als 40 Jahre später (unter dem Pseudonym Captain Charles Johnson) die spannende „Umfassende Geschichte der Räubereien und Mordtaten der berüchtigten Piraten" schrieb, benutzte er dazu auch die Akten des Prozesses gegen die Mannschaft von Black Bart Roberts, des größten Piratenprozesses überhaupt.

Die beiden Bücher von Exquemelin und Defoe berichten von tatsächlichen und erfundenen Geschehnissen und weckten ein dauerhaftes Interesse an ihren Protagonisten. Anders als Defoe segelte Exquemelin tatsächlich mit den Freibeutern unter Captain Henry Morgan, Roche Braziliano und anderen: Er war Augenzeuge.

Wir wissen nicht genau, woher Exquemelin stammte. Er wurde als Flame, Bretone und französischer Hugenotte beschrieben, doch die meisten Autoren halten ihn für einen Holländer. Geboren wurde er um 1646 in der französischen Stadt Honfleur, gestorben ist er um 1707.

Die erste Ausgabe seines Buches trug den Titel „De Americaensche Zee-Roovers" und erschien 1678 in Amsterdam auf Niederländisch bei dem Drucker und Buchhändler Jan ten Hoorn, obwohl der Text ursprünglich wahrscheinlich auf Französisch geschrieben war. 1679 folgte eine deutsche Ausgabe, gedruckt in Nürnberg, unter dem Titel „Amerikanische Seeräuber", und 1681 eine spanische Ausgabe, „Los Piratas de America". Die ersten beiden englischen Editionen wurden 1684 gedruckt: Die von William Crook basierte auf der spanischen Ausgabe, die von Thomas Malthus auf der niederländischen. 1686 erschien die „Histoire des Adventuriers" mit einigen Zusätzen in Paris. Innerhalb von sieben Jahren war Exquemelins Werk also in die großen europäischen Nationalsprachen übersetzt worden.

Exquemelin war vermutlich ein Nachfahre hugenottischer Apotheker. Einige Quellen behaupten, dass er sechs Jahre lang Chirurgie in Rouen und Paris studiert habe, bis Ludwig XIV. den Hugenotten 1666 per Dekret verbot, als Ärzte zu praktizieren. Daraufhin verpflichtete er sich als Schuldknecht der gerade gegründeten *Compagnie des Indes Occidentales* (der französischen Westindien-Kompanie) und segelte

Dieses Werk inspirierte eine gewaltige Menge von Romanen, Dramen, Fantasiereisen und brachte zweifellos viele abenteuerlustige Leser dazu, Seeräuber werden zu wollen … Es ist der Klassiker der Freibeuterliteratur.

Oben: Eine Illustration von Manning DeVilleneuve Lee auf dem Titelbild einer beliebten Jugendzeitschrift, Oktober 1924.
Gegenüber: Frontispiz der Ausgabe des Jahres 1724 von Daniel Defoes „The History of the Pyrates" – er benutzte das Pseudonym Captain Charles Johnson, um die Leser zu beeindrucken und den Verkauf zu fördern.

im Mai 1666 auf der „Saint Jean“ nach Tortuga. Bald nach seiner Ankunft geriet die Kompanie in finanzielle Schwierigkeiten, und er wurde an den grausamen Vize-Gouverneur verkauft. Glücklicherweise wurde er bald danach Schuldknecht eines Arztes und konnte sich nach einem Jahr freikaufen. Mittellos schloss er sich den Bukanieren an und nahm als Schiffsarzt unter dem Kommando von Captain Henry Morgan an den Expeditionen nach Maracaibo im Jahr 1669 und nach Panama in den Jahren 1670–1671 teil.

Später verließ Exquemelin die Bukaniere und die Westindischen Inseln auf einem holländischen Schiff von Kuba aus und war 1672 in Amsterdam. Zwischen 1672 und 1686 reiste er noch dreimal nach Amerika. Im Frühjahr 1674 verpflichtete er sich in Amsterdam als leitender Schiffsarzt in Admiral de Ruyters Flotte, die die Französischen Antillen angreifen sollte. Frankreich war in Holland eingefallen und hatte große Gebiete annektiert; zur Vergeltung kreuzte de Ruyter mit seinem Flaggschiff „The Seven Provinces“ und 18 Kriegs-, 9 Versorgungs- und 15 Transportschiffen mit 3400 Soldaten im Juli 1674 vor Martinique auf. Bei dem Versuch, Fort Royal anzugreifen, hielten neue Sperren de Ruyter vom Hafen fern. Er schickte seine Soldaten daraufhin ohne Deckung durch die Bordgeschütze an die Küste. Binnen zweier Stunden gab es 143 Tote und 318 Verwundete, die Überlebenden kehrten auf die Schiffe zurück. Exquemelin muss bei der Versorgung der Verwundeten alle Hände voll zu tun gehabt haben.

Unten: 1681 erschienen zwei Ausgaben in England. In der zweiten wird Henry Morgan nicht mehr als Schurke dargestellt, sondern als Held gefeiert.

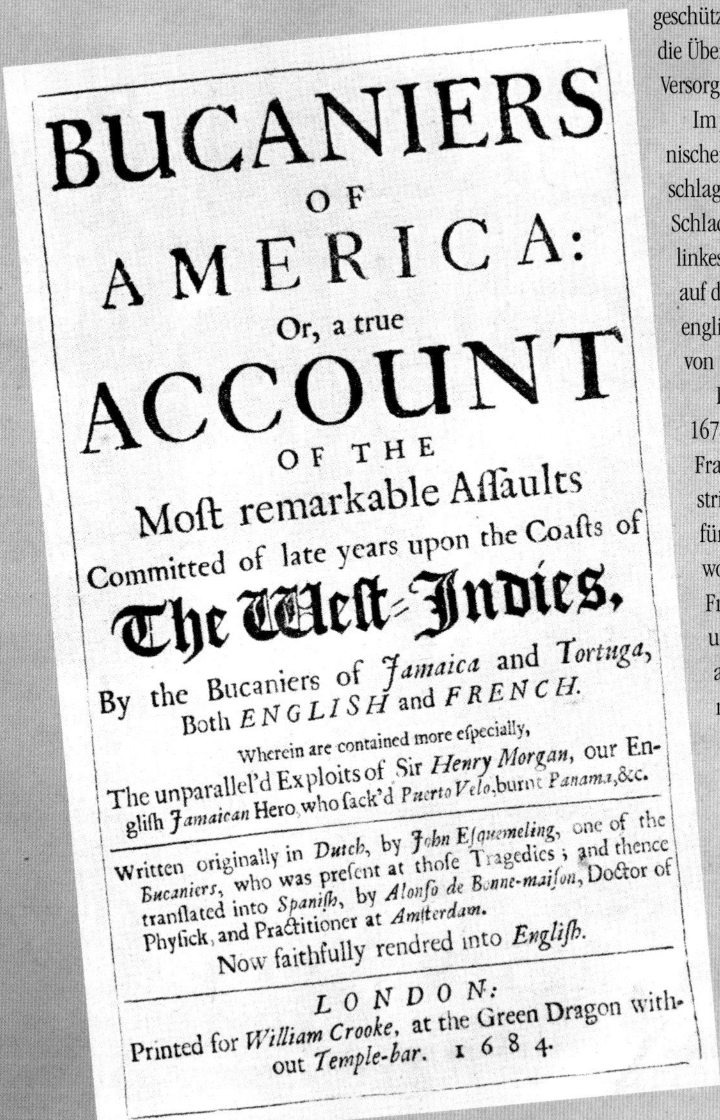
BUCANIERS
OF
AMERICA:
Or, a true
ACCOUNT
OF THE
Most remarkable Assaults
Committed of late years upon the Coasts of
The West-Indies,
By the Bucaniers of *Jamaica* and *Tortuga*,
Both ENGLISH and FRENCH.
Wherein are contained more especially,
The unparallel'd Exploits of Sir *Henry Morgan*, our English *Jamaican* Hero, who sack'd *Puerto Velo*, burnt *Panama*, &c.

Written originally in *Dutch*, by *John Esquemeling*, one of the *Bucaniers*, who was present at those Tragedies; and thence translated into *Spanish*, by *Alonso de Bonne-maison*, Doctor of Physick, and Practitioner at *Amsterdam*.
Now faithfully rendred into *English*.

LONDON:
Printed for *William Crooke*, at the Green Dragon without *Temple-bar*. 1684.

Im Jahr 1676 übernahm de Ruyter das Kommando einer niederländisch-spanischen Flotte, die den Spaniern helfen sollte, einen Aufstand in Sizilien niederzuschlagen. Zweimal kämpfte er gegen eine französische Flotte im Mittelmeer, in der Schlacht bei Stromboli und der Schlacht bei Agosta, wo eine Kanonenkugel sein linkes Bein traf und ihn tödlich verwundete. Wahrscheinlich war Exquemelin auch auf dieser Reise bei ihm. 1677 versuchte er noch einmal, als Wundarzt bei der englischen Kriegsmarine anzuheuern, doch weil das Parlament die Beschäftigung von ausländischen Ärzten verboten hatte, kehrte er nach Amsterdam zurück.

Exquemelin hatte die Schilderung seiner Erlebnisse abgeschlossen und 1678 veröffentlicht. „De Americaensche Zee-Roovers“ wurde jedoch aus dem Französischen ins Niederländische übersetzt, einige Abschnitte wurden gestrichen oder umgeschrieben und ein Kapitel wurde hinzugefügt, um das Buch für das holländische Publikum interessanter zu machen. Amsterdamer Einwohnerlisten führen Exquemelin im September 1679 als «Wundarzt und Fremder». Im Oktober des Jahres legte er seine letzte Prüfung als Arzt ab und durfte jetzt seinen Beruf in Holland ebenso ausüben wie zuvor schon auf hoher See. Er wurde ins Zunftbuch der holländischen Wundärzte aufgenommen und erhielt die niederländische Staatsbürgerschaft.

Das Buch wurde ein Erfolg. Überall in Europa erschienen verschiedene Ausgaben und „Raubkopien“. 1679 wurde der Bericht ins Deutsche übersetzt. 1681 wurde die erste spanische Ausgabe mit vielen vorher unveröffentlichten Einzelheiten in Köln gedruckt. Übersetzt hatte sie der Spanier Alonso de Buena Maison, ein Doktor der Medizin der Universität Leiden. Er war Exquemelins Hausgenosse und Kollege als Arzt – ein getaufter Jude, der vor der spanischen Inquisition geflohen war. Buena Maison schrieb das Buch um, damit es beim spanischen Publikum nicht so viel Anstoß erregte, doch trotz dieser Zensur behauptete ein spanischer Marquis später, er habe Buena Maison und Exquemelin aus Amsterdam vertreiben lassen, weil die beiden sein Land (und seine Religion) beleidigt hätten.

Exquemelin und Buena Maison finden wir 1681 an Bord der „San Jeroboam" mit Kurs auf Jamaika wieder. Exquemelin ließ sich als Wundarzt in San Domingo nieder, hatte dort aber keinen Erfolg. 1683 versuchten die Spanier, das Ostender Sklavenschiff „Martha und Maria" unter dem Kommando des Kaperfahrers Captain Nicholas van Hoorn aufzubringen, und Exquemelin fuhr wieder als Wundarzt einer Piratenflotte zur See.

Die Londoner Verleger William Crook und Thomas Malthus druckten beide 1684 englische Fassungen des Buches, wobei sie Exquemelins Namen zu „Esquemeling" anglisierten. Eine zweite Ausgabe folgte nur drei Monate später. Der frühere jamaikanische Freibeuter und zeitweilige Gouverneur von Jamaika, Sir Henry Morgan, nahm allerdings Anstoß an einigen Passagen des Buches. Im ersten erfolgreichen Verleumdungsprozess der britischen Geschichte wurden die beiden englischen Verleger verurteilt. Es folgte 1684 eine weitere englische Fassung, in der Morgan von allen Grausamkeiten und Lastern, die in den ersten beiden Ausgaben drastisch geschildert wurden, freigesprochen wurde. Das neue Buch trug den Titel „Die Geschichte der Bukaniere; ein unparteiischer Bericht aller Schlachten, Belagerungen und anderer überaus wichtiger Angriffe, die mehrere Jahre lang auf die Küsten der Karibik von Seiten der Piraten von Jamaika und Tortuga stattgefunden haben. Genauer noch die unvergleichlichen Leistungen von Sir Henry Morgan … Gründlich befreit von den Fehlern des Originals durch die Berichte einiger englischer Herren, die damals dort lebten".

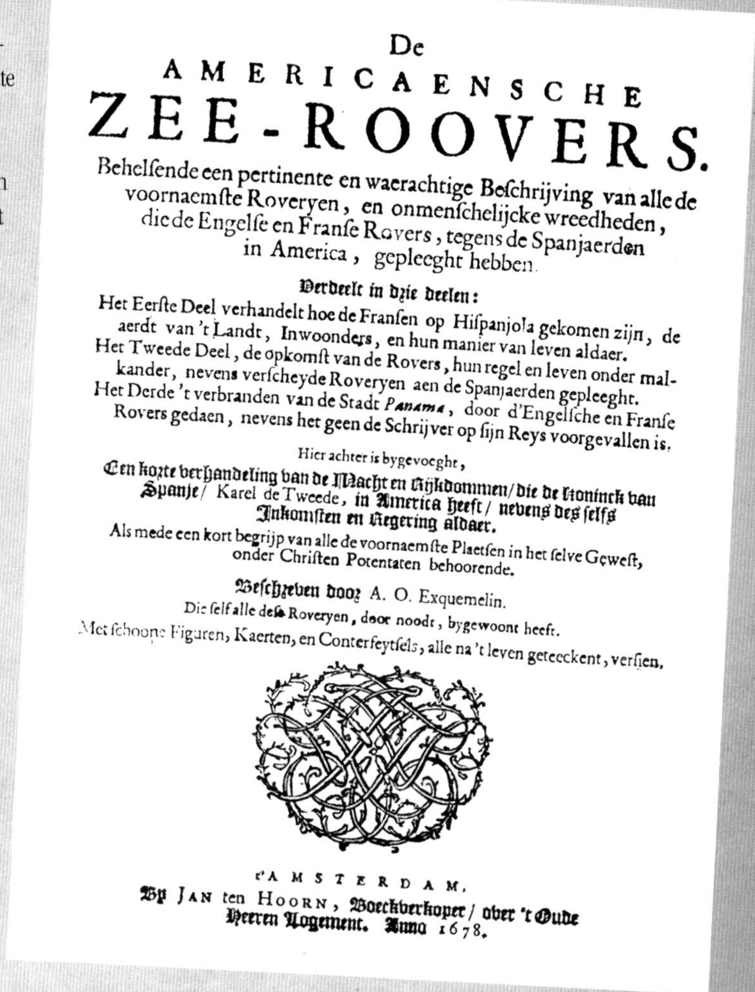

De
AMERICAENSCHE
ZEE-ROOVERS.
Behelsende een pertinente en waerachtige Beschrijving van alle de voornaemste Roveryen, en onmenschelijcke wreedheden, die de Engelse en Franse Rovers, tegens de Spanjaerden in America, gepleeght hebben.

Verdeelt in drie deelen:
Het Eerste Deel verhandelt hoe de Fransen op Hispanjola gekomen zijn, de aerdt van 't Landt, Inwoonders, en hun manier van leven aldaer.
Het Tweede Deel, de opkomst van de Rovers, hun regel en leven onder malkander, nevens verscheyde Roveryen aen de Spanjaerden gepleeght.
Het Derde 't verbranden van de Stadt *Panama*, door d'Engelsche en Franse Rovers gedaen, nevens het geen de Schrijver op sijn Reys voorgevallen is.

Hier achter is bygevoeght,
Een korte verhandeling van de Macht en Rijkdommen/ die de Koninck van Spanje/ Karel de Tweede, in America heeft/ nevens des selfs Inkomsten en Regering aldaer.
Als mede een kort begrijp van alle de voornaemste Plaetsen in het selve Gewest, onder Christen Potentaten behoorende.

Beschreven door A. O. Exquemelin.
Die self alle dese Roveryen, door noodt, bygewoont heeft.
Met schoone Figuren, Kaerten, en Conterfeytsels, alle na 't leven geteeckent, versien.

t'AMSTERDAM,
By JAN ten HOORN, Boeckverkoper/ over 't Oude Heeren Logement. Anno 1678.

Oben: In der ursprünglichen niederländischen Ausgabe von 1678 werden die Bukaniere *Zee-Roovers* (Seeräuber) genannt.

1685 wurden Crook und Malthus dazu verurteilt, Morgan eine Entschädigung zu zahlen und folgende Entschuldigung zu veröffentlichen: «Es sind kürzlich zwei Werke gedruckt und veröffentlicht worden, eines von Wil. Crook, das andere von Tho. Malthus, beide überschrieben mit „The History of the Bucaniers". Beide Bücher enthielten viele falsche, skandalöse und böswillige Betrachtungen über das Leben und die Taten von Sir Henry Morgan auf Jamaika. Der besagte Sir Henry Morgan hat durch

Es folgte 1684 eine weitere englische Fassung, in der Morgan gerechtfertigt und von allen Grausamkeiten und Lastern, die in den ersten beiden Ausgaben drastisch geschildert wurden, freigesprochen wurde.

Vielleicht war kein Buch, in welcher Sprache auch immer, das Vorbild so vieler Nachahmungen und die Quelle so vieler Erzählungen wie dieses.

ein Gerichtsurteil des Kingsbench-Court gegen die Besagten einen Schadenersatz von 200 Pfund Sterling erstattet bekommen. Und auf das demütige Ersuchen und die Bitte von William Crook hin hat er eingewilligt, seine Klage gegen Crook zurückzuziehen und seine gedruckte Entschuldigung [...] zu akzeptieren.»

Viele Fakten im Buch wurden übertrieben oder verdreht, um diese englischen Ausgaben besser zu verkaufen. So ist zum Beispiel in spanischen Quellen belegt, dass nicht Morgan, sondern der spanische Gouverneur Panama in Brand stecken ließ, damit die Freibeuter keine Beute und keine Vorräte aus der Stadt holen konnten.

Irgendwann wurde Exquemelin sesshaft, und offenbar legte er auch seinen protestantischen Glauben ab. Sein Name taucht 1684 in den Gemeindeakten von St. Germain-des-Près (einer katholischen Kirche in Paris) als *le Sieur Alexandre Olivier Hessequemelain, chyrurgyen de son estat* auf. 1685 hob Ludwig XIV. das Edikt von Nantes auf und nahm den Hugenotten damit ihre Bürgerrechte. Exquemelin sah sich wohl gezwungen, sich wieder Michel de Grammonts Piraten auf den französischen Westindischen Inseln anzuschließen. In Paris finden wir ihn dann im Jahr 1686 wieder, wo er an einem Auftrag für die französische Kriegsmarine arbeitet: einem Bericht über den Río Chagres in Panama. Im selben Jahr druckte der Pariser Verleger Jacques Lefebvre eine neue Ausgabe seines Buches unter dem Autorennamen Oexmelin. Exquemelin hatte offenbar sein Originalmanuskript (mit Karten des Kartographen Abbé Baudrand und unter der Patronage von d'Estrées) durch alle Wechselfälle des Schicksals retten können, denn in Lefebvres Edition finden sich zehn neue Kapitel und zusätzliche botanische Beschreibungen. Die „Histoire des Aventuriers qui se sont signalez dans les Indes" war ein großer Erfolg, bereits 1687 folgte eine zweite Auflage.

Exquemelin, der jetzt endlich auch in Frankreich Anerkennung erfuhr, schrieb über all seine Erfahrungen seit 1678, die als „Histoire des Aventuriers Flibustiers" 1699 in der dritten französischen Auflage seines Buches veröffentlicht wurden. Damals muss er schon wieder zur See gefahren sein, denn Dokumenten zufolge nahm er am erfolgreichen französischen Angriff des Baron de Pointis auf Cartagena in Kolumbien im Jahr 1697 teil. Nach 1707 verliert sich seine Spur im Dunkel der Geschichte, aber sein Buch blieb ein Bestseller in Frankreich und wuchs im Laufe der Jahre in immer neuen Ausgaben auf ein vierbändiges Werk an. Henry Morgans Tod im Jahr 1688 zog ebenfalls viele neue Editionen mit weiteren Berichten über die Bukaniere nach sich. In den 1690er-Jahren war eine vom Verleger Newborough publizierte englische Ausgabe in vier Bänden so beliebt, dass ten Hoorn, der ursprüngliche Verleger, sie wieder ins Niederländische zurückübersetzte und 1700 neu herausbrachte.

Diese Fassung von Exquemelin – und es gibt Hunderte verschiedene – war leicht überarbeitet worden und hat vier statt der ursprünglichen drei Teile. Jede Nation hatte eine andere Version des Buches, und so wurden auch die holländischen, französischen und spanischen Fassungen für diese Edition herangezogen. Der Historiker Joseph Sabin (1821–1881) stellte ganz richtig fest: «Vielleicht war kein Buch, in welcher Sprache auch immer, das Vorbild so vieler Nachahmungen und die Quelle so vieler Erzählungen wie dieses.»

Gegenüber: Das niederländische Frontispiz von 1678 ergreift eindeutig Partei für die englischen und französischen Seeräuber, die in Amerika gegen die Spanier kämpften.

DE
AMERICAENSCHE
ZEE-ROOVERS
Behelsende een Partinent
Verhael van alle de Roverye
En Onmenselÿcke Vreet-
heeden die de Engelsche
en Franse Roovers
Tegens de Spanjaerden
in America
Gepleeght
Hebben.
INNO ENTER
PROPEC ATIS
t'Amsterdam bij JAN ten HOORN, Boeckverkoper
Over het Oude Heerelogement 1678

Port de Baracoua
M. de Baracoua
ISLE DE CUBA
aux Espagnols
Pointe de Mayosi
Baye de Tequiry
Porto Descondido
LES FRERES DE LA CÔTE
BOUCANIERS DE L'ISLE DE LA TORTUE
Pte de Jean Ravel
Cap St Nicolas
Mole St Nicolas
Plaine de Jean Ravel
Cap aux Foux
la Plate forme
Port Paradis
Salines de Coridon
Port a Piment
R. de la Pierre
R. de l'Artibonite
Baye St Marc
Pointe de St Marc
Pte a Paturon
R. des Roseaux
Islets Arcadins ou de l'Arcahay
CUL DE SAC DE
ISLE GONAVE
1492 1697
1697-1804
Pte de la Seringue
Cap Rose
Trou Bonbon
Trou Jeremie
Grande Ance
Petite Caymite
Caymites
Bte de Marsoin
les Baradères
R. de Nipes
Pointe de Nipes
Pte de Miragoane
Cap Dame Marie
Pointe des Irois
I. de Navaza
Pays desert
Ligne de division de la partie du sud
QUARTIER
Cavaillon
Aquin
Fond des Negres
Cap Tiberon
B. du C. Tiberon
Pte du Vent
Pte des aigrettes
Tapion de la Caouane
les Anglois
Pte des Chardonieres
Pte a Piment
les Damassins
Roche a bateau
l'Ance a Juif
l'Ance a Drie
Port Salut
Pointe a Gravois
Port a Nonet
les Cayes
Cayemitte
la Folle
Islea Vache
Pointe de l'Abacou
Cap de Benet
Côtes de Fer
TOUSSAINT LOUVERTURE GOUVERNEUR GENERAL
1801

TEIL EINS

Ankunft der Franzosen auf Hispaniola und Herkunft der Bukaniere mit einer Darstellung ihres Lebens auf der Insel Tortuga

Links: Im 18. Jahrhundert gelangte Haiti durch den Anbau von Zuckerrohr (für Zucker und Rum), Kaffee und Baumwolle zu großem Reichtum. Die französischen Siedler hatten für die Erntearbeit 500 000 Sklaven aus Afrika importiert. 1791 führte ein blutiger Sklavenaufstand zu einem 13-jährigen Bürgerkrieg und 1804 zur Anerkennung Haitis als der zweiten westlichen Republik nach den Vereinigten Staaten.

KAPITEL I

Einleitung – Der Autor segelt 1666 im Dienst der französischen Westindien-Kompanie zu den Westindischen Inseln – Ankunft auf Tortuga

Einleitung

Bevor ich meine Geschichte über die größten Bukaniere des Jahrhunderts erzähle, möchte ich eines klarstellen: Ich wusste bei meiner ersten Reise nicht, dass es auf den Westindischen Inseln so viele Piraten gibt. Das hat drei Hauptgründe: Zum Ersten findet man dort Hunderte unbewohnter kleiner Inseln, die *cays* oder *keys,* mit einem Überfluss an Wasserschildkröten, Meeresfrüchten und Fisch. Hier verstecken sich die Bukaniere, laden Proviant und machen ihre Schiffe für neue Expeditionen klar. Zum Zweiten sind viele Schiffe in diesen Gewässern mit den fetten Einkünften aus dem Sklavenhandel oder mit großer Beute beladen, vor allem jene, die von der unter spanischer Herrschaft stehenden Küste nach Europa zurückkehren. Und zum Dritten sind die Piratenboote für diese Gewässer mit flachen Sandbänken, natürlichen Häfen und Meeresarmen viel besser geeignet als die europäischen Galeonen. Diese Piraten fangen meist ganz klein an, suchen das Meer an der Küste von der Karibik bis Nordamerika heim, bis sie stark genug sind, um über die Azoren und die Kapverden bis nach Guinea in Westafrika zu gelangen. Von dort aus segeln sie mit der Strömung und dem Wind wieder nach Brasilien und in die Karibik zurück.

Ich segle zu den Westindischen Inseln

Am 2. Mai des Jahres 1666 stachen wir mit der „St. Jean" von Le Havre aus in See und nahmen Kurs auf die Westindischen Inseln. An Bord befanden sich 20 Seeleute, 28 Geschütze und 220 Passagiere, Schuldknechte der französischen Westindien-Kompanie wie auch Freie mit ihren Schuldknechten. Wir ankerten vor dem Kap Barfleur nahe Cherbourg, um dort mit sieben anderen Schiffen der Kompanie zusammen-

Rechts: „Ausgesetzt" (1909), ein Ölgemälde von Howard Pyle, zeigt, was einen Piraten erwartete, wenn er seine Beute nicht teilte, einen Kameraden bestahl oder einen „Bruder" ermordete. Er wurde auf einer einsamen Insel ausgesetzt, manchmal mit einer Muskete und einer einzigen Kugel für den Todesschuss. Wer das „Gesetz der Küste" brach, konnte auch über Bord geworfen oder mit 39 Peitschenhieben bestraft werden.

DIE FRANZÖSISCHE WESTINDIEN-KOMPANIE

Der Franzose Jean-Baptiste Colbert gründete die Compagnie des Indes Occidentales im Jahr 1664. König Ludwig XIV. überließ der Gesellschaft in einer Charta die Verwaltung von Kanada, Akadien (Neuschottland, Neubraunschweig, Prinz-Edward-Insel und Teile von Maine), den Antillen (Guadeloupe und Martinique), Cayenne Island und Guiana sowie des südamerikanischen Festlands vom Amazonas in Brasilien bis zum Orinoco in Venezuela. Die Kompanie bekam für 40 Jahre das Handelsmonopol in diesen Gebieten wie auch im Senegal und an den Küsten Guineas in Afrika. Schon 1674 steckte die Kompanie allerdings wegen der Kriege mit England und dem Kampf mit den Holländern um ihren Besitz in der Karibik in großen finanziellen Schwierigkeiten. Damals setzte der König ihre Rechte außer Kraft, die Investoren wurden ausbezahlt. Die verschiedenen Territorien wurden dem französischen Herrschaftsgebiet eingegliedert.

Jean-Baptiste Colbert (1619 – 1683) war nicht nur für Finanzen und Handel, sondern auch für die Marine und die Kolonien zuständig.

zutreffen, die von Dieppe her segelten. Unser Konvoi stand jetzt unter dem Schutz eines Kriegsschiffs mit 250 Mann und 37 Geschützen. Zwei Schiffe segelten nach Senegal, fünf in die Karibik, und unser Schiff sollte Tortuga anlaufen. Rund 20 weitere Schiffe schlossen sich uns später an, Neufundlandfahrer und einige Holländer, die nach La Rochelle, Nantes und St. Martin wollten. Schließlich waren etwa 30 französische und niederländische Schiffe versammelt. Unser Admiral, der Chevalier Sourdis, führte uns dicht an der französischen Küste entlang, denn wir hatten gehört, dass vier englische Fregatten mit jeweils 60 Geschützen vor der Kanalinsel Alderney auf der Lauer lägen. Ein flämisches Schiff aus Ostende schickte unserem Admiral Nachricht, dass es am Morgen von einem französischen Korsaren überfallen worden sei, und unser Kriegsschiff machte Jagd auf den Räuber, konnte ihn aber nicht finden.

Glücklicherweise zog dichter Nebel auf und wir schlüpften an den englischen Kriegsschiffen vorbei. In Le Conquet in der Bretagne nahmen wir Wasser und Vorräte auf und segelten die gefährlichere Route durch die Felsen und Strömungen des Raz de Sein, um unseren Feind zu meiden.

Bis Kap Finisterre war der Wind günstig, aber dann zerstreute ein schwerer Sturm unsere Flotte, und wir wurden vom Konvoi getrennt. Acht Tage wütete der Sturm. Unsere Passagiere lagen seekrank überall auf dem Deck, und die Seeleute mussten auf sie treten oder über sie hinwegspringen, um ihren Pflichten nachzukommen und das Schiff über Wasser zu halten. Später hatten wir wieder günstigen Wind, den wir auch dringend brauchten, weil unser Wasser zur Neige ging. Wir bekamen jeder nur noch eine Ration von anderthalb Pints pro Tag.

Ankunft auf Tortuga

Auf der Höhe von Barbados verfolgte uns eine englische Fregatte, die uns jedoch unterlegen war. Wir drehten bei und feuerten unsere Achtpfünder ab, aber sie war besser getakelt als wir und entkam. Martinique kam in Sicht, und wir versuchten die Reede von St. Pierre anzulaufen, aber ein Sturm brachte uns vom Kurs ab, und wir steuerten Guadeloupe an. Wieder wurden wir vom Wind abgetrieben und segelten also zu unserem ursprünglichen Ziel, der Insel Tortuga, wo wir am 7. Juli Anker warfen und die Waren der Westindien-Kompanie löschten. Dann segelten wir nach Cul-de-Sac im Nordwesten von Hispaniola, um auch dort Passagiere an Land zu bringen. Wir hatten während der gesamten Überfahrt, die neun Wochen dauerte, glücklicherweise nicht einen Mann verloren.

Unten: Ein verrosteter Kanonenlauf ragt bei Basse-Terre unterhalb des Fort de la Roche aus dem Wasser. Tortuga war im 16. und 17. Jahrhundert eine wichtige Basis für Piraten und Freibeuter, die es auf das spanische Gold und Silber abgesehen hatten.

KAPITEL II

Eine Beschreibung der Insel Tortuga und ihrer Früchte, Pflanzen und Tiere – Wie die Franzosen sich als Erste hier niederließen und zweimal von den Spaniern vertrieben wurden – Wie ich zweimal verkauft wurde und mich dann den Bukanieren anschloss

Oben: Das Fleisch der Grünen Meeresschildkröte war im Hafen und an Bord sehr beliebt. Die Schildkröten wurden als Fleischvorrat lebend an Deck gehalten. Sie wurden auf den Panzer gedreht, so dass sie sich nicht bewegen konnten, vor der Sonne geschützt und alle paar Stunden mit Wasser übergossen.

Eine Beschreibung der Insel Tortuga

Die Spanier haben dieser Insel den Namen Tortuga-del-Mar gegeben, weil sie in ihrer Form einer großen Meeresschildkröte ähnelt. Sie hat einen Umfang von knapp 16 Leagues und liegt drei Leagues nördlich von Hispaniola. Der bergige, dicht bewaldete Teil ist unbewohnt, die meisten Menschen leben im südlichen Tiefland, wo mit Cayona auch der einzige Hafen der Insel liegt. Hier haben sich die reichsten Pflanzer niedergelassen. Außerdem gibt es noch die Mittelplantage, wo nur Tabakanbau möglich ist, und La Ringot im Westen, während in La Montagne die ersten Pflanzer siedelten.

Früchte und Pflanzen auf Tortuga

Auf Tortuga wachsen sehr hohe Bäume, darunter auch Brasilholz, Rotholz und rotes, weißes und gelbes Sandelholz. Das gelbe westindische Sandelholz nennen die Siedler *bois de chandelle* oder Kerzenholz, weil es wie eine Kerze brennt und nachts beim Fischen benutzt wird. Auch Guajakholz wächst hier. Es dient zur

Rechts: Der Kalebassenbaum ist hier zusammen mit anderen Früchten und Pflanzen Tortugas auf einem spanischen Stich des 16. Jahrhunderts abgebildet. Er war für die frühen Siedler überaus wichtig. Wie die Indianer trockneten oder räucherten auch sie die harten Schalen der großen Früchte und nutzten sie dann als Tassen, Krüge und Schalen, vor allem für den Transport und die Aufbewahrung von Süßwasser.

TORTUGA

Die Insel Tortuga, die Kolumbus 1494 entdeckte, wurde wegen ihrer Form mit dem spanischen Wort für Schildkröte benannt. Auf der Insel wohnten ein paar spanische Siedler, bis 1625 Franzosen und Engländer landeten, die von Hispaniola vertrieben worden waren. Von 1630 an war Tortuga unter Engländern und Franzosen aufgeteilt, und die Bukaniere konnten die Insel als wichtigen Stützpunkt benutzen, obwohl die Spanier ihre Besitzansprüche immer wieder durchzusetzen versuchten.

Einige Festungsanlagen bezeugen noch heute diesen Kampf um die Insel. Basse-Terre an der Südostküste beherbergt die Reste des Fort de la Roche, der einst größten Festung der Insel, während von Fort Ogeron aus der Mitte des 17. Jahrhunderts nur ein Kalkofen, drei Geschütze und die Fundamente einer Mauer übrig geblieben sind.

Auf der 40 Kilometer langen Insel gab es Süßwasser und hervorragende Verteidigungsstellungen. Im Süden lag der Hafen Cayona, der mehrere Ankerplätze und vor allem die Möglichkeit bot, schnell wieder in See zu stechen. Die französischen Gouverneure setzten, ähnlich wie die britischen Gouverneure in Port Royal auf Jamaika, bei der Verteidigung der Insel auf die Bukaniere. Die wiederum brauchten solche sicheren Häfen, und auch sie betrachteten die Spanier als Feinde. Als die Ära der Bukaniere nach 1670 zu Ende ging, wandten sich viele Piraten auf der Suche nach neuen Einkommensquellen der Holzwirtschaft zu. Damals unternahm Captain Henry Morgan von Jamaika aus seine ersten Expeditionen und lud die Piraten von Tortuga ein, mit ihm zu segeln. Auch die Franzosen warben die Bukaniere als schlagkräftige Truppe an und konnten so ihren Einfluss in der Karibik ausweiten. Die Piraten waren deshalb nie wirklich unter Kontrolle und nutzten Tortuga als neutrales Versteck für ihre Beute. Seit 1680 schränkten jedoch neue englische Gesetze den Spielraum der Freibeuter immer weiter ein.

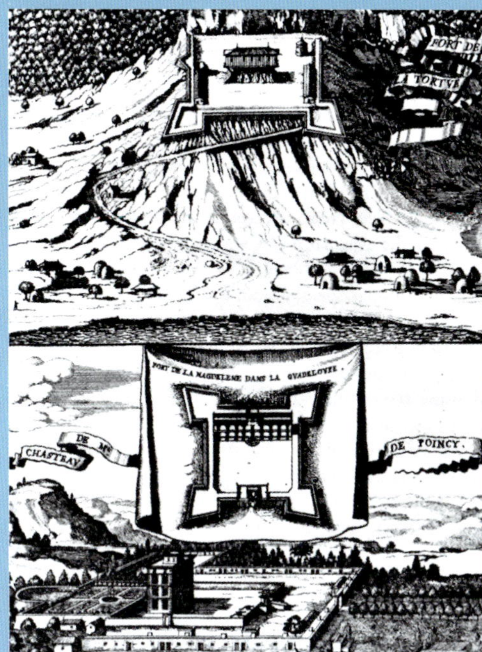

Dieser Stich aus dem 17. Jahrhundert zeigt Fort de la Roche, die Festung des Gouverneurs Jean Le Vasseur auf Tortuga (oben), und die Besitzung von Philippe de Poincy, dem Generalgouverneur der französischen Inseln in der Karibischen See auf Guadeloupe (unten).

Behandlung von Geschlechtskrankheiten und ist deshalb auch als Pockholz bekannt. Balsambäume und Chinawurzel gibt es im Überfluss, dazu Aloen und Heilkräuter. Die verwilderten Schweine leben, wenn sie nichts anderes finden, von der Chinawurzel, obwohl diese nicht so gut ist wie die der Ostindischen Inseln. Verbreitet sind auch Maniok, Süßkartoffeln, Cashews, Yams, spanische Melonen, Wassermelonen, Mammiäpfel, Ananas, Bananen, Kochbananen, Guaven und viele weitere Früchte. Die Inselbewohner machen Wein aus kleinen Palmblättern und decken ihre Dächer mit Palmwedeln statt mit Dachziegeln.

Die Tierwelt von Tortuga

Es gibt verwilderte Hausschweine im Überfluss, aber der Gouverneur hat die Hundehatz auf diese Tiere verboten, damit sie nicht ausgerottet werden. Er hielt dies für notwendig, damit sich die Einwohner bei einem Überfall in die Bergwälder zurückziehen und dort Nahrung finden können. Allerdings ist dort wegen der Kliffs und Steilhänge schon so mancher Jäger zu Tode gekommen.

Jedes Jahr fallen riesige Taubenschwärme in Tortuga ein. Es sind viel mehr, als die Menschen essen können, und so kümmern sie sich gar nicht mehr um anderes Geflügelfleisch. Nach einer gewissen Zeit aber magern diese Tauben ab, und ihr Fleisch wird durch bestimmte Samen, die sie fressen, ganz bitter.

Rechts: Montbars „der Vertilger" (geboren um 1645 im Languedoc) war ein wegen seiner gnadenlosen Härte berüchtigter Freibeuter, der von Tortuga aus operierte. Er hasste die Spanier, die seinen Onkel 1667 in einer Schlacht vor San Domingo getötet hatten. An den Küsten von Mexiko, Honduras, Venezuela, den spanischen Kolonien an der Festlandküste, auf Kuba und Puerto Rico eroberte er Forts und zerstörte die Städte.

An der Küste findet man große Krabben, von denen sich vor allem die Knechte und Sklaven ernähren. Wenn man allerdings zu viele davon isst, wird man benommen und verliert mitunter sogar für etwa eine Viertelstunde die Sehkraft.

Wie die Franzosen Tortuga besiedelten und zweimal von dort vertrieben wurden

Die Franzosen hatten die Insel St. Kitts besiedelt. Sie pflanzten Bäume und bauten aus deren Holz später Beiboote und Lastkähne. Sie segelten auch nach Hispaniola, aber da die Spanier schon dort siedelten, hielten sie es für besser, stattdessen das ebenso fruchtbare Tortuga zu besetzen.

Die Spanier wollten die vielen Neuankömmlinge wieder vertreiben, doch die Franzosen, die keine Frauen und Kinder bei sich hatten, verschwanden einfach in den Wäldern von Tortuga, manche nahmen sogar ihre Kanus und versteckten sich auf Hispaniola. Die kleine Truppe, die die Spanier zum Schutz

Sie fielen mit solcher Wut über die Spanier her, dass einige von den Klippen in den Tod sprangen.

des Eilands zurückließen, konnte die Franzosen nicht davon abhalten, wieder die Macht zu übernehmen und den Gouverneur von St. Kitts um Vorräte und Verstärkung zu bitten. Jean Le Vasseur wurde mit einem Schiff voller Männer ausgeschickt und errichtete auf der Insel eine Festung, um missliebige Schiffe von der Einfahrt in den Hafen von Cayona abzuhalten.

Das Fort wurde auf einem Felsvorsprung erbaut, mit zwei Geschützen und einem Wasservorrat für 1000 Mann. Zu erreichen war es nur über eine Leiter, die bei einer Belagerung hochgezogen werden konnte. Nun kamen immer mehr Kolonisten. Manche wurden Jäger und sammelten Häute auf Hispaniola. Andere verlegten sich auf die Piraterie an den spanisch beherrschten Küsten. Die Verheirateten bauten Tabak an, machten Kneipen auf oder trieben Handel auf Tortuga. Doch dann landeten überraschend die Spanier mit 800 Mann, während viele Franzosen gerade auf See oder auf der Jagd waren. Mithilfe von indianischen Sklaven schlugen sie eine Schneise durch die Wälder und zogen zwei Kanonen auf die Felsen über dem Fort. Die Siedler riefen ihre Piratengefährten zur Verteidigung der Insel zurück, und einige Franzosen, die die Wälder gut kannten, kletterten auf geheimen Pfaden durch den Regenwald auf den Berg und fielen mit solcher Wut über die Spanier her, dass einige von den Klippen in den Tod sprangen. Andere starben unter dem Schwert. Nur wenige entkamen von Tortuga.

Wie ich mich den Bukanieren anschloss

Im Jahr 1664 nahm die französische Westindien-Kompanie Tortuga in Besitz und ernannte Bertrand d'Ogeron zum Gouverneur der Insel. In Frankreich hatte man sich vorgestellt, dass die Jäger, Piraten und Pflanzer sich ausschließlich bei der Kompanie mit Gebrauchsgütern und Nahrungsmitteln eindecken sollten, aber es war überaus schwierig, die Franzosen auf Tortuga dazu zu zwingen. Deshalb sah sich die Kompanie gezwungen, all ihren Besitz zu verkaufen. Ihre Schuldknechte wurden für nur 20 oder 30 spanische Silberpesos verkauft. So fiel ich dem grausamen stellvertretenden Gouverneur in die Hände, der mich unvorstellbar brutal behandelte. Als ich vor Hunger krank wurde, willigte er ein, mir für 300 Silberdollar die Freiheit zu schenken. Dann aber ging es mir so schlecht, dass er mich für nur 70 Dollar verkaufte. Unter meinem neuen Herrn erholte ich mich schnell, und er bot mir für 100 Silberdollar die Freiheit an, nachdem ich ihm ein Jahr gedient hatte. Als freier Mann musste ich für meinen Lebensunterhalt sorgen, und so beschloss ich 1669, mich den Piraten anzuschließen, und blieb bis 1672 bei ihnen.

Links: Dieser Holzschnitt aus dem Jahr 1689 trägt den Titel „Piraten der Südsee laden ihre Diebesbeute aus dem Boot", zeigt aber eigentlich das Bunkern von Süßwasser. Wasser wurde vor allem zum Kochen gebraucht und oft mit Beibooten aus Flussmündungen geholt, damit das Schiff selbst nicht in Gefahr geriet.

KAPITEL III

Eine Beschreibung der Insel Hispaniola und ihrer Flora und Fauna

Unten links: Diese Geschütze stehen auf der Burg des Don Diego Colón, errichtet im Jahr 1517. Die ein Meter dicken Mauern bestehen aus Korallenkalkstein. Santo Domingo de Guzman in der heutigen Dominikanischen Republik war eine wichtige spanische Kolonialstadt. 1990 wurde sie von der Unesco als Weltkulturerbe anerkannt.

Unten rechts: Diese aquarellierte Karte aus dem Jahr 1619 zeigt die Verteidigungsanlagen und die Umgebung von Santo Domingo. Die Spanier nutzten diese Siedlung als ersten Brückenkopf in Amerika, von wo aus sie sich ausbreiteten und einen großen Teil des amerikanischen Festlands eroberten.

Eine Beschreibung von Hispaniola

Christoph Kolumbus entdeckte diese fruchtbare Insel im Jahr 1492. Sie hat einen Umfang von 300, eine Länge von 120 und eine Breite von fast 50 Leagues. Die Hauptstadt heißt Santo Domingo und besitzt Stadtmauern, ein Fort und einen guten Hafen, der vor allen Winden außer den südlichen geschützt ist. Sie liegt an der Südküste, 40 Leagues von Punta Espada entfernt, dem östlichsten Punkt der Insel. Der Gouverneur, den sie Präsident nennen, lebt dort, und alle kleineren Städte und Dörfer werden von dort versorgt. Die Spanier treiben nur mit diesem Hafen Handel.

Dann gibt es noch St. Jago de los Caballeros, auch einfach Santiago genannt, das keine Burg hat und von fruchtbaren Ebenen umgeben ist, die gewaltige Mengen von Häuten und Fellen liefern und damit den Reichtum der Stadt begründen. Südlich davon liegt Nuestra Señora de Alta Gracia, auch El Cotui genannt, wo Kakao für die beste Schokolade angebaut wird, außerdem Ingwer und Tabak. Die Rinder dort liefern reichlich Talg. Auf der nahen Insel Savona oder Saona werden viele Schildkröten gefangen. Die Spanier wollten Viehzucht auf Saona betreiben, aber die Bukaniere töteten die Rinder.

Westlich von Santo Domingo liegt das hübsche Dorf Azua, dessen Bewohner mit einem anderen Dorf namens San Juan de Goave mitten auf der Insel Handel treiben. Dieses Dorf grenzt an eine riesige Prärie voller Wildrinder und liefert gewaltige Mengen Häute und Talg, aber der Boden ist zu trocken für Ackerbau. Nur Leute, die ihren Lebensunterhalt mit Rinderhäuten verdienen, und Jäger leben in San Juan, die meisten sind Mischlinge. Abkömmlinge eines schwarzen und eines weißen Elternteils werden Mulatten genannt, die mit einem indianischen und einem weißen Elternteil Mestizen. Mischlinge aus schwarzem und indianischem Blut heißen *alcatraces.* Die Spanier finden schwarze Frauen reizvoller als ihre eigenen, und so mischt sich das Blut hier ständig. Ihnen gehört der größte Teil von Hispaniola, den Rest teilen

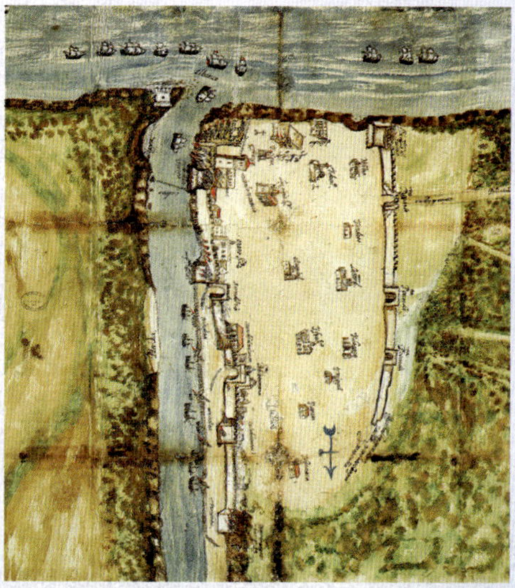

sich französische Pflanzer und die Jäger in den Wäldern. Es gibt viele sichere Häfen und Flüsse voller Fische. Im Norden der Insel leben kaum Spanier, seit das Gebiet von den Niederländern geplündert wurde.

Oben: Blick auf die archäologische Stätte La Citadelle auf Haiti. Henri Christophe brauchte Anfang des 19. Jahrhunderts 15 Jahre, um diese riesige Festung zu bauen, die neue Invasionen der Franzosen vereiteln sollte. Sie steht auf dem 900 Meter hohen Pic la Ferrière. Mit ihren vier Meter dicken und bis zu 40 Meter hohen Mauern galt sie als uneinnehmbar.

Die Früchte, Bäume und Tiere auf Hispaniola

Auf den Feldern der Insel wachsen süße und saure Orangen ebenso wie Zitronen, Mandarinen und Limonen. Die Dattelpalmen erreichen über 150 Fuß. Auf der Spitze dieser Bäume wächst ein Strunk, den die Spanier wie Weißkohl zusammen mit verschiedenem Fleisch kochen. Aus diesem weißen Strunk wachsen die Blätter und die Samenkapseln. Die Wedel sind etwa sieben bis acht Fuß lang und drei bis vier Fuß breit, sie eignen sich hervorragend zum Decken der Dächer und halten auch dem schlimmsten Regen stand. Die Spanier benutzen diese Blätter auch, um geräuchertes Fleisch zu verpacken. Man kann auch die untere Schicht des Blattes abziehen und es als eine Art Pergament zum Schreiben verwenden. Wenn man den Baum etwa drei bis vier Fuß unter der Wurzel anritzt, tritt eine Flüssigkeit aus, die nach kurzer Fermentierung zu hochprozentigem Alkohol wird und schnell betrunken macht.

Außerdem wachsen hier noch vier andere Palmenarten: Die Stachelpalme benutzen die Indianer, um ihre Gefangenen zu foltern. Sie binden den Gefangenen an einen Baum, nehmen die Dornen der Palme, umwickeln sie mit in Öl getauchten Baumwolllappen und stecken sie dem Unglücklichen in die Seiten, bis er wie ein Igel aussieht. Wenn er singt, verehren sie ihn als tapferen Mann, wenn er laut aufschreit, verbannen sie ihn als Feigling aus ihrem Gedächtnis. Die Latanier- oder Samtpalme sieht ähnlich aus, ihre Blattwedel jedoch gleichen denen der Dattelpalme. Die Hispaniola-Weinpalme verblüfft durch ihre seltsame Form: Sie ist unten sehr schmal und wird nach oben breiter. Aus ihrem Saft kann man ohne viel Mühe guten, klaren Wein gewinnen, und ihre Früchte sehen aus wie Kirschen. Sie schmecken gut, verursachen aber extremes Bauch- und Halsweh. Aus den Samen der Manacla-Palme fertigen die Franzosen und Spanier Rosenkränze.

Rechts: Als Folge der Abholzungen auf Haiti waren 1990 nur noch zwei bis drei Prozent des Landes bewaldet. Die darauffolgende Bodenerosion senkte die landwirtschaftliche Produktivität, verschlimmerte die Dürreperioden und führte zur Wüstenbildung. Die Abbildung zeigt überlebende Blauholzbäume.

Auf Hispaniola gibt es auch eine Art Aprikosenbaum mit aschfarbenen Früchten, die die wilden Schweine besonders lieben. Die französischen Jäger essen sie statt Brot und nennen den Baum *abricot.* Sogenannte *caimitos* sehen aus wie unsere europäischen Birnbäume und bringen dunkle Früchte, ähnlich unseren Zwetschgen, hervor. Jenipapo-Bäume ähneln unseren Kirschbäumen, haben aber große, aschgraue Früchte voller spitzer Stacheln unter der Haut, die vor dem Essen entfernt werden muss. Sonst kommt es zu schweren Bauchkrämpfen. Der Fruchtsaft ist schwarz wie Tinte und man kann mit ihm schreiben, aber die Botschaft verschwindet innerhalb von neun Tagen wieder vollständig. Das Holz eignet sich hervorragend zum Schiffbau und ist noch nach Jahren auf See sehr widerstandsfähig.

Die auf Hispaniola wachsende Zedrele nennen die Franzosen *acajou,* und man benutzt sie zum Bau von leichten Kanus, die aus einem einzigen Baumstamm gehauen werden. Die Indianer machen

PFLANZENFARBEN

Das in Europa hoch geschätzte und sehr teure Blauholz wuchs in großen Mengen in der mexikanischen Bucht von Campeche, im Golf von Honduras (im heutigen Belize) und überall auf den Westindischen Inseln. Dieser dunkelrote Baum, *Haematoxylum campechianum L.,* produzierte eine schwarze oder braune Farbe, die sich aus Textilien nicht auswusch wie frühere Färbemittel. Die Art *Indigofera* (Indigo) wurde auf den Westindischen Inseln und im spanischen Amerika geerntet und zu einem violett-blauen Pulver veredelt, das in Europa als industrielles Färbemittel sehr begehrt war. Vor seiner Entdeckung war die Kleidung der Menschen meist schwarz, gelblich-braun oder grau.

Im 17. Jahrhundert schätzte man, dass ein Schiff durchschnittlich Handelswaren im Wert von etwa 1000 bis 1500 englischen Pfund tragen konnte. Eine einzige Ladung mit 50 Tonnen Blauholz war mehr wert als das Frachtgut eines ganzen Jahres an anderen Handelswaren.

sie ohne Eisenwerkzeug und setzen stattdessen Feuer ein. Einige stehen dabei und regulieren das Feuer, andere schaben mit Steinäxten das verbrannte Holz heraus und formen so den Stamm zum Kanu, mit dem sie bis zu 100 Leagues auf See hinausfahren. Von medizinischem Interesse sind Bäume, die unseren Apothekern *gum elemi* oder Pockholz geben, außerdem *lignum sanctum*, Aloe, *cassia lignea* (dem ähnelt Zimt), Chinawurzel und einiges andere. Es gibt Bäume, die Färbemittel liefern, drei Arten Sandelholz und Stämme, aus denen man Häuser und Schiffe bauen kann.

Der Mapou-Baum ist riesig. Man nutzt ihn für medizinische Zwecke, für Kanus ist er nicht so gut geeignet wie die Zedrele, weil er sich zu stark mit Wasser vollsaugt. Das Acoma-Holz wird für die stabilen Ruder oder Segel der Zuckermühlen benutzt. Aus Eiche baut man Häuser und Schiffe, weil dieses Holz nicht von Bohrmuscheln befallen wird. Brazilete oder Brasilholz wird zum Färben benutzt. Es wächst vor allem im Süden, in der Nähe der Häfen Jacmel und Jaquina, in denen große Schiffe vor Anker gehen können. Der Manzanilla- oder Zwergapfelbaum wächst an der Küste und hat tödlich giftige Früchte. Auch Rinde und Harz sind giftig. Einmal wedelte ich mir mit einem Zweig vor dem Gesicht herum, um Insekten zu vertreiben. Am nächsten Tag war mein Gesicht geschwollen und mit Pusteln übersät, ich konnte drei Tage lang nichts sehen.

Fliegen, die etwa so groß sind wie unsere europäischen Pferdefliegen, saugen so lange Blut, bis sie zu schwer zum Fliegen sind. Die Spanier nennen sie Moskitos. Man muss ständig einen Zweig in der Hand haben, um diese Quälgeister zu verjagen. Am unangenehmsten ist ihr unerträgliches Summen. Ein weiteres Insekt summt zwar nicht und ist nur so groß wie ein Sandkorn, sticht aber durch Leinenkleidung hindurch. Jäger streichen sich mit Schweineschmalz ein oder verbrennen nachts Tabakblätter, um es fernzuhalten. Der dritte Quälgeist ist eine rote Milbe, *bête rouge* genannt, die nur so groß wie ein Senfkorn ist, aber scheußliche Geschwüre im Gesicht hervorruft.

Links: Dieser Stich aus dem 16. Jahrhundert trägt den Titel „Die Spanier kämpfen gegen Haitianer". Die spanische Kolonisierung von Haiti führte schnell zum Verschwinden der einheimischen Taíno-Bevölkerung «im Namen der Heiligen Dreifaltigkeit». Auf dem benachbarten Hispaniola sank die Zahl der Taíno-Einwohner von fast vier Millionen im Jahr 1496 auf nur noch 125 im Jahr 1570.

KAPITEL IV

Die Tiere auf Hispaniola und die Männer, die sie jagten – Die französischen Tabakpflanzer auf der Insel und ihre Schuldknechte

Unten: Dieses Bild von karibischen Eingeborenen, die einen Eber tragen, stammt aus J.B. Labats „Histoire Naturelle". Es ist auch bekannt als das „Drake-Manuskript", weil Sir Francis Drake im Text erwähnt wird und viele geographische Bezüge zu den Häfen passen, die er angelaufen hat.

Der Kaiman

Die Kaimane können 70 Fuß lang und 12 Fuß breit werden. Sie liegen wie verrottende Baumstämme am Flussrand und warten darauf, dass ein Schwein oder eine Kuh dort zur Tränke kommt. Dann packen sie ihr Opfer und ziehen es unter Wasser. Vorher haben sie drei oder vier Tage nichts getrunken, aber ein oder zwei Zentner Steine geschluckt, damit sie ihre Beute ganz sicher unter Wasser halten können. Sobald der Leichnam verwest ist, stürzen sie sich auf ihr Festmahl.

Ein verlässlicher Zeuge hat mir erzählt, ein Kaiman habe einmal sein am Flussufer aufgeschlagenes Zelt ins Wasser gezogen. Der Mann nahm ein Messer in den Mund und versuchte, das Zelt festzuhalten und zurückzuholen, aber er wurde ins Wasser gezogen, und der Kaiman griff ihn an. Der Mann rammte dem Tier das Messer in den Leib und verletzte es tödlich. In seinem Magen fand er später einen Zentner Steine, alle etwa faustgroß. Kaimane können sich nicht verstecken, da sie stark nach Moschus riechen, den sie aus Drüsen absondern: zwei am Hals, zwei unter den vorderen und zwei zwischen den hinteren Beinen. Jäger verkaufen diese Drüsen nach Europa.

Im Mai legen die Kaimane Eier am Strand, decken sie mit Sand zu und lassen sie bis zum Schlüpfen dort. Die Eier sind weiß, so groß wie Gänseeier und wohlschmeckend. Die frischgeschlüpften Jungen gehen sofort ins Wasser, wo sie ein paar Tage lang an der Oberfläche treiben. Ihre Mutter nimmt sie ins Maul, um sie vor Vögeln zu schützen. Wenn das Wetter gut ist, liegt sie in der Sonne, und die Jungen kommen heraus und spielen im Sand, aber sobald sich jemand nähert, huschen sie schnell ins Maul ihrer Mutter zurück. Ich habe das selbst gesehen, als ich einmal einen Kaiman auf der anderen Seite des Flusses mit einem Stein bewarf.

Wilde Hunde und Pferde

Außer Pferden, Kühen, Stieren, wilden Schweinen und anderen Tieren gibt es noch riesige Rudel wilder Hunde, die jedes Jahr viele Kälber und Fohlen reißen. Sie fallen sogar über Schweineherden her und lassen nicht ab, bis sie zwei oder drei Schweine gerissen haben. Einmal, als ich mit einem französischen Bukanier jagte, beobachteten wir, wie eine Meute dieser Wildhunde einen wilden Eber einkreiste, der sich verzweifelt wehrte. Wir waren beide auf Bäume geklettert, um sicher zu sein und besser sehen zu können. Mit seinen Hauern hatte der Eber mehrere Hunde getötet oder verletzt, aber auch nach einer Stunde konnte er noch immer nicht entkommen. Dann wagte er einen weiteren Fluchtversuch, und ein Hund biss sich in seinen Hoden fest und riss sie mit einem Ruck heraus. Die anderen Hunde fielen über den Eber her und töteten ihn. Dann lagerten sie sich um das Tier, während der erfolgreiche Angreifer als Erster fraß. Erst danach machten sich die anderen über das Fleisch her.

Im Jahr 1668 ließ der Gouverneur von Tortuga Gift aus Frankreich kommen und legte sechs Monate lang überall auf der Insel vergiftete Pferdekadaver aus. Daran starben zwar viele Hunde, aber bald waren es wieder so viele wie zuvor. Ihre Welpen sind als Jagdhunde besser geeignet als die von Haushunden, wenn sie von einem Bukanier ausgebildet werden. Diese Hunde hat man früher dazu eingesetzt, Indianer

KAIMANE DER WESTINDISCHEN INSELN

Das spanische Wort für Alligator ist *caiman,* doch in den Berichten von Bukanieren und Piraten aus dieser Zeit werden die Begriffe Krokodil, Kaiman und Alligator ohne Unterschied gebraucht, so dass wir nichts über die jeweilige Art wissen. Es gibt insgesamt 23 Arten dieser Reptilien in den tropischen Regionen Afrikas, Asiens, Australiens und Zentralamerikas. Alle sind in ihrem Bestand gefährdet. Das größte ist das Salzwasser- oder Leistenkrokodil, *Crocodylus porosus,* das bis zu sieben Meter lang werden kann und in Ostindien, Australien und im Westpazifik im Süß- wie im Salzwasser lebt. Das an der Küste von Südflorida bis Ecuador weitverbreitete Spitzkrokodil, *Crocodylus acutus,* das bis zu fünf Meter lang wird, kam im 17. Jahrhundert noch an einigen Stellen auf Jamaika, Kuba und der Dominikanischen Republik vor, ist aber heute ausgerottet. Das Kuba- oder Rautenkrokodil, *Crocodylus rhombifer,* hat eine kurze Schnauze, wird bis zu dreieinhalb Meter lang und lebt in Süßwassersümpfen auf Kuba. Das Beulenkrokodil, *Crocodylus moreletii,* ebenfalls bis zu dreieinhalb Meter lang, lebt in Zentralamerika und wird dort stark bejagt. Die verschiedenen Unterarten des Brillenkaimans gehören zu den Krokodilkaimanen, außerdem lebt in Südamerika noch der bis zu sechs Meter lange Mohrenkaiman. Kaimane sind im Allgemeinen kleiner als Krokodile oder Alligatoren. Exquemelin berichtet von einem über 20 Meter langen Kaiman und meinte vermutlich ein Leistenkrokodil.

In den Everglades Floridas und überall in der Karibik waren Alligatoren eine willkommene Beute für Indianer und europäische Siedler.

aufzuspüren, die sich in den Wäldern versteckten. Die Indianer wurden dann in Stücke gehauen und an die Hunde verfüttert. Als die Indianer ausgerottet waren, hatten die Spanier keine Verwendung mehr für ihre Hunde, und so verschwanden diese in den Wäldern und Feldern und streunten herum.

Außerdem gibt es bis zu 300 Tiere starke Herden von gedrungenen, stämmigen Wildpferden. Manchmal töten die Jäger sie wegen ihrer Häute oder räuchern ihr Fleisch als Proviant für die Fahrten auf See. Die Pferde sind leicht zu zähmen und tragen dann Fleisch oder Häute an die Küste. Um sie zu fangen, spannen die Jäger ein Seil über einen der schmalen Waldpfade und binden es an einem heruntergezogenen Schössling fest. Sobald ein Pferd hineinläuft, wird das Seil nach oben gezogen und bringt das Tier zu Fall. Es wird dann angebunden und geschlagen, und man zwingt es, eine schwere Last hinter sich herzuziehen, um es zu brechen. Nach acht Tagen ist es zahm genug, um Lasten zu tragen, und die Jäger können es losbinden.

Wilde Rinder und Schweine

Es gab früher große Rinderherden und riesige wilde Stiere auf der Insel, aber sie werden seltener. Die Spanier wollen sie ausrotten, um den Franzosen diese lukrative Einnahmequelle zu nehmen – die Haut eines Stiers kann bis zu 13 Fuß lang sein –, aber noch schlachten die Franzosen sie in gewaltigen Mengen. Es ist ein Wunder, dass es überhaupt noch Stiere oder wilde Schweine auf Hispaniola gibt.

Oben: Dieser frühe spanische Stich zeigt einen gut besuchten indianischen Markt im kolumbianischen Cartagena. Neben Gemüse und Tierhäuten sind auch Tabakblätter im Angebot.

In den letzten 81 Jahren sind täglich über 1500 wilde Schweine von den Jägern getötet worden. Ich schätze, dass allein die Franzosen mehr als 1500 abschießen, aber noch immer gibt es auf der Insel unglaubliche Mengen von Schweinen. Sie sind mittelgroß, meist schwarz und bilden Rotten von 50 bis 60 Tieren. Die Eber übernehmen die Führung, die Sauen und Ferkel rennen hinterher. Wenn sie von Hunden angegriffen werden, laufen sie sogleich in alle Richtungen davon. Man kann sie, wie ich selbst festgestellt habe, zähmen. Wir haben Ferkel im Wald gefangen und sie mit Fleisch aufgezogen, bis sie uns wie Hunde nachliefen. Sie liefen uns voran in den Wald und grunzten und quiekten, sobald sie auf wilde Artgenossen stießen. Dann setzten die Hunde nach und bissen die Schweine tot, und unsere zahmen Schweine fraßen genauso von ihrem Fleisch wie die Hunde.

Die Vögel auf Hispaniola

Es gibt zu viele Vögel, um alle zu beschreiben, die meisten sind essbar, und so werde ich nur die wichtigsten Arten nennen. Es gibt Perlhühner, Papageien, Wildtauben, Reiher, Raben, westindische Truthähne, Flamingos, Fregattvögel, Schnepfen, Enten, Gänse, Krickenten, Kolibris und viele andere, die ich nicht kenne.

Sie liefen uns voran in den Wald und grunzten und quiekten, sobald sie auf wilde Artgenossen stießen. Dann setzten die Hunde nach und bissen die Schweine tot, und unsere zahmen Schweine fraßen genauso von ihrem Fleisch wie die Hunde.

Das Perlhuhn heißt wegen seines schwarz-weißen Gefieders auf Spanisch *pintada,* „Bemaltes Huhn". Es trägt keinen Kamm, sondern eine Haube aus Horn, ist so groß wie unsere größten Hühner und schmeckt ebenso gut. In den Wäldern lebt es in Völkern mit etwa 50 bis 60 Tieren und fliegt kreischend in die Bäume, wenn es gestört wird. Die Eier legt es auf den Boden, sie sind leicht zu finden. Man kann sie von einer normalen Henne ausbrüten lassen, aber sobald die Küken das Kreischen ihrer Artgenossen in den Wäldern hören, sind sie auf und davon.

Unsere Papageien in Europa kommen aus diesem Teil der Welt. Die Papageien nisten in Höhlen in den Palmen, obwohl sie diese mit ihren krummen Schnäbeln nicht selbst in den Stamm hauen können; dazu verlassen sie sich auf andere Vögel, wie etwa den *carpintero,* einen Specht von Spatzengröße.

Es gibt riesige Taubenschwärme, wie ich sie schon für Tortuga beschrieben habe, aber man kann die Tiere nur zu bestimmten Jahreszeiten essen. Sie sind größer als die Tauben auf Tortuga, und wenn die Bäume Früchte tragen, werden sie so fett, dass ihnen, wenn man sie schießt, beim Aufschlag auf dem Boden der Kropf platzt. Die Reiher sehen genauso aus wie bei uns in Europa. Scharen von Raben sammeln sich, wenn geschossen wird, und kreischen so laut, dass die Jäger sich nicht mehr verständigen können. Sie sehen so aus wie ihre europäischen Artgenossen und sind zur Not essbar.

Die westindischen Truthähne haben einen dicken Körper und ähneln den europäischen Truthähnen. Doch ihre Schnäbel und Füße sind eher die von Störchen, und sie sind völlig weiß mit Ausnahme von zwei schwarzen Flecken auf den Flügeln. Flamingos leben im Süden von Hispaniola und sehen ebenfalls unseren Störchen sehr ähnlich. Ihr Hals ist fast sechs Fuß lang, ihre Beine ebenso. Ihr Schnabel ist der einer Gans, nur dicker und gekrümmt, und sie haben eine daumendicke Zunge. Sie fliegen in Schwärmen von 50 bis 60 Vögeln und sind wohlschmeckend. Wenn sie an der Küste Futter suchen, hält immer einer Wache. Bei Gefahr stößt er einen Warnschrei aus und fliegt davon, und der ganze Schwarm folgt ihm.

Fregattvögel erreichen die Größe eines Truthahns, sind sehr nahrhaft und schmecken wie Rindfleisch. Sie fliegen sehr schnell und mit so feinen Flügelschlägen, dass man die Bewegung kaum sieht. Sie leben weit draußen auf dem Meer und ernähren sich nur von Fisch. Niemand hat je einen Fregattvogel an Land gesehen, obwohl sie ihre Nester in Mangrovenwäldern anlegen. Diese Bäume haben unter Wasser so viele Äste wie in der Luft. Wenn die Fregattvögel nicht genug Fisch fangen können, um ihre Jungen zu füttern, dann fliegen sie über die Klippen und schlagen mit ihren Schwingen auf die dort nistenden Vögel ein, bis diese die Flucht ergreifen. Dabei kröpfen sie oft ihre Nahrung aus, und die räuberischen Fregattvögel schießen unter ihnen hindurch und fangen die Beute, bevor sie ins Meer fällt. Sie attackieren vor allem eine Seeschwalbenart, die Tölpel genannt wird und etwa entengroß ist. Obwohl die Tölpel Schnäbel wie Reiher haben, mit Sägen auf beiden Seiten, sind sie meist unterlegen. Sie leben von Fisch und bewohnen die Bäume im Wasser. Wenn ein Schiff an den Inseln vorbeisegelt, kommen die Tölpel und hocken sich auf die Rahe. Sie lassen sich leicht von den Seeleuten fangen, riechen und schmecken aber nach Tran wie der Pelikan. Der kann Fische von der Größe eines Menschenkopfes verschlingen, obwohl sein Hals nicht dicker ist als der einer Gans. Sein Schnabel ist acht Zoll lang und vier Zoll breit, und er wohnt an Flussufern, der Küste und Felsbuchten.

Oben: Die „Histoire Naturelle" von Jean Baptiste Labat (1663–1738) zeigt in über 200 Bildern Pflanzen, Säugetiere, Fische und Vögel und beschreibt das Perlentauchen, die Gold- und Silbersuche, Geburtsvorbereitungen und Hochzeitsrituale.

Die Schnepfen sind größer und fetter als bei uns. Außerdem gibt es Unmengen von Enten, die wie bei uns in Europa zu einer bestimmten Jahreszeit besonders gut schmecken. Die Gänse kommen einmal im Jahr und bleiben drei oder vier Monate lang. Sie stopfen sich mit bestimmten Samen voll, bis sie zu fett sind, um zu fliegen. Dann sind sie leicht zu fangen. Nachdem sie sich so gemästet haben, leben sie wohl einen Monat lang nur von ihrem Fett, bis sie wieder leicht genug sind, um zu fliegen. Oft sind wir einer Schar auf der Ebene so lange gefolgt, bis sie zu erschöpft waren, um weiterzufliegen oder zu laufen. Dann erschlugen wir sie mühelos mit Knüppeln.

Der kleinste Vogel auf dem Erdenrund ist der Kolibri. Er lebt nur von Blütennektar und hat ein wunderschönes Gefieder. Nur die Indianer sind geschickt genug, die Kolibris zu schießen. Sie stecken einen Wachspropfen auf die Pfeilspitze und zielen sehr genau, so dass der Vogel praktisch heil bleibt. Dann trocknen sie die Tiere und verkaufen sie den Christen.

Die Franzosen auf der Insel – die Herkunft der Bukaniere

Die Franzosen auf der Insel sind Jäger, Pflanzer oder Seeräuber. Ich habe schon erzählt, wie die Franzosen auf die Insel kamen und dass sie Knechte mitbrachten, die ihnen drei Jahre dienen mussten. Wenn ein solcher Knecht seine Zeit abgeleistet hat, sucht er sich einen Gefährten. Sie legen ihre Habe zusammen und setzen einen Vertrag auf Gegenseitigkeit auf, wonach der Überlebende alles bekommen soll, was beide erworben haben. Verheiratete überlassen ihren gesamten Besitz ihren Frauen und Kindern. Andere übergeben Verwandten ihr Hab und Gut.

Es gibt unter den Bukanieren Jäger, die nur wilde Stiere und Kühe jagen, und andere, die Schweine schießen. Die Zahl der Bukaniere hat von 600 auf 300 abgenommen, weil es weniger wilde Rinder

Links: Dieser Stich aus dem Jahr 1686 zeigt einen typischen Bukanier der von den Spaniern beherrschten karibischen Festlandküste. Bukaniere waren hervorragende Schützen, die ihre Treffsicherheit jeden Tag nach der Arbeit übten, stets von ihren Jagdhunden begleitet.

gibt und sie daher schneller und geschickter sein müssen. Sie bleiben ein oder zwei Jahre in den Wäldern Hispaniolas und teilen die Beute, bevor sie nach Tortuga zurücksegeln. Dort kaufen sie Kugeln, Pulver und Musketen und betrinken sich hemmungslos. Sie trinken Brandy wie Wasser und kaufen ein ganzes Fass Wein, schlagen den Zapfen heraus und trinken, bis es leer ist. Die Kneipenwirte und Huren machen ein gutes Geschäft mit den Bukanieren, die bleiben, bis sie ihr ganzes Geld ausgegeben haben und keinen Kredit mehr bekommen. Dann kehren sie wieder für ein oder anderthalb Jahre in die Wälder zurück.

Die Jäger treffen sich mit ihren Knechten und bilden Gruppen von fünf oder sechs Mann. Sie suchen sich einen freien Platz, wo sie Zelte aufschlagen und eine Hütte bauen, in der sie die getrockneten Häute lagern. Bei Morgengrauen gehen sie mit ihren Hunden in den Wald und folgen immer den Pfaden, auf denen sie die meisten Stiere anzutreffen hoffen. Wenn sie einen geschossen haben, trinken sie sofort ihren „Brandy" – sie saugen das Mark aus den Knochen, solange es noch warm ist. Danach ziehen sie dem Tier die Haut ab und bringen sie zurück ins Lager. Das machen sie so lange, bis jeder Mann eine Haut hat, also etwa bis Mittag. Im Lager haben sie Knechte, die die Häute zum Trocknen aufspannen und die Mahlzeiten vorbereiten. Sie alle essen nur Fleisch.

Nach dem Essen nimmt jeder Bukanier seine Muskete und schießt Pferde oder Vögel zum Spaß. Manchmal machen sie auch ein Preisschießen, bei dem es meist darum geht, so viele Orangen wie möglich vom Baum zu holen, ohne sie zu beschädigen. Ich habe oft gesehen, wie sie den Stängel mit einer einzigen Kugel durchtrennten. Am Sonntag tragen sie die Häute an den Strand und beladen ihre Boote. Einmal beklagte sich ein Knecht bei seinem Herrn, dass doch der siebte Tag der Ruhe gewidmet sein solle. Der Bukanier prügelte gnadenlos auf ihn ein und sagte: «Vorwärts, Halunke. Mein Gebot lautet, dass du sechs Tage lang Häute sammeln sollst, und am siebten sollst du sie zum Strand bringen.»

Ein Knecht wird Jäger

Diese Männer gehen furchtbar grausam mit ihren Knechten um – drei Jahre als Galeerensklave sind angenehmer als ein Jahr in Diensten eines Bukaniers. Einmal schlug ein Jäger seinen Knecht brutal zusammen und ließ ihn einfach liegen. Der Knecht stolperte hinter ihm her, konnte aber weder seinen Herrn noch sein Lager finden. Er blieb also gezwungenermaßen im Wald, ohne Waffen und nur mit

BARBECU

In der Sprache der Taíno-Indianer bezeichneten *barbacoa* und *barbecu* eine Feuergrube zum Kochen. Ein Rahmen aus grünem Holz wurde als Grill benutzt und von den Kariben *bukan* genannt. Daraus machten die Franzosen einen *boucan*, und die Männer, die ihr Fleisch auf diese Art zubereiteten, hießen dann *boucaniers*. Das Fleisch wurde auf einem Feuer aus grünen Zweigen und Tierdung langsam gegart. Verwilderte Schweine wurden eingesalzen, bevor sie auf den *bukan* kamen, anderes Fleisch dagegen wurde im Rauch gedörrt und bekam eine rötliche Färbung. *Barbacoa* und *arjoupa* wurden zu den indianischen Namen für die Hütten aus Blättern und Häuten, in denen die *boucaniers* lebten.

Jacques Le Moyne de Morgues malte „Wie man Tiere grillt" nach seinem Versuch, mit einer französischen Expedition in Florida zu siedeln. Der Stich wurde 1591 (nach seinem Tod) veröffentlicht.

Als die Welpen erwachsen waren, schickte er sie auf die Jagd. Sie töteten die Tiere und rissen sie auf, so dass er dann mit bloßen Händen rohe Fleischbrocken herausreißen konnte, die er ebenso schmackhaft fand wie das beste Mahl, das er je genossen hatte.

einer Hündin an seiner Seite, die glücklicherweise bei ihm geblieben war. Nach zwei oder drei Tagen fing er ein wildes Ferkel, und nach vielen Mühen gelang es ihm, ein paar Streifen Fleisch mit einem Feuerstein herauszulösen, die er dann roh aß. Er gab auch dem Hund einen Brocken und nahm den Rest mit auf seiner Wanderung durch den Wald. Einmal sah er eine wilde Hündin mit Fleisch im Maul. Er folgte ihr zu ihrer Höhle und tötete sie mit einem Stein. Dann aß er das Fleisch, das sie zur Höhle geschleppt hatte. Er nahm auch zwei ihrer Welpen und zog sie auf. Im Wald suchte er sich eine Gegend mit genug Ferkeln für sich und seine Hunde. Als die Welpen erwachsen waren, schickte er sie auf die Jagd. Sie töteten die Tiere und rissen sie auf, so dass er dann mit bloßen Händen rohe Fleischbrocken herausreißen konnte, die er ebenso schmackhaft fand wie das beste Mahl, das er je genossen hatte.

Nachdem er etwa 14 Monate so gelebt hatte, stieß er auf eine Jagdgruppe. Zunächst hatten die Jäger Angst vor ihm, weil er völlig verwildert war, mit langem Bart und nackt, abgesehen von einem Stück Rinde, mit dem er seine Lenden bedeckte. Er erzählte ihnen, wie es ihm ergangen war, und die Jäger wollten ihn mitnehmen, aber er bestand darauf, dass sie ihn aus der Knechtschaft befreiten. Sonst wollte er lieber so weiterleben. Sie versprachen es ihm, brachten ihn zurück und sammelten genug Geld, um ihn freizukaufen.

Die Spanier und die Jäger

Die Spanier auf Hispaniola haben ständig ein Auge auf die Bukaniere und töten sie bei jeder Gelegenheit. Fünf Kompanien sind von San Domingo her ausgeschickt worden, um sie zu suchen, beten aber, dass sie sie nicht wirklich finden. Die Spanier haben nicht den Mut zu einem offenen Kampf mit den Bukanieren, denn die Jäger sind hervorragende Schützen. Deshalb versuchen die Spanier, sie auszukundschaften und im Schlaf zu ermorden.

Eines Morgens entdeckte ein Jäger, der mit seinem Knecht unterwegs war, die Spuren von zwölf Spaniern, die sich am Waldpfad auf die Lauer gelegt hatten. Er nahm also einen anderen Weg, aber die Verfolger hörten seine Hunde bellen und stellten ihn auf offenem Feld. Der Jäger und sein Knecht standen Rücken an Rücken und schütteten Pulver und Bleikugeln in ihre Hüte, die sie zu ihren Füßen abgelegt hatten. Die spanischen Reiter umzingelten sie mit gezückten Lanzen und forderten sie auf, sich zu ergeben. Sie versprachen dem Jäger Gnade, aber der hatte den Spaniern schon übel mitgespielt und traute ihnen nicht. Er wusste, dass sie ihn bei lebendigem Leib verbrennen würden. Also sagte er, er wolle keine Gnade, aber der Erste, der ihn angreife, werde sterben. Daraufhin ließ er sich auf ein Knie fallen und legte seine Muskete an. Als die Spanier diese Entschlossenheit sahen, machten sie sich davon. Ein andermal wurde ein einzelner Jäger von einer Truppe Spanier überrascht. Er rannte auf sie zu, rief seinen nicht vorhandenen Gefährten zu, ihm Feuerschutz zu geben, und legte seine Muskete an. Die Spanier ergriffen die Flucht.

Die Schweinejäger jagen die verwilderten Schweine ganz anders als wir in Europa. Den Platz, an dem sie sich niedergelassen haben, nennen sie *boucan.* Oft stellen ihnen die Pflanzer Knechte, die dann die Jäger im Wald mit Nachschub versorgen und den Pflanzern das Fleisch bringen. Der Pflanzer ist verpflichtet, den Knecht mit Pulver, Blei und Hunden auszusrüsten. Für alles andere muss der Jäger

Nach der Rückkehr von der Jagd zieht jeder den erbeuteten Tieren die Haut ab und löst das Fleisch von den Knochen. Es wird in etwa sechs Fuß lange Streifen geschnitten, mit Salz bestreut und drei bis vier Stunden liegen gelassen.

selbst sorgen. Die Bukaniere liefern den Pflanzern dafür eine gewisse Menge Fleisch zu einem festen Preis, der üblicherweise in Tabakblättern, jährlich etwa 20 bis 30 Zentner, gezahlt wird.

Am Morgen gehen die Jäger ihrer Arbeit nach, am Nachmittag schießen sie Pferde und lassen ihnen das Fett aus, um daraus Lampenöl zu machen. Für einen Topf Talg geben die Pflanzer einen Zentner Tabak. Die Bukaniere verdienen sich auch mit der Hundezucht etwas dazu. Ein guter Jagdhund ist sechs Silberpesos wert.

Andere Jäger, die keine solche Übereinkunft mit Pflanzern haben, machen sich zu siebt oder acht auf den Weg. Ein Mann führt die Hunde, ein anderer trägt die Musketen. Einer bleibt beim *boucan,* um ihre Habe zu bewachen, Fleisch zu räuchern, Salz zu mahlen und für die anderen zu kochen. Sie töten viele Tiere, manchmal 100 Schweine am Morgen, nehmen aber nur sieben oder acht mit. Sie bevorzugen Bachen, weil sie fetter sind als Eber. Wilde Schweine sind sehr gefährlich und können Hunde und Menschen schwer verletzen. Deshalb sollte man immer einen Knüppel dabeihaben, um verwundete Tiere abzuwehren.

Nach der Rückkehr von der Jagd zieht jeder den erbeuteten Tieren die Haut ab und löst das Fleisch von den Knochen. Es wird in etwa sechs Fuß lange Streifen geschnitten, mit Salz bestreut und drei bis vier Stunden liegen gelassen. Dann hängt man es in einer Hütte an Balken und Stöcke, entzündet ein Feuer darunter und räuchert das Fleisch, bis es trocken und hart ist. Wenn die Jäger 20 oder 30 Zentner zusammen haben, wird jedes Pfund Fleisch für zwei Pfund Tabak verkauft.

Gegenüber: Im Jahr 1492 wurden Kolumbus von Indianern „duftende Blätter" angeboten, aber er warf sie über Bord – es waren Tabakblätter, wie sie dieser Stich aus dem Jahr 1613 zeigt. Im selben Jahr sahen Rodrigo de Jerez und Luis de Torres auf Kuba erstmals rauchende Eingeborene. Diese wickelten getrocknete Tabakblätter in Palm- oder Maisblätter «wie eine Muskete aus Papier». Ein Ende steckten sie an und «tranken» den Rauch durch das andere. Jerez brachte die Angewohnheit nach Spanien, aber der Rauch, der ihm aus Mund und Nase quoll, verängstigte die Menschen so sehr, dass die Inquisition ihn für sieben Jahre ins Gefängnis steckte. Als er wieder freikam, war Rauchen schon zu einem beliebten Zeitvertreib geworden.

Die Ankunft der Pflanzer

Nach den Jägern will ich nun von den Pflanzern berichten. Seit 1598 treiben sie Ackerbau auf Tortuga und bauen sehr erfolgreich Tabak an, aber die Insel ist klein, und manche Gegenden sind ungeeignet für diese Pflanze. Man hat es auch, wenig erfolgreich, mit Zucker versucht. Es war kein Geld für eine Raffinerie da. Als die Jagd nicht mehr so viel einbrachte, verlegten sich manche wieder auf den Ackerbau und suchten auf Hispaniola die besten Böden für Tabak. Sie wählten Cul-de-Sac im Nordwesten der Insel, wo die Spanier nicht an sie herankamen. Nach und nach kamen 2000 Tabakpflanzer nach Hispaniola und mussten zunächst furchtbar schuften.

Als sie ankamen, gab es dort nur Wälder voller wilder Schweine. Also schlossen sich zwei oder drei Mann zusammen, kauften die nötigen Werkzeuge, Äxte, Hacken und Messer, dazu fünf oder sechs Zentner Vorräte. Sie errichteten eine kleine Hütte aus Zweigen, säuberten den Boden und verbrannten das Unterholz. Dann fällten sie die hohen Bäume, verbrannten die Äste und behielten die Stämme.

Zuerst bauten sie Bohnen an, die innerhalb von sechs Wochen reifen und getrocknet werden können. Dann folgten Süßkartoffeln, die vier oder fünf Monate brauchen, bis man sie ernten kann, und die man gekocht zum Frühstück isst. Als dritte Frucht wurde Maniok angebaut, aus dessen Wurzeln man Mehl macht. Er braucht allerdings zum Reifen zwischen acht Monaten und einem Jahr. Die Pflanzer backen Brotkuchen, indem sie die Wurzeln auf Reibeisen aus Blech oder Kupfer reiben; das Geriebene tun sie in Säcke aus grobem Tuch und pressen alle Feuchtigkeit heraus. Dann wird es durch ein großes Schrotsieb gedrückt, bis es aussieht wie Sägemehl, auf einem Eisenblech zu Kuchen gebacken und auf dem Dach

I.
Tabacum latifolium.

Aus Bananen machen sie Wein, der schnell zu Kopfe steigt und gefährliche Halsentzündungen hervorruft.

zum Trocknen ausgelegt. Das könnte der Ursprung jener alten Geschichte von dem Land sein, in dem die Dächer mit Pfannkuchen gedeckt sind. Aus dem übrigen Mehl, das nicht durch das Sieb ging, formen die Pflanzer fünf oder sechs Zoll hohe Kuchen, die sie übereinanderstapeln und zur Gärung bringen. Heraus kommt ein Bier namens *veycou,* das dem englischen Bier ähnelt. Aus Bananen machen sie Wein, der schnell zu Kopfe steigt und gefährliche Halsentzündungen hervorruft.

Die Bohnen werden mit Fleisch und Eiern zu einem Eintopf verarbeitet. Die Süßkartoffeln werden in einer Pfanne mit wenig Wasser gekocht und mit einem Tuch abgedeckt. In einer halben Stunde sind sie fertig, trocken wie Kastanien, und werden mit einer Soße aus Speck, Zitronensaft und rotem Pfeffer serviert. Die Pflanzer machen auch einen Schnaps namens *maiz* aus Süßkartoffeln. Das haben sie von den Indianern gelernt, die das Gebräu *maby* nennen. Es fermentiert innerhalb von ein paar Tagen und schmeckt zwar sauer, aber durchaus angenehm.

Die Tabakplantagen

Sobald die Pflanzer das Lebensnotwendigste angebaut hatten, begannen sie, Tabak zu pflanzen. Dazu bereiten sie zunächst ein zwölf Quadratfuß großes Beet vor, säen die Samen aus, bedecken die Fläche mit Palmblättern, um das Unkraut zu unterdrücken, und wässern ständig. Wenn die jungen Tabakpflanzen etwa so groß sind wie Salatköpfe, werden sie auf große Felder in Reihen mit drei Fuß Abstand gepflanzt. Wenn der Tabak zu einem etwa anderthalb Fuß hohen dichten Busch herangewachsen ist, werden die Spitzen gekappt. So werden die Blätter besser versorgt und wachsen kräftiger. Die Pflanzer jäten immer wieder, bis die Büsche groß sind. Nach jedem Schnitt treiben die Pflanzen mehr Blätter; geschnitten werden sie etwa viermal im Jahr.

Die Pflanzer bauen Trockenschuppen, die etwa 50 bis 60 Fuß lang und 40 Fuß breit sind. Die grünen Blätter werden zum Trocknen auf Äste und Sparren gelegt. Dann werden sie von den Stielen abgezogen und aufgerollt. Die Arbeiter, die dies tun, haben sich ganz darauf spezialisiert und bekommen ein Zehntel der Menge, die sie verarbeiten. Der meiste Tabak geht als Färbemittel oder Kautabak nach Frankreich.

Im Jahr 1664 wollte die französische Westindien-Kompanie alle Einwohner Tortugas zu französischen Bürgern machen, aber die Pflanzer weigerten sich, für die Kompanie zu arbeiten, und deshalb wurde sie aufgelöst. Daraufhin beschloss der Gouverneur, lieber mit den Pflanzern auf Hispaniola und Tortuga zusammenzuarbeiten als gegen sie. Er vereinbarte mit Kaufleuten aus Frankreich, dass sie die Pflanzer mit allem Nötigen versorgten, unter der Bedingung, dass sie diese Abmachung der Planzer geheim hielten.

Er sorgte dafür, dass Schiffe viermal im Jahr die Handelswaren aufnahmen und sie nach Frankreich brachten, was besser war, als ohne klare Regeln mit ausländischen Händlern Geschäfte zu machen. Die wichtigsten Pflanzer brachte er dazu, der Abmachung zuzustimmen, die anderen waren ausgeschlossen. Sie durften ohne seine Einwilligung keine Elle Leinen kaufen, und sie konnten ihre Waren nicht ausführen. Die Schiffe unterstanden seinem Befehl, er war einer der Eigner. Seine eigenen Waren wurden zuerst geladen, dann die seiner Freunde, und danach nur mit seiner schriftlichen Erlaubnis auch andere Waren.

Gegenüber: Die Schweinejäger auf Hispaniola und Tortuga trugen Lederhüte mit breiter Krempe, um ihre Augen vor der Sonne zu schützen. Sie waren von Kopf bis Fuß in Leder gekleidet. Durch Blut, Fett und den Rauch ihrer *barbacoas* wurde ihre Kleidung so schwarz, dass sie wie geteert aussah.

Rechts: Diese Zeichung einer Tabakmühle der „Königlichen Fabrik von Mexiko" aus dem 18. Jahrhundert zeigt, wie die rasch wachsende Tabakindustrie durch den Einsatz von Technik und Sklaven von Kuba aus auf den amerikanischen Kontinent übergreifen konnte.

nír Tabáco enla Rl. Fabrica de Sigarrs.
18.
12.
9.
13.
10.
11.
14.
5.
15.
6.
16.
7.
17.
19.
20.

1669 handelten zwei holländische Schiffe mit den Pflanzern auf Hispaniola. Viele von ihnen wollten dem Gouverneur ein Schnippchen schlagen und auch in Zukunft direkt mit den Holländern Geschäfte machen. Der Gouverneur kam angesegelt, um diesen Handel zu unterbinden, aber die Pflanzer schossen auf ihn und ließen ihn nicht an Land. Seine Schiffe segelten nur halb beladen nach Frankreich zurück. Der Handel mit den Holländern ging weiter, und die Freunde des Gouverneurs mussten stillhalten und schweigen oder sterben. Die Holländer beluden ihre Schiffe mit Häuten und Tabak und versprachen, bald wiederzukommen. Inzwischen waren die Verhandlungen mit dem Gouverneur vollends gescheitert, und die französischen Pflanzer auf Hispaniola waren fest entschlossen, ihn zu töten und ein neues, von Frankreich unabhängiges Commonwealth zu gründen. Doch dann hörte man, dass Frankreich und Holland einander bekriegten, und das zwang sie zum Umdenken.

Jetzt ließ der Gouverneur zwei Kriegsschiffe aus Frankreich kommen. Soldaten verwüsteten die Häuser der französischen Pflanzer auf Hispaniola, bis der Gouverneur ihnen Gnade anbot und nur zwei Rädelsführer hängen ließ. Er erlaubte ihnen jetzt, mit allen Nationen Handel zu treiben, und die Tabakproduktion stieg auf 20 000 bis 30 000 Rollen pro Jahr.

Die Schuldknechte und ihre grausamen Herren

Die Pflanzer haben nur wenige Sklaven, aber sie haben Knechte, die drei Jahre lang für sie arbeiten müssen. Manchmal allerdings reichen ihre Herren sie weiter oder verkaufen sie wie Sklaven aus Guinea. Um diesen schwunghaften Handel in Gang zu halten, reisen Männer nach England und Frankreich und versprechen Knaben und jungen Männern das Blaue vom Himmel herunter, wenn sie sich auf die

TABAK

Tabak war das „Kokain des 17. Jahrhunderts". 1493 beobachtete Kolumbus, dass die (heute ausgestorbenen) Taíno-Indianer Rollen getrockneter Blätter anzündeten und den Rauch inhalierten. Im frühen 17. Jahrhundert war das Rauchen schon so beliebt, dass «der Besitz manch eines jungen Edelmannes ganz und gar verbraucht und in Rauch aufgegangen ist [und] der Besitz eines Mannes durch seine Nase verqualmt und er ganze Tage, ja sogar Jahre mit dem Trinken von Tabak verschwendet; es hat sogar schon Männer gegeben, die im Bett geraucht haben».

Die Blätter wurden mit Silber aufgewogen. Die Tabakpflanze, die ursprünglich wild in Virginia wuchs, wurde von der Virginia-Kompanie als Nutzpflanze kultiviert. Allerdings war das Land nach drei oder vier Tabakernten ausgelaugt, und man musste neue Felder roden und bestellen. Die Virginia-Kompanie war immer auf der Suche nach Arbeitern, deren Lebenserwartung allerdings gering war.

Im 17. Jahrhundert war Rauchen der letzte Schrei, und es blieb bis in die Siebzigerjahre des 20. Jahrhunderts in Mode. Das „Rauch-Trinken" war ein sehr teures Vergnügen, bis die Tabakplantagen in Virginia im 18. Jahrhundert größere Mengen liefern konnten.

Links: Dieses Gemälde von Abraham Storck (1635–1710) zeigt die Viertageschlacht vom 1. bis 4. Juni 1666, in der die Engländer beim Kampf gegen die Niederländer im Ärmelkanal 8000 Mann und 17 Schiffe verloren. Unter der Regierung Karls II. hatte einzig und allein Henry Morgan Siege gegen ausländische Mächte zu verzeichnen, was es der Krone schwer machte, ihn wegen Piraterie zu bestrafen.

Westindischen Inseln bringen lassen. Dort müssen sie dann wie Pferde arbeiten und werden weitaus härter behandelt als die Negersklaven. Die Besitzer haben nämlich ein Interesse daran, dass die Neger, die ihnen ja ihr Leben lang als Sklaven dienen müssen, gesund bleiben, während es bei den Weißen egal ist, ob sie sterben, weil sie ja nur drei Jahre dienen. Auch wenn sie krank sind, zwingt man sie, in der Sonnenglut zu arbeiten; ihre Rücken sind oft voller Geschwüre wie bei von Lasten wundgeriebenen Pferden. Manchmal fallen die weißen Jugendlichen bei dieser brutalen Behandlung in ein Koma, das auf Französisch *mal d'estomac* (Bauchweh) genannt wird. Durch die grobe Behandlung, das schlechte Essen und die Gluthitze werden sie schläfrig, benommen und kurzatmig. Manche werden dann so grausam verprügelt, dass sie einfach tot umfallen, und die Pflanzer beklagen sich noch, dass diese Schurken lieber sterben als arbeiten. Das habe ich oft selbst miterlebt.

Ein Pflanzer spielte einem Knecht so übel mit, dass dieser weglief. Als er aufgegriffen wurde, band man ihn an einen Baum und prügelte so auf seinen nackten Rücken ein, dass der Boden unter dem Baum in Blut schwamm. Um die Schmerzen noch zu verschlimmern, rieb der Pflanzer die Wunden mit Zitronensaft, Salz und Pfeffer ein und ließ den Knecht 24 Stunden dort angebunden. Dann begann die Prozedur von Neuem, und der Sterbende hauchte seinen Atem mit den Worten aus: «Ich flehe Gott, den Allmächtigen, den Schöpfer des Himmels und der Erde an, dass er dem Teufel gestattet, Euch vor Eurem Tod so viele Folterqualen zu bereiten, wie Ihr mir vor meinem zugefügt habt.» Nur vier Tage später setzte die Strafe des Herrn ein, und der tyrannische Pflanzer geißelte sich selbst, bis er einer blutigen Masse glich und starb.

Überall in der Karibik herrscht diese Grausamkeit. Auf St. Kitts hat ein Mann namens Bettesa über 100 seiner Knechte mit Schlägen und Peitschenhieben getötet. Das können holländische Kaufleute bestätigen. Die Engländer tun dasselbe. Die mildeste Grausamkeit ist noch, dass die Knechte nach sechs

Durch die grobe Behandlung, das schlechte Essen und die Gluthitze werden sie schläfrig, benommen und kurzatmig. Manche werden dann so grausam verprügelt, dass sie einfach tot umfallen.

SCHULDKNECHTSCHAFT

Vor der Zeit des Sklavenhandels gab es nur zwei Wege, dringend benötigte Arbeiter aus England in die Karibik zu bringen: durch die Einschiffung von Kriminellen und durch Schulkdknechtschaft. Ein neues Leben in der Neuen Welt, in der man leicht eigenes Land in Besitz nehmen konnte, war ein attraktives und immer wieder angepriesenes Lockmittel, doch die Menschen konnten sich die Überfahrt nicht leisten. Deshalb wurde eine leicht angepasste Form des Lehrlingsvertrags, die sogenannte Indentur, erfunden.

Das war ein auf Pergament geschriebener und von zwei oder mehr Parteien unterzeichneter Vertrag, der dann mit einem Zickzackschnitt in zwei Hälften geschnitten wurde. Die Authentizität des Vertrags war so durch das Zusammenlegen der beiden Teile beweisbar. Theoretisch band diese Vertragsknechtschaft einen britischen Bürger für sieben Jahre oder einen Minderjährigen bis zu seinem 21. Geburtstag. Doch das Leben auf den Plantagen war eine trostlose und kurze Angelegenheit.

Als Thomas Dale, Gouverneur von Delaware, sich 1618 beleidigt fühlte, weil sein Knecht Richard Barnes «niederträchtige und verunglimpfende Worte» ihm gegenüber äußerte, befahl er, «ihn zu entwaffnen und seine Arme zu brechen und seine Zunge mit einer Ahle zu durchbohren. Er soll durch ein Spalier von 40 Männern gehen und von jedem geschlagen werden, und am Ende dieses Weges soll er zu Boden getreten und aus dem Fort geworfen werden; und er soll aus James City und von der Insel verbannt werden, und kein Freiheitsprivileg im Land darf ihm gewährt werden.»

Die Verbannung aus der Kolonie war im Grunde ein Todesurteil. Näherinnen, die die Rocksäume ihrer Herrinnen zu hoch ansetzten, wurden ausgepeitscht. Männer, die flüchten wollten, wurden zu Tode gefoltert.

Die Piraterie muss, wenn sich die Gelegenheit dazu bot, eine willkommene Alternative zu dieser Knechtschaft gewesen sein. Deshalb konnten die Anführer der Seeräuber ihre Mannschaften immer leicht auffüllen.

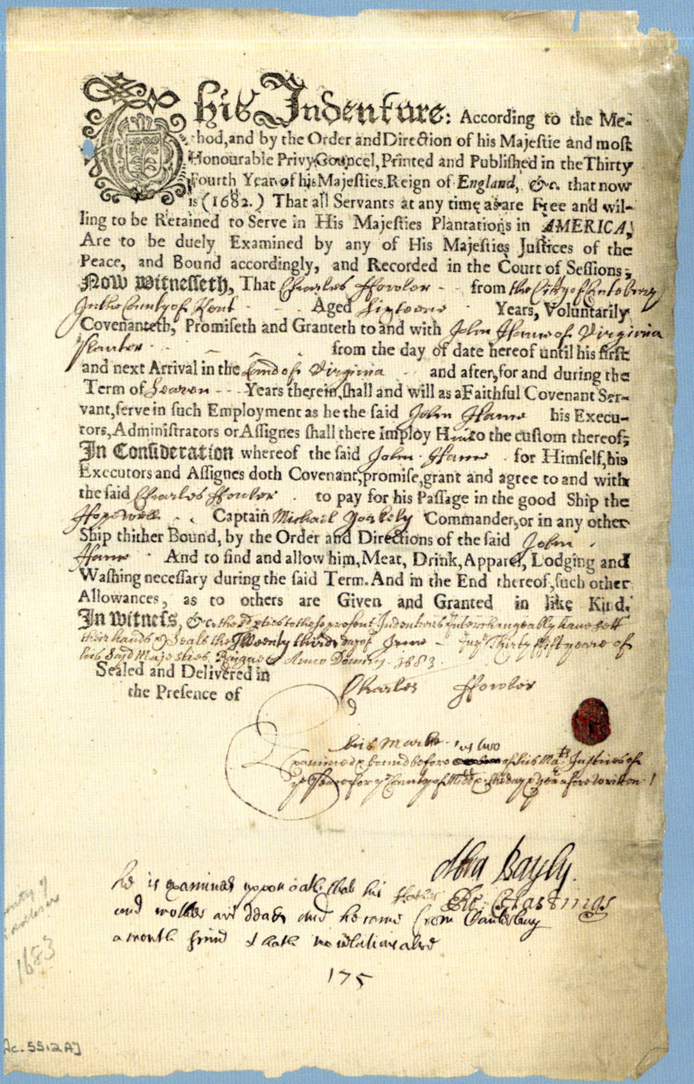

This Indenture: According to the Method, and by the Order and Direction of his Majestie and most Honourable Privy Councel, Printed and Published in the Thirty Fourth Year of his Majesties Reign of *England*, &c. that now is (1682.) That all Servants at any time as are Free and willing to be Retained to Serve in His Majesties Plantations in *AMERICA*, Are to be duely Examined by any of His Majesties Justices of the Peace, and Bound accordingly, and Recorded in the Court of Sessions; **Now witnesseth,** That Charles Fowler from the City of Canterbury in the County of Kent Aged Sixteen Years, Voluntarily Covenanteth, Promiseth and Granteth to and with John Hann of Virginia Planter from the day of date hereof until his first and next Arrival in the Land of Virginia and after, for and during the Term of Seaven Years therein, shall and will as a Faithful Covenant Servant, serve in such Employment as he the said John Hann his Executors, Administrators or Assignes shall there imploy Him to the custom thereof; **In Consideration** whereof the said John Hann for Himself, his Executors and Assignes doth Covenant, promise, grant and agree to and with the said Charles Fowler to pay for his Passage in the good Ship the Hopewell Captain Michael Yoakly Commander, or in any other Ship thither Bound, by the Order and Directions of the said John Hann And to find and allow him, Meat, Drink, Apparel, Lodging and Washing necessary during the said Term. And in the End thereof, such other Allowances, as to others are Given and Granted in like Kind. **In witness**, &c.

Sealed and Delivered in the Presence of

Charles Fowler

175

Ac. 5512 A]

In diesem Vertrag geht es um die Umsiedlung eines Knechtes aus der englischen Grafschaft Kent in die Kolonie Virginia. Nach den Abmachungen war der Herr verpflichtet, «Fleisch, Getränke, Kleidung, Unterkunft und Waschgelegenheit» zu stellen, in Wirklichkeit aber wurden den Knechten oft nicht einmal die einfachsten Grundbedürfnisse gewährt.

Jahren im Dienst – die Engländer müssen sieben Jahre dienen, bevor sie frei sind – so schlecht behandelt werden, dass sie um einen anderen Herrn bitten. Dann sind sie für weitere drei, vier oder sogar sieben Jahre gebunden, und das kann immer wieder passieren. Ich habe Männer gekannt, die 15 und 20 Jahre gedient hatten, bevor sie die Freiheit erlangten.

Die Engländer feiern Weihnachten und geben ihren Sklaven dann, worauf sie Lust haben – Trinken, Essen oder was auch immer –, aber sie lassen sie teuer dafür bezahlen. Denn bei ihnen gilt ein strenges Gesetz, dass jeder, der mit 25 Schillingen verschuldet ist und nicht zahlen kann, für sechs bis zwölf Monate als Sklave verkauft werden darf.

Jetzt möchte ich von den berüchtigten Taten der Piraten berichten, und zwar nicht aus zweiter Hand, sondern von den Unternehmungen, die ich als Augenzeuge miterlebt habe.

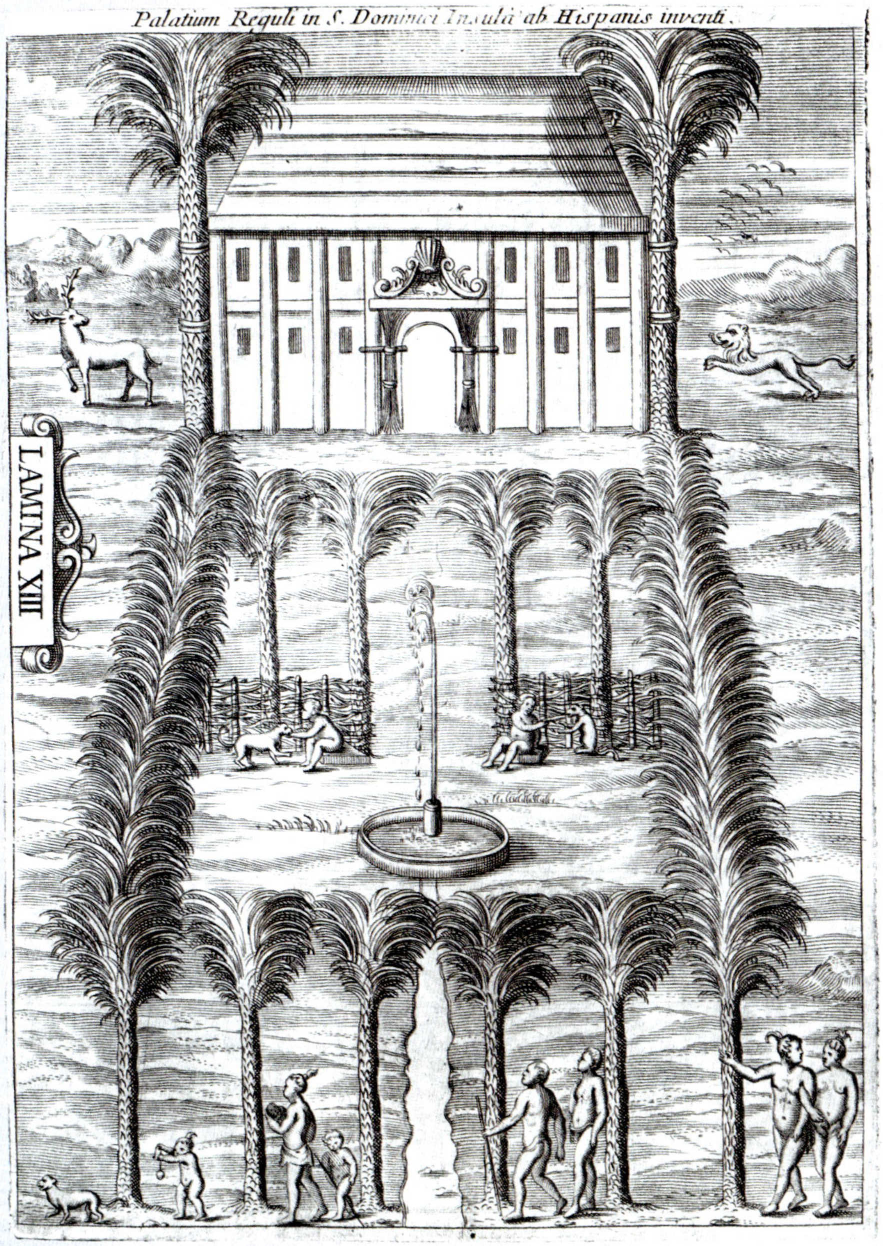

Links: Kolumbus landete 1492 auf Hispaniola, das zur ersten spanischen Kolonie auf den Westindischen Inseln wurde, bis die Franzosen es im 17. Jahrhundert für sich beanspruchten. Der hier abgebildete Palast des spanischen Gouverneurs in Santo Domingo zeigt in der Gartenanlage islamische Einflüsse.

INSELN UND STÄDTE IN DER KARIBIK

Nach Hispaniola besiedelten die Spanier Kuba und die größeren Inseln der Karibik, dann Mexiko, Florida, Louisiana, Texas sowie das mittel- und südamerikanische Festland. Zwischen 1492 und 1650 schrumpfte die Zahl der ursprünglichen Bewohner Amerikas von etwa 50 Millionen auf acht Millionen. Besonders schlimm wüteten die Europäer auf den Westindischen Inseln, wo die Indianer vielfach ausgerottet wurden. Deshalb wurden afrikanische Sklaven für die Arbeit auf den amerikanischen Zuckerrohr- und Tabakplantagen importiert.

HISPANIOLA

Heute teilen sich die Staaten Haiti und die Dominikanische Republik die zweitgrößte Insel der Antillen, 1492 nannte Kolumbus sie *La Española* (Klein-Spanien). Hispaniola war die englische Fassung dieses Namens. Der ursprüngliche indianische Name lautete *Ayiti.* Santo Domingo, die heutige Hauptstadt der Dominikanischen Republik, ist die älteste europäische Siedlung in Amerika.

Links: *Hispaniola, Karte von Nicholas Comberford, 1633.*

KUBA

In Jahr 1493 befahl Papst Alexander VI. den Spaniern, die Neue Welt zu erobern, zu besiedeln und die Heiden dort zum Katholizismus zu bekehren. Also begannen die Spanier 1511 von Hispaniola aus mit der Kolonisierung Kubas. Die eingeborenen Taíno-Indianer wurden auf Kuba ebenso wie auf Hispaniola nahezu ausgerottet. Auf ihrer verzweifelten Suche nach Arbeitern für die neuen Plantagen führten die Konquistadoren Sklaven von den umliegenden Inseln und vom Festland ein. Die Spanier machten Zucker und Tabak zu den wichtigsten landwirtschaftlichen Produkten Kubas, und die Insel ersetzte bald Hispaniola als wichtigste spanische Basis im Karibischen Meer.

Oben: *Dieser Stich von 1683 zeigt das im Jahr 1515 gegründete Havanna.*

JAMAIKA

Als Cromwells Expedition der Jahre 1654–1655 zur Einnahme von Hispaniola scheiterte, beschlossen die Führer des Feldzugs stattdessen Jamaika zu erobern. Sie konnten die Insel unter ihre Herrschaft bringen, weil es nur sehr wenige spanische Siedler und kaum Verteidigungsanlagen gab. Französische, niederländische und englische Bukaniere sammelten sich in Jamaikas Hauptstadt Port Royal. Die Franzosen hatten sie aus ihrem Stützpunkt Tortuga vertrieben, die Engländer dagegen betrachteten die Piraten als Quelle von Wohlstand durch einen sehr einträglichen Handel und als ihren zuverlässigsten Schutz gegen die Spanier. 1662 gab es so viel Beutesilber und Gold in Port Royal, dass die Regierung mit dem Gedanken spielte, dort eine Münzprägestätte zu errichten.

Unten: *Guajakholz blüht auf den Blue Mountains Jamaikas.*

Oben: *Fischer vor Providencia, heute Teil von Kolumbien.*

PROVIDENCIA UND SANTA CATALINA

Dieses Inselpaar liegt 400 Kilometer vor Puerto Bello und bildet einen günstigen Zufluchtsort für die Piraten auf der Handelsroute von Kuba nach Venezuela. Die größere Insel heißt heute Providencia, doch zu Zeiten Exquemelins (und in seinem Bericht) bezog sich der Name Santa Catalina auf die größere Insel oder manchmal auch auf beide zusammen. Die Piraten schlugen hier im Jahr 1635 erfolgreich einen spanischen Angriff zurück, konnten aber nicht verhindern, dass die Insel 1640 besetzt wurde. Henry Morgan nutzte die Inseln 1670–1671 für seinen Angriff auf Panama.

CARTAGENA

Cartagena gehört heute zu Kolumbien. Es war einer von nur drei Schatzhäfen, die die spanische *flota,* die mit Perlen, wertvollen Hölzern, Gold, Silber und Smaragden beladene „Silberflotte", jährlich besuchte. Die anderen beiden waren Santo Domingo und Nombre de Dios. Das im Jahr 1533 gegründete Cartagena verfügte über stabile Verteidigungsanlagen und wurde als einzige größere spanische Hafenstadt nie von den Bukanieren erobert.

Oben: *Plan von Panama City, 1673. Nach Morgans Angriff 1671 wurde die Stadt mehrere Kilometer vom ursprünglichen Ort entfernt wieder aufgebaut.*

PANAMA

Francis Drake dagegen plünderte Cartagena, Santo Domingo und Nombre de Dios, woraufhin die Spanier von 1595 an Puerto Bello zu ihrem wichtigsten karibischen Schatzhafen machten. Jedes Jahr wurde das Silber mit Maultierkarawanen von Panama City über die Landenge von Panama nach Nombre de Dios und von dort nach Puerto Bello an der Karibikküste gebracht. Wenn der Río Chagres genügend Wasser führte, wurde das Silber auf dem Wasserweg transportiert. Henry Morgan plünderte Panama City 1671, nur drei Jahre nachdem er Puerto Bello eingenommen hatte.

Links: *Der Palast der Inquisition in Cartagena wurde 1770 fertiggestellt.*

TEIL ZWEI

Ausrüstung der Schiffe der Bukaniere, ihre Lebensweise und einige berühmte Piraten – Pierre le Grand, Pierre François, Bartolomeu Português, Roche Braziliano, Lewis Scot, Edvart Mansveldt und John Davis

Gegenüber: Dieses Gemälde von Howard Pyle (1853–1911) trägt den Titel „Wer soll Kapitän sein?". Es zeigt Piraten, die um einen vergrabenen Schatz kämpfen. Noch heute suchen Menschen nach den versteckten Schätzen von Bukanieren und Piraten wie Henry Morgan, Captain Kidd, Black Bart Roberts und Olivier „the Buzzard".

KAPITEL I

Wie die Bukaniere ihre Schiffe bemannen, Lebensmittel aufnehmen und ihre Reisen organisieren

Bevor Piraten in See stechen, sagen sie allen Kumpanen, wann und wo sie an Bord gehen sollen und was sie an Pulver und Kugeln für die Expedition mitbringen müssen. Dann wird beraten, woher man Fleisch und anderen Proviant bekommen könnte. Sie essen selten etwas anderes als Fleisch. Manchmal plündern sie spanische Schweinepferche, in denen bis zu 1000 Tiere gehalten werden. Sie nehmen auch eingesalzenes Schildkrötenfleisch an Bord. Die Ration besteht aus Fleisch zweimal am Tag – so viel jeder essen kann. Alle einschließlich des Kapitäns bekommen dasselbe Essen.

Dann wird beschlossen, wohin die Reise gehen soll, und es wird ein Vertrag für alle Teilnehmer niedergelegt. Darin ist genau festgeschrieben, welchen Beuteanteil jeder bekommt. Für diese Männer gilt die alte Piratenregel «Ohne Beute kein Sold».

Zunächst legen sie fest, was der Kapitän für sein Schiff haben soll, zweitens eine Summe zwischen 100 und 150 Silberpesos für den Schiffsbauer oder Zimmermann, der das Schiff kielgeholt, repariert

BRÜDER DER KÜSTE: DIE HERKUNFT DER BUKANIERE

Von den Dreißigerjahren des 16. Jahrhunderts an hatten sich Europäer an den Küsten Jamaikas, Kubas und Hispaniolas niedergelassen. Sie jagten Rinder und Schweine und tauschten Häute, Fleisch und Talg gegen Gewehre, Kleidung, Vorräte und Alkohol. Als Vergeltung für spanische Angriffe auf ihre Siedlungen attackierten sie spanische Schiffe mit ihren *pirogues* oder *piraguas* – Kanus aus ausgehöhlten Baumstämmen.

Die Spanier versuchten ihre Herden abzuschlachten, und trieben die „Brüder der Küste" damit noch stärker zur Seeräuberei. Von 1630 an wurde die Insel Tortuga das inoffizielle Hauptquartier der Bukaniere. Sie entwickelten einen strengen Verhaltenskodex – sie teilten die Beute gerecht, interessierten sich nicht für die Vergangenheit ihrer Gefährten und kannten nicht einmal deren Nachnamen. Sobald sie den Wendekreis des Krebses überschritten hatten, war ihr früheres Leben einem Aberglauben nach «abgesoffen».

In Beratungen, bei denen alle gleiches Stimmrecht hatten, legten sie fest, wo sie Proviant aufnehmen und wo sie unter einem gewählten Kapitän angreifen wollten. Exquemelin berichtet aus eigener Erfahrung von diesen Verhandlungen. Bukaniere griffen im Allgemeinen nicht die Schiffe ihres eigenen Heimatlandes an. Am liebsten fuhren sie auf langen Kanus oder kleinen Barken mit nur einem Mast. Scharfschützen in ihren Booten trafen jeden, der eine Kanone auf sie abfeuern wollte, und sie näherten sich den Schiffen von achtern, um ein möglichst kleibes Ziel abzugeben.

Sie nannten sich selbst «Freibeuter», hatten aber selten einen Kaperbrief, und wenn, dann war er oft abgelaufen oder gefälscht.

Dieser zeitgenössische Stich zeigt einen frühen Bukanier, einen Jäger auf Hispaniola oder Tortuga. Er jagte mit seinen „Brüdern" und lebte in einer Vorform einer demokratischen Gesellschaft.

und getakelt hat. Für den Proviant müssen sie etwa 200 Silberpesos bezahlen. Dann bekommt der Wundarzt etwa 200 bis 250 Silberpesos als Sold und für seine Medikamente. Und schließlich legen sie eine Entschädigung für Verletzungen fest. Für einen rechten Arm gibt es etwa 600 Silberpesos oder sechs Sklaven und für den linken 500 oder fünf Sklaven. Für das rechte Bein 500 Silberpesos oder fünf Sklaven, für das linke 400 oder vier Sklaven. Für ein Auge oder einen Finger 100 Silberpesos oder einen Sklaven. Diese Summen werden von dem Geld genommen, das sie mit der Piraterie verdienen. Der Rest wird so geteilt, dass der Kapitän fünf- oder sechsmal so viel bekommt wie der einfache Seemann, der Maat bekommt das Doppelte und auch die anderen Offiziere haben ihre Anteile. Alle Seeleute bekommen gleichen Sold, die Schiffsjungen die Hälfte.

Wenn die Piraten eine Prise erobert haben, darf niemand etwas für sich nehmen. Alles wird nach ihrem Vertrag verteilt. Sie schwören einen heiligen Eid darauf, dass sie sich weder aus dem Staub machen noch verheimlichen, was sie finden. Sollten sie diesen Eid brechen, werden sie aus der Gemeinschaft ausgestoßen, deshalb sind sie meist sehr großzügig und hilfsbereit. Wenn jemand etwas will, das ein anderer hat, wird es ihm meist ohne Murren gewährt.

Oben: Dieses Gemälde, „Bauern im Wirtshaus" (1635) von Molenaer, zeigt eine typische Taverne des 17. Jahrhunderts. Krüge und Becher waren oft aus Leder, so dass sie nicht zerbrachen, wenn es hoch herging.

Sie schwören einen heiligen Eid darauf, dass sie sich weder aus dem Staub machen noch verheimlichen, was sie finden. Sollten sie diesen Eid brechen, werden sie aus der Gemeinschaft ausgestoßen, deshalb sind sie meist sehr großzügig und hilfsbereit.

Oben: Diese Radierung von James Gillray aus dem Jahr 1779 trägt den Titel „Die Freiheit des Untertanen" und zeigt Männer, die von einem Presskommando dazu gezwungen werden, auf britischen Schiffen zu dienen. Manche werden so betrunken gemacht, dass sie erst auf hoher See merken, was ihnen widerfahren ist. Nicht nur für die britische Kriegsmarine, sondern auch für Handelsschiffe wurden Männer auf diese Weise verschleppt, vor allem, wenn Arbeitskräfte knapp waren.

Wenn jemand nichts hat, borgen ihm die anderen Piraten gern Geld, bis er es zurückzahlen kann. Streitigkeiten werden mit Duellen geregelt, aber wenn jemand einen anderen heimtückisch ermordet, wird er an einen Baum gebunden und erschossen. Wer seinen Gegner jedoch in einem Duell getötet hat, nachdem er ihm Zeit gegeben hat seine Muskete zu laden, darf frei seines weges gehen.

Verschiedene Schildkrötenarten

Sobald die Piraten ein Schiff erobert haben, bringen sie die Gefangenen an Land und behalten nur einige wenige, die sie gerade für Hilfsarbeiten brauchen können. Auch die lassen sie aber nach zwei oder drei Jahren frei. Oft landen sie auf den Inseln südlich von Kuba, wo sie ihre Schiffe kielholen und auf die Jagd gehen. Manche wagen sich in Kanus aufs Meer hinaus, andere zwingen arme Schildkrötenfischer, für sie Schildkröten zu fangen. Es gibt vier verschiedene Schildkrötenarten. Eine wird zwischen 2000 und 3000 Pfund schwer, aber ihre Schale ist so weich, dass man sie mit einem Messer zerschneiden kann. Diese Lederschildkröten schmecken nicht besonders gut. Eine andere, kleinere Art, die Suppenschildkröte, ist grün und sehr wohlschmeckend. Die Unechte Karettschildkröte dagegen hat zwar die gleiche Größe, aber einen dicken Kopf und ist ungenießbar. Die vierte schließlich ist die echte Karettschildkröte und ähnelt unserer europäischen Art. Jedes Jahr kehren sie an denselben Strand zurück, um sich zu paaren und Eier zu legen, vor allem auf den drei Kaimaninseln südlich von Kuba. Die meisten Schildkröten kommen aus dem Golf von Honduras, etwa 150 Leagues entfernt. Manchmal folgen Schiffe, die ihre Position nicht mehr bestimmen können, den Meeresschildkröten zu den Kaimaninseln. Die Suppenschildkröten sind auf dem Strand leicht zu fangen. Zwei Männer drehen sie mit einer Eisenstange um, so dass sie sich nicht bewegen können, und auf einer Strecke von 500 Schritt kann man dann bis zu 100 auf den Rücken gedrehte Schildkröten sehen. Die Spanier machen im Wasser Jagd auf sie. Sie befestigen einen langen Nagel oder eine Pfeilspitze an einem Stock mit einem langen Seil. Damit verwunden sie die Tiere, wenn sie an der Oberfläche auftauchen, um nach Luft zu schnappen. Beim nächsten Auftauchen werden sie harpuniert und an Land gezogen.

Der wichtigste Zeitvertreib der Bukaniere sind Schießübungen mit Pistolen und Musketen. Sie halten ihre Schusswaffen immer sehr sauber. Ihre Musketen sind viereinhalb Fuß lang, und aus einem Pfund Blei machen sie 16 Kugeln. Sie tragen einen Patronengurt mit 30 Patronen am Körper und sind so immer gerüstet.

Unten links: Dieser Stich zeigt die Jagd auf Suppenschildkröten. Nachts konnten die Piraten bei ruhiger See die Köpfe der Schildkröten sehen, wenn sie nach Luft schnappten. Der *striker* schoss der Schildkröte einen Pfeil oder eine Harpune in eine Öffnung des Panzers. Wenn sie das nächste Mal auftauchte, wurde eine zweite Harpune gesetzt. Die Ruder waren mit Stoff umwickelt, weil Schildkröten zwar schlecht sehen, aber exzellent hören.

Unten: Steinschlosspistolen um 1660 arbeiten mit einem Feuerstein, der auf eine Metallklappe schlägt und so Funken erzeugt, die das Pulver in der Pfanne entzünden. Dieses Pulver wiederum entzündet die Ladung und treibt die Bleikugel aus dem Lauf.

DIE BESATZUNG

Die Disziplin an Bord war im Allgemeinen sehr gut, da Piraten wie Freibeuter einen Vertrag unterzeichneten. Interessanterweise stammen die Bezeichnungen der unteren Ränge, wie Bootsmann, Steuermann oder Seemann, alle aus der angelsächsichsen Volkssprache. Die Dienstbezeichnungen der Offiziere – Admiral, Kapitän und Leutnant – entstammen dagegen der frühneuzeitlichen Hofsprache, dem Französischen.

KAPITÄN

Ein Piratenkapitän hatte erstaunlich wenig Rechte oder Privilegien und führte das Kommando nur, während die Mannschaft kämpfte, eine Prise verfolgte oder selbst verfolgt wurde. In solchen Kampfsituationen durfte er jeden, der seinem Befehl nicht gehorchte, schlagen, erstechen oder erschießen. Er wurde meist gewählt, weil er „schussfest" war, also wegen seiner Dominanz und Kühnheit. Jeder durfte seine Kajüte betreten, aus seinem Becher trinken, ihn beschimpfen und ihm sein Essen wegnehmen, ohne schlimme Konsequenzen befürchten zu müssen. Piratenkapitäne wurden meist durch eine Abstimmung abgesetzt, genauso wie sie gewählt wurden.

***Unten:** Ein Piratenkapitän, gezeichnet von Howard Pyle.*

KANONIER

***Oben:** Eine Illustration des Handbuchs „The Sea Gunner" von John Seller, erschienen im Jahr 1691.*

Der Kanonier leitete den Teil der Mannschaft, der die Geschütze bediente. Seine besondere Fähigkeit lag darin, von einem schlingernden Schiff ein anderes schlingerndes Schiff zu treffen. Der Kanonier bildete für jedes Geschütz eine Gruppe von vier bis sechs Mann aus, die für das Laden, Zielen, Abfeuern, Rückstellen und Reinigen (Ausputzen brennender Reste des Dämmpfropfens) verantwortlich war, und kommandierte sie während des Gefechts. Er achtete auch darauf, dass sich die Geschütze nicht überhitzten (Gefahr der Laufsprengung) oder zu stark geladen wurden, und er koordinierte die Schüsse, vor allem bei Breitseiten.

QUARTIERMEISTER

Auf Piratenschiffen wurde der Quartiermeister demokratisch gewählt. Er sollte die Interessen der Mannschaft gegenüber dem Kapitän vertreten und die Arbeit auf dem Schiff organisieren, solange es nicht in Kampfhandlungen verstrickt war. Er stand praktisch gleichberechtigt neben dem Kapitän, übernahm im Allgemeinen das Kommando über ein erbeutetes Schiff und wurde so selbst Kapitän. Außerdem sorgte er für Ordnung, schlichtete Streit und verteilte Essen und Geld. Als stellvertretender Befehlshaber bekam er meist einen größeren Anteil der Beute als die anderen Mitglieder der Besatzung. Nur der Quartiermeister durfte nach einem Beschluss der Mannschaft einen Seemann auspeitschen.

Oben: *Der Bootsmann gab seine Befehle durch Pfeifensignale.*

BOOTSMANN

Der Bootsmann war verantwortlich für die Takelage, die Segel, Taue und den Anker sowie für den reibungslosen Ablauf der Arbeit an Bord. Meist war er auch für die Vorräte zuständig. An Deck setzte er die Befehle des Kapitäns in Anweisungen für die Mannschaft um.

KNOCHENSÄGER

Der Knochensäger war der Schiffsarzt, dessen Wissen aber im Allgemeinen nicht über das eines Barbiers hinausging. Tatsächlich hatte sich der eine Beruf aus dem anderen entwickelt – Barbiere wurden zu Wundärzten, weil sie die schärfsten Instrumente hatten. Auf Piratenschiffen hatten Ärzte alle Hände voll zu tun. Sie schnitten Kugeln aus dem Fleisch, behandelten Geschlechtskrankheiten, richteten Knochenbrüche ein, stoppten Blutungen und amputierten, um Wundbrand zu vermeiden. Zu den größeren Operationen, wie etwa einer Amputation, wurde oft der Schiffszimmermann hinzugezogen, der über die nötige Ausrüstung verfügte. Exquemelin selbst war Wundarzt auf mehreren Schiffen.

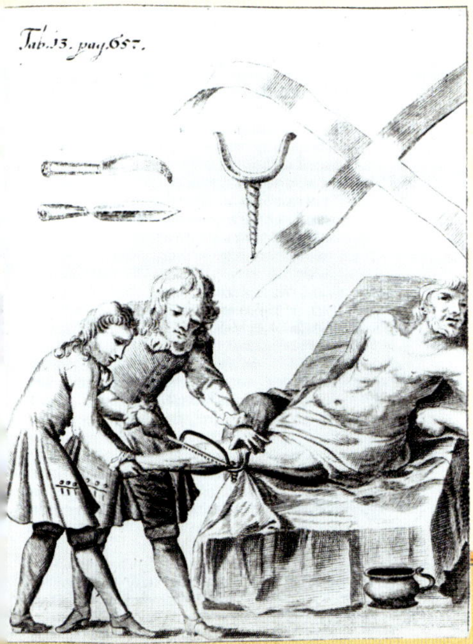

Links: *Ein Stich aus dem 17. Jahrhundert, auf dem eine Amputation dargestellt ist. An Bord von Piratenschiffen war Rum das einzige verfügbare Betäubungsmittel.*

ARTISTEN

Mit diesem Begriff wurden alle ausgebildeten Leute wie Wundarzt, Zimmermann oder Steuermann bezeichnet, die manchmal „gezwungen" wurden, sich den Piraten anzuschließen, um Lücken in der Besatzung zu füllen. Die Kapitäne bestätigten ihnen mit einem Schreiben, dass sie gegen ihren Willen auf dem Piratenschiff waren. Das sollte bei drohenden Prozessen helfen. Natürlich behaupteten die meisten Piraten vor Gericht, sie seien zum Dienst gezwungen worden, aber in der Regel wurden nur Männer mit einer höheren Ausbildung freigesprochen.

Oben: *Die Schiffzimmerei war schon im 17. Jahrhundert eine alte Kunst. Dieser französische Holzschnitt stammt aus dem 15. Jahrhundert.*

ZIMMERMANN

Zimmerleute waren nicht nur für das Kielholen und andere Schiffsreparaturen wichtig, sondern auch für den Umbau von Prisen zu Piratenschiffen. Oft hatte der Zimmermann eine eigene Kajüte, kombiniert mit einer Werkstatt. Er reparierte beschädigte Masten, Rahen, Luken und den Schiffskörper und stopfte Lecks mit Pfropfen aus Holz und Werg. Das Sägemehl, das er dabei produzierte, wurde an Bord gesammelt und auf dem Kanonendeck verstreut, damit die Männer im Kampf nicht in Blutlachen ausrutschten.

KAPITEL II

Die Herkunft der berühmtesten Piraten an den amerikanischen Küsten – eine Heldentat des Piraten Pierre le Grand

Ich habe schon berichtet, warum ich gezwungen war, mich unter die Piraten zu wagen. Die Könige von Spanien haben oft ihre Botschafter zu den Königen von Frankreich und England entsandt und sich über die Belästigungen und den Verdruss durch diese Seeräuber in Amerika beschwert. Die Botschafter haben immer zur Antwort bekommen, dass jene Piraten nicht Untertanen Frankreichs oder Englands seien, und dass Spanien mit ihnen machen könne, was es wolle. Der französische König sagte, er habe keine Festung und keine Untertanen auf Hispaniola, und der englische König erklärte, dass die Bewohner von Jamaika niemals den Befehl erhalten hätten, Spanien zu befehden. Er ersetzte allerdings den Gouverneur der Insel durch einen anderen. Doch keine dieser Maßnahmen bewirkte etwas gegen die Piraten.

Der erste bekannte Pirat auf Tortuga war Pierre le Grand aus Dieppe in der Normandie. Im Jahr 1602 nahm er mit einer einzigen Bark und nur 28 Mann Besatzung den Vizeadmiral der spanischen Flotte vor Cabo Tiburón, westlich von Hispaniola, gefangen. Einem glaubwürdigen Bericht zufolge waren die Piraten schon einige Zeit auf See gewesen, hatten fast nichts mehr zu essen, und ihr Schiff war kaum noch seetüchtig. Da sichtete Pierre ein Flaggschiff, das von seinem Konvoi getrennt worden war, und näherte sich ihm in der Abenddämmerung. Pierres Wundarzt bohrte das eigene Schiff an, um es zu versenken, und lautlos kletterten die Bukaniere an Bord des spanischen Schiffes. Ohne jeden Widerstand

VERGRABENE SCHÄTZE

Nur sehr wenige Bukaniere oder Piraten haben ihre Beute je vergraben. Sie verteilten sie und gaben sie meist innerhalb weniger Wochen für Frauen, Glücksspiele und Alkohol aus. Der Holländer Roche Braziliano erzählte unter der Folter der spanischen Inquisition in Campeche von einem Schatz, den er auf der Isla de Pinos vor Kuba vergraben hatte. Soldaten fanden dort über 100 000 Silberpesos, und die Spanier ließen Roche nach dem Fund frei.

Hartnäckig hält sich auch die Legende, dass Black Bart Roberts nach der Plünderung der portugiesischen Flotte bei Bahía einen Schatz in einer Höhle auf der kleinen Kaimaninsel vergraben habe. Die erste Geschichte über einen vergrabenen Schatz schrieb William Williams in seinem Roman „The Journal of Penrose, Seaman" im späten 18. Jahrhundert. Veröffentlicht wurde sie erst 1815. Edgar Alan Poe übernahm das Konzept später für „Der Goldkäfer", seine erfolgreichste Kurzgeschichte.

In einer Höhle bei New Providence auf den Bahamas fand Edward Seward im Jahr 1733 mehrere Taschen mit Golddublonen. Der Wert dieses Fundes wurde auf 700 000 Dollar geschätzt. Im frühen 20. Jahrhundert untersuchte der Archäologe F. A. Mitchell-Hedges als einer der ersten die unter Wasser liegenden Ruinen von Morgans Port Royal. Er entdeckte vier Truhen, die bis zum Rand mit Golddublonen gefüllt waren, im Wert von sechs Millionen Dollar.

Silber, Gold, Edelsteine und Perlen behalten ihren Wert, egal wie sie verpackt sind, denn Salz und Rost können ihnen nichts anhaben.

Die Bark war gesunken, und einige Spanier riefen, dass die Piraten-Dämonen vom Himmel gefallen sein müssten.

verteilten sie sich an Bord und fanden den Vizeadmiral beim Kartenspiel in seiner Kajüte. Er hatte die seltsame Bark tagsüber gesehen, sie aber nicht weiter beachtet, weil er glaubte, sie sei zu klein, um sein Flaggschiff anzugreifen.

Die Bark war gesunken, und einige Spanier riefen, dass die Piratendämonen vom Himmel gefallen sein müssten. Pierre le Grand setzte ein paar Gefangene an Land und behielt die anderen als Handlanger an Bord. Er brachte seine Prise nach Frankreich und fuhr nie wieder zur See.

Nach diesem Erfolg besorgten sich die Bukaniere und Pflanzer auf Tortuga Schiffe, um die Spanier zu berauben. Mit Kanus fingen sie die Barken ab, die den Handel entlang der Küste abwickelten und auch Häute und Tabak nach Kuba brachten. Auf Tortuga verkauften die Piraten diese Waren dann an Handelsschiffe und kauften weitere Waffen, bevor sie sich vor die Küste Mittelamerikas wagten. Hier machten sie größere Beute, darunter zwei Schiffe, die mit Silber beladen nach Caracas segelten. Mit deren Hilfe wiederum erbeuteten sie in den nächsten zwei Jahren mindestens 20 Schiffe, auf denen sie noch mehr Beute anhäuften. Die Spanier mussten jetzt Fregatten einsetzen, um ihre Schiffe zu schützen.

Oben: Dieses Gemälde von Howard Pyle zeigt Pierre le Grand, der den nichts ahnenden spanischen Kapitän in seiner Kajüte überwältigt. Nach Exquemelin hatten die Piraten die Galeone in einem nächtlichen Überraschungsangriff geentert, nachdem diese hinter dem Rest der Schatzflotte zurückgeblieben war.

KAPITEL III

Die Perlenflotte und Pierre François

Unten: Die *volcanitos* (Luftvulkane) von Turbaco, nahe Cartagena in Kolumbien, sind heute als Schlammvulkane bekannt. Sie werden in verschiedenen Seeräuberberichten erwähnt, weil der Boden dort extrem heiß war. Heute sind sie eine Touristenattraktion.

Die Bukaniere fassen unermüdlich neue Ziele ins Auge. Wenn einer von ihnen die Küsten gut kennt, dient er sich als Führer an. So beladen die Spanier in Neuspanien und Campeche riesige Schiffe, die im Winter Kurs auf Caracas, Trinidad und die Isla Margarita nehmen. Im Sommer drehen die Winde und führen sie nach Norden, nach Campeche auf der Yucàtan-Halbinsel. So können die Piraten abschätzen, wo die spanischen Schiffe gerade sind. Pierre François war mit seinen 26 Mann Besatzung schon lange auf See und wartete auf Schiffe, die von Maracaibo nach Campeche zurückkehrten. Er wartete vergebens und segelte enttäuscht zum Río Rancheria (im heutigen Kolumbien), vor dem eine reiche Perlenbank liegt. Jedes Jahr kommen zahlreiche Fischerboote unter dem Geleit eines Kriegsschiffs von Carta-

gena dorthin. An Bord sind jeweils zwei schwarze Taucher, die bis zu sechs Faden tief nach Perlen tauchen können. Pierre François warf Anker vor Riohacha, der Stadt an der Mündung des Rancheria, nur gerade mal eine halbe League von der Perlenflotte entfernt. Es herrschte ruhiges Wetter, also ließ er die Segel einholen und das Schiff rudern. Dabei tat er so, als sei er ein Spanier aus Maracaibo und fahre einfach nur an der Flotte vorbei.

Plötzlich forderte er das mit acht Geschützen bestückte Flaggschiff der kleinen Flotte auf, sich zu ergeben, aber es feuerte auf die Piratenbark. Daraufhin eröffneten die Piraten gezieltes Feuer, töteten einige Kanoniere und enterten den Spanier mit seinen 60 Mann Besatzung, bevor diese nachladen konnten. Der Kapitän übergab sein Schiff, wahrscheinlich in der Hoffnung, dass bald das Kriegsschiff zu seiner Rettung kommen werde. François allerdings versenkte seine Bark und ließ die spanische Flagge auf dem Flaggschiff wehen. Er fesselte die Gefangenen und machte das angeschlagene Schiff seeklar. Das Flaggschiff feuerte noch einen Salut, um den „Sieg" über die Piraten zu feiern.

Die Piraten erleiden einen herben Verlust

Pierre François jedoch lichtete den Anker und nahm unter vollen Segeln Kurs auf die offene See. Nun erkannte der Kapitän des spanischen Kriegsschiffs die Kriegslist, ließ das Ankertau kappen und setzte den Franzosen nach. Es wurde Abend, und das Kriegsschiff holte auf. Die Piraten setzten jede verfügbare Leinwand, bis der Hauptmast unter dem Gewicht und dem Zug der Segel brach und aufs Deck krachte. Die 22 überlebenden Piraten schoben den gebrochenen Mast über Bord und zogen auf Vormast und Bugspriet mehr Segel auf, aber das Kriegsschiff kam immer näher. Pierre François sah sich schließlich zum Beidrehen gezwungen. Er handelte aus, dass seine Mannschaft nicht in den Steinbrüchen Sklavenarbeit leisten musste, sondern nach Spanien geschickt wurde. Dort müssen Gefangene drei oder vier Jahre hart arbeiten, werden dann aber freigelassen. Daraufhin gab Pierre François Perlen im Wert von 100 000 Silberpesos heraus – und das alles nur, weil sein Hauptmast geborsten war.

Links: Dieser Stich aus dem späten 16. oder frühen 17. Jahrhundert zeigt Sklaven, die an der Küste von Guinea in Afrika nach Gold und Silber graben müssen, um das spanische Weltreich noch reicher zu machen.

Oben: Dieser Stich von Bartolomeu Português erschien in den ersten Ausgaben des Buches von Exquemelin im 17. Jahrhundert. Bartolomeu entzog sich der Bestrafung immer wieder und war für viele Raubzüge an der karibischen Küste verantwortlich. Zuletzt lief das Gerücht um, sein Schiff sei vor der Küste Jamaikas gesunken.

KAPITEL IV

Das Piratenleben des Bartolomeu Português

Ein weiterer berühmter Bukanier ist Bartolomeu Português aus Portugal, der von Jamaika auf einer Bark mit vier Geschützen und 30 Mann in See stach. Am Cabo Corrientes im Westen von Kuba kam ein spanisches Schiff in Sicht, das von Maracaibo und Cartagena nach Havanna segelte und Kurs auf Hispaniola nahm. Der Spanier hatte 20 Geschütze und 70 Mann, darunter auch Passagiere. Bartolomeus erster Angriff wurde zurückgeschlagen, aber er griff erneut an und enterte das Schiff, verlor dabei jedoch zehn Mann und hatte vier Verwundete. Von den Spaniern lebten nur noch 40 Männer und viele waren verwundet. Bartolomeu erbeutete 20 000 Pfund Kakao und 70 000 Silberpesos.

Die vorherrschenden Winde hinderten ihn an der Rückkehr nach Jamaika, also segelte Bartolomeu ein paar Leagues nach Westen zum Cabo San Antonio, um Wasser zu bunkern. Dort kamen drei Kriegsschiffe von Neuspanien mit Fahrtziel Havanna längsseits, und das schwer beladene Schiff der Piraten musste die Segel streichen. Doch zwei Tage später wurden die vier Schiffe in einem Sturm voneinander getrennt, und das Schiff mit Bartolomeu und den anderen Gefangenen an Bord lief in Campeche ein, wo man ihn kannte, weil er zuvor schon an der mexikanischen Küste gemordet und geplündert hatte. Beamte der Gerichtsbarkeit kamen an Bord und verfügten, dass der Piratenkapitän am nächsten Morgen ausgeliefert und gehängt werden sollte. Man war schon dabei, den Galgen zu errichten.

Bartolomeu entkommt seinen Wächtern

Bartolomeu verstand Spanisch. Er hörte seine Wächter über die bevorstehende Hinrichtung sprechen und wusste, dass er handeln musste. In derselben Nacht schlitzte er seiner Wache mit einem versteckten Messer die Kehle auf – jetzt war er frei, aber er konnte nicht schwimmen. Mithilfe von zwei leeren Weinfässern hielt er sich schließlich über Wasser und paddelte an die Küste. Drei Tage lang versteckte er sich im Wald und beobachtete von dort aus die Suchmannschaften.

Als seine Verfolger endlich in die Stadt zurückkehrten, marschierte er an der Küste entlang nach El Golfo Triste an der Ostspitze der Yucàtan-Halbinsel, mehr als 30 Leagues von Campeche entfernt. Dazu brauchte er 14 Tage; er musste den Mangrovenwald durchqueren, weil er sich nicht auf die Straßen

In derselben Nacht schlitzte er seiner Wache mit einem versteckten Messer die Kehle auf – jetzt war er frei, aber er konnte nicht schwimmen. Mithilfe von zwei leeren Weinfässern hielt er sich schließlich über Wasser und paddelte an die Küste.

wagte. Flüsse überwand er auf einem Floß aus Treibholz und Schlingpflanzen. Halb tot vor Hunger kam er endlich in El Golfo Triste an, wo er ein Piratenschiff aus Jamaika fand.

Bartolomeu erzählte von seinen Abenteuern, und die Bukaniere beschlossen, ihm ein Kanu und 20 Männer zur Verfügung zu stellen, um das Schiff, auf dem er gefangen gehalten worden war und das noch immer in Campeche vor Anker lag, zu entern. Mitten in der Nacht kletterten sie lautlos an Bord. Die Mannschaft hatte das Kanu für das Fahrzeug eines Händlers aus der Stadt gehalten, der ihnen Schmuggelware bringen wollte. Die Piraten brachten das Schiff in ihre Gewalt, kappten das Ankertau und segelten fort. Die Silberpesos waren jedoch nicht mehr an Bord.

Bartolomeu nahm Kurs auf Jamaika. Er war gerade nahe der Isla de Pinos südlich von Kuba, als ein Südsturm das Schiff auf die Riffe von Los Jardines de la Reina warf. Bartolomeu und seine Männer mussten in einem Kanu nach Jamaika zurückkehren. Schon bald war er wieder auf der Jagd nach Beute und griff viele spanische Schiffe an, machte damit aber keinen großen Gewinn. Ich war dabei, als er elend zugrunde ging.

Unten: Sonnenuntergang im Fort San Miguel in Campeche, Mexiko. Neben den Stadtmauern hatte Campeche ein äußeres Verteidigungssystem von Forts, darunter San Miguel, das noch immer über Festungsgraben, Zugbrücke, Türme und Kanonen verfügt.

Oben: In den ersten Ausgaben von Exquemelins Buch aus dem 17. Jahrhundert ist auch dieser Stich von Roche Braziliano zu bewundern. Er wurde in den Niederlanden geboren und wanderte in die holländische Kolonie Bahía in Brasilien aus. Als die Holländer 1654 von den Portugiesen aus Bahía vertrieben wurden, ging er nach Port Royal und schloss sich den englischen Bukanieren an.

KAPITEL V

Roche Braziliano und seine Taten

Ein weiterer Pirat lebt heute noch auf Jamaika. Er wurde in Groningen in den Vereinigten Niederlanden geboren, aber niemand kennt seinen wahren Namen. Die französischen Piraten nennen ihn Roche Braziliano und die Engländer Rock the Brazilian, da er lange in ihrem Land gelebt hat. Er musste fliehen, als die Portugiesen Brasilien 1654 der Amsterdamer Westindien-Kompanie abnahmen. Auch Franzosen und Engländer, die in Brasilien lebten, mussten sich damals eine neue Heimat suchen.

Roche Braziliano ging nach Jamaika und schloss sich den Piraten an, um zu überleben. Als einfachen Seemann mochten und respektierten ihn alle, doch eines Tages lief er zu ein paar Piraten über, die sich mit dem Kapitän überworfen hatten und das Schiff verließen. Sie wählten ihn zum Kapitän und rüsteten eine kleine Bark aus. Wenige Tage später konnten sie ein großes, mit Silber beladenes Schiff aus Neuspanien kapern, auf dem sie dann nach Jamaika zurücksegelten.

Roche war berühmt auf Jamaika, aber seine Gewalttätigkeit überstieg allmählich jedes Maß. Betrunken war er völlig enthemmt, er schlug wahllos jeden, der ihm über den Weg lief. Seine wüstesten Grausamkeiten hob er sich allerdings für die Spanier auf. Einige band er auf Holzspieße und röstete sie bei lebendigem Leib zwischen zwei Feuern wie Spanferkel – und das nur, weil sie ihm nicht den Weg zu den Pferchen gezeigt hatten, aus denen er Tiere stehlen wollte.

Rechts: Dieses Gemälde von Jacob van der Ulft (1627–1689) aus dem Jahr 1659 zeigt den Dammplatz in Amsterdam, wie er zu Zeiten von Roche Braziliano aussah. Die Vereinigten Niederlande wurden im Westfälischen Frieden 1648 offiziell als Staat anerkannt und waren eine wichtige Seehandelsnation.

Links: Diese Darstellung der Rückeroberung von St. Kitts im Jahr 1629 malte Felix Castello (1602–1656). Die Spanier vertrieben die englischen und französischen Siedler, ließen aber zu wenige Soldaten zurück, um deren Rückkehr auf die Insel zu verhindern.

Nach vielen weiteren Grausamkeiten setzte Kapitän Roche sein Schiff in einem Sturm vor der Küste von Campeche auf Grund. Seine Männer konnten nur ein paar Musketen, Pulver und Kugeln an Land retten. Sie schlugen sich über Land nach El Golfo Triste durch, wo oft Piraten landen, um ihre Schiffe kielzuholen.

Nach vier Tagen wurde Kapitän Roches kleine hungernde und dürstende Truppe von einer Hundertschaft spanischer Kavallerie aufgespürt. Er beschwor seine 30 Männer, bis zum letzten Atemzug zu kämpfen, weil er nicht in die Hände seiner schlimmsten Feinde fallen wollte, und die Männer waren einverstanden. Beim Angriff der Reiter fand jede Kugel der Piraten ihr Ziel. Der Kampf dauerte eine Stunde, dann flohen die überlebenden Spanier. Die Seeräuber hatten nur zwei Mann verloren, zwei waren verwundet. Sie töteten die verwundeten Spanier, nahmen ihre Pferde und Vorräte und ritten weiter. Von der Küstenstraße aus bemerkten sie eine spanische Bark, deren Besatzung an Land gekommen war, um Holz zu machen.

Die Bukaniere versteckten sich im Wald und schickten sechs Mann als Späher aus. Am nächsten Morgen waren wieder die meisten Spanier beim Holzmachen, und die sechs Männer stahlen ein Kanu, ruderten zur Bark und enterten sie. Jetzt hatte Roche Braziliano wieder ein seetüchtiges Schiff, um nach Jamaika zurückzusegeln. Weil kaum Vorräte an Bord waren, schlachteten die Piraten einige Pferde und pökelten das Fleisch. Kurz darauf stießen sie auf ein Schiff aus Neuspanien, beladen mit Schrotmehl und Silberpesos. Es sollte in Maracaibo Kakao kaufen. Kapitän Roche kaperte es und segelte heim nach Jamaika, wo er mit seiner Mannschaft alles Geld mit Huren, Saufen und Würfelspiel verprasste. Einige verjubelten bis zu 3000 Silberpesos an einem Tag. Ich habe dort einen von Morgans Männern gesehen, der einer Hure 500 Silberpesos gab, nur um sie nackt zu sehen.

Der Mann, der bezahlte, um die Hure nackt zu sehen, hatte damals noch 3000 Silberpesos; drei Monate später wurde er in die Schuldknechtschaft verkauft – von dem Wirt, bei dem er das meiste Geld verprasst hatte.

Oben: Im 19. Jahrhundert wird Roche Braziliano eher in Heldenpose dargestellt. Der frühere Stich (siehe S. 60) hatte ihn als grausames Ungeheuer gezeigt, was die spanischen Leser erwarteten.

Roche war mein Kapitän, und er pflegte ein Fass Wein zu kaufen, es auf die Straße zu stellen und den Weg zu versperren. Jeder, der vorbeikam, musste mit ihm trinken, oder er drohte, ihn zu erschießen.

Die skrupellosen Schankwirte

Die Piraten sind untereinander großzügig: Wenn jemand Not leidet, helfen ihm die anderen aus. Auch bei den jamaikanischen Schankwirten hat man gewaltigen Kredit, aber man darf ihnen nicht trauen. Ich habe oft gesehen, dass sie Männer wegen ihrer Schulden verkauften. Der Mann, der bezahlte, um die Hure nackt zu sehen, hatte damals noch 3000 Silberpesos; drei Monate später wurde er in die Schuldknechtschaft verkauft – von dem Wirt, bei dem er das meiste Geld verprasst hatte.

Aber zurück zu unserer Geschichte: Kapitän Roche hatte bald all sein Geld vergeudet und ging mit seiner Mannschaft wieder auf See, mit Kurs auf die Küste von Campeche. Nach 14 Tagen ohne Beute nahm er ein Kanu und kundschaftete die Reede von Campeche aus. Dabei wurden er und seine zehn Seeleute von den Spaniern gefangen genommen. Der Gouverneur sperrte den Kapitän in ein finsteres Loch und ließ ihn hungern. Er wollte ihn hängen, aber Roche hatte klugerweise einen Brief geschrieben und täuschte vor, dass seine Bukanierskumpane ihn überbracht hätten. In dem Brief wurde dem Gouverneur angedroht, dass die Spanier von den Piraten keine Gnade mehr zu erwarten hätten, falls Roche getötet würde. Der Gouverneur ließ sich einschüchtern, weil Campeche schon einmal fast in die Hände von Bukanieren unter Kapitän Mansveldt gefallen wäre. Deshalb wurde Kapitän Roche mit den Galeonen der Silberflotte nach Spanien geschickt. Der Gouverneur hatte den Piraten einen Eid schwören lassen, dass er nie zurückkommen werde, und damit gedroht, ihn aufzuhängen, falls er ihn je wieder bei einer Schandtat erwischen sollte. Doch das beeindruckte Roche nicht: Auf der Reise verdiente er sich durch Fischen 500 Silberpesos. Damit kaufte er dann in Spanien alles Nötige und kehrte nach Jamaika zurück, wo er die Spanier weiter bei jeder Gelegenheit piesackte.

PORT ROYAL, DER PIRATENHIMMEL

Als Cromwells Truppen 1655 Jamaika einnahmen, änderten sie den karibisch-spanischen Namen der Stadt Cayagua zu Cagway. Sie lag auf der Spitze einer sandigen Landzunge, die den natürlichen Hafen von Kingston schützt. Bei der Wiedereinsetzung von Karl II. wurde die Stadt 1660 in Port Royal umbenannt, doch Morgan und seine Männer nannten sie noch Jahre später Cagway. Aus Angst vor einem spanischen Überfall bat man Bukaniere, von Tortuga hierher überzusiedeln, um die Verteidigung zu stärken.

Nach dem Frieden mit Spanien im Jahr 1660 bekamen viele Bukaniere Kaperbriefe ausgestellt. Anfang der Siebzigerjahre des 17. Jahrhunderts war Port Royal – eine Stadt mit 7000 Einwohnern – so groß und reich wie Boston. Es war der „Piratenhimmel" mit einem riesigen Hafen, der bis zu 500 Schiffe aufnehmen konnte. Durch ihre Lage an allen Schifffahrtsrouten zwischen den Westindischen Inseln war die Stadt ein guter Markt für Piratenbeute. Nur ein paar Meter vom Ufer entfernt war das Wasser schon neun Meter tief, so dass man problemlos Anker werfen konnte. Port Royal war auch bekannt für seine *grog shops,* Spielhöllen und Bordelle, die ihm den Beinamen

„Sodom der Neuen Welt" einbrachten. 1661 gab der Stadtrat in einem einzigen Monat Lizenzen für 40 neue *grog shops,* Tavernen und Bordelle aus.

Um diese Zeit bereicherte sich Jamaikas Gouverneur Modyford an Bestechungsgeldern von Henry Morgan und anderen Bukanieren. Am 7. Juni 1692 zerstörte ein Erdbeben mit anschließendem Tsunami diese Hauptstadt der Bukaniere, tötete wahrscheinlich zwei Drittel der Bevölkerung und ließ Captain Morgans Grab im Meer versinken.

Dieser zeitgenössische Artikel berichtet über das Erdbeben und den folgenden Tsunami im Jahr 1692, die Port Royal fast völlig zerstörten und Henry Morgans Grab im Meer versinken ließen.

KAPITEL VI

Die kühnen Taten der Piraten Lewis Scot, Edvart Mansveldt und John Davis

Oben: Howard Pyle schuf dieses idealisierende Gemälde „Bukanier auf Hispaniola in der Karibik" im späten 19. Jahrhundert. In Wirklichkeit waren die Bukaniere nie so sauber und nie so prächtig herausgeputzt.

Die Spanier wurden der Piraten nicht Herr und schränkten ihre Schifffahrt ein, woraufhin die Bukaniere dazu übergingen, sie an Land anzugreifen und ihre Dörfer und Städte zu plündern. Der erste von ihnen war Lewis Scot, der Campeche ausraubte und dessen Bürger zu Lösegeldzahlungen zwang, bevor er die Stadt zurückgab. Er zog sich nach Tortuga zurück. Nach Scot kam Admiral Mansveldt, der 1666 Granada in Nicaragua angriff und bis hinunter zur Südsee Angst und Schrecken verbreitete. Er sah sich aus Proviantmangel zum Rückzug gezwungen. Zuerst hatte er die Insel Santa Catalina erobert, ließ sich dann von Gefangenen nach Cartagena führen, hatte dort jedoch keinen Erfolg.

Die Seeräuber gehen an Land

John Davis lauerte im Golf von Boca del Toro und hoffte auf eine Prise auf dem Weg von Cartagena nach Nicaragua. Als er damit kein Glück hatte, versteckte er sein Schiff in der Mündung des Río San Juan, um die Indianer, die in dem Gebiet fischten, nicht zu alarmieren. Zehn Mann ließ er als Wache zurück, die anderen 90 verteilte er auf drei Kanus und fuhr mit ihnen nachts den Fluss hinauf. Tagsüber versteckten sie sich in den Wäldern. In der dritten Nacht erreichten sie um Mitternacht Granada und wurden dort, weil einige von ihnen gut Spanisch sprachen, für Fischer gehalten, die aus der Lagune zurückkehrten. Sie hatten einen Indianer bei sich, der den Spaniern, die ihn versklaven wollten, entflohen war. Der überrumpelte einen Wachposten und tötete ihn, und so konnte die Mannschaft ohne weitere Gewaltanwendung an Land gehen. Sie raubten die Häuser der drei oder vier reichsten Bürger aus und plünderten die Kirchen. Schließlich konnten einige spanische Bürger Alarm schlagen. Während die Garnison noch geweckt wurde, nahmen die Piraten ein paar Gefangene als Geiseln mit, falls die Spanier sie einholen sollten, und flohen mit ihrer Beute.

Nur 90 Mann hatten sich 40 Leagues weit ins Landesinnere vorgewagt, eine Stadt geplündert, die von 800 Mann bewacht wurde, und 40 000 Silberpesos, Silber und Edelsteine erbeutet. In der Flussmündung tauschten die Bukaniere ihre Gefangenen gegen frisches Fleisch für die Überfahrt nach Jamaika ein. Während sie noch auf das Fleisch warteten, erhoben sich 500 bewaffnete Spanier, wurden aber mit den Bordgeschützen zurückgeschlagen. Auf Jamaika schließlich verprassten sie ihre Beute und wählten John Davis zum Kapitän einer Piratenflotte, die vor der Nordküste Kubas kreuzte und vergebens auf die Flotte aus Neuspanien wartete. Also segelten sie nach San Augustín in Florida. Das Fort der Stadt war mit zwei Kompanien Soldaten besetzt; trotzdem konnten die Piraten die Stadt völlig ohne Verluste ausrauben.

Sie hatten einen Indianer bei sich, der den Spaniern, die ihn versklaven wollten, entflohen war. Der überrumpelte einen Wachposten und tötete ihn, und so konnte die Mannschaft ohne weitere Gewaltanwendung an Land gehen.

DIE FRAUEN DER PIRATEN UND DIE „DEUTSCHE PRINZESSIN“

Auf Jamaika und Barbados lebten unzählige verbannte Kriminelle, darunter viele Prostituierte, deren Geschäft in den jungen Kolonien florierte. Die bekannteste war die „deutsche Prinzessin“ Mary Carleton, die wegen Diebstahls und Bigamie verurteilt und 1671 nach Jamaika gebracht worden war, wo sie zu einigem Ruhm gelangte. Mary behauptete, sie sei in Köln geboren, war aber eine Engländerin aus Kent. Sie kehrte schließlich nach London zurück und wurde um 1673 in Tyburn gehängt. Das Geschäft mit dem Sex gab der Sprache in den westindischen Kolonien Farbe. Ein *punch house* (Punsch-Haus) war eine allgemein übliche Bezeichnung für ein Bordell, in dem auch Alkohol verkauft wurde. In Hafenstädten waren *the stews* (Eintöpfe) ein lautes Viertel mit schmalen Gassen, Spielhöllen, Kneipen und Bordellen, in denen die Seeleute ihr Geld ausgaben. *Fishmonger* (Fischhändlerin) war eine Bezeichnung für eine Prostituierte, wahrscheinlich entstanden aus *fleshmonger* (Fleischhändlerin). Eine *pitcher-bawd* (Becher-Kupplerin) war eine ehemalige Prostituierte, die den Zechern die Becher mit Bier brachte, und *lap-clap* (Schoßklaps) war der Ausdruck des 17. Jahrhunderts für Beischlaf.

Dieser Stich aus dem 17. Jahrhundert zeigt die Einschiffung von Pariser Prostituierten mit Ziel New Orleans, das damals französische Kolonie war.

Links: Diese Luftaufnahme zeigt das Castillo de San Marcos in St. Augustine, Florida. Die Befestigung aus massivem Stein wurde zwischen 1672 und 1695 von den Spaniern gebaut. Zuvor hatte John Davis die Siedlung als Vergeltung für den spanischen Angriff auf New Providence überfallen.

PIRATEN-WAFFEN

Ziel der Freibeuter war es, Schiffe ohne allzu großen Schaden an Schiff und Ladung zu erobern. Beides war zu wertvoll, um es einfach zu zerstören. Reiche Passagiere brachten Lösegeld, und die Besatzung ergab sich meist sofort oder wurde getötet – die Waffen der Piraten waren darauf ausgelegt, Menschen möglichst wirksam zu verletzen oder zu töten. Nach dem Abfeuern ihrer einschüssigen Musketen und Pistolen griffen die Piraten beim Entern des feindlichen Schiffs zu Entermessern und Dolchen. Karibische Entermesser konnten bis zu einem Meter lang sein. Da sie nur leicht gekrümmt waren und eine scharfe Spitze hatten, konnte ein Pirat mit starkem Arm sie auch als Stoßwaffe benutzen. Pulver und Kugeln steckten in einem Patronengurt aus Leder oder Leinwand, der über der Schulter getragen wurde und bis zu 30 Patronen enthielt.

SCHWERER ENTERHAKEN UND AXT

Enterhaken mit Seilen dienten dazu, zwei Schiffe aneinander zu fixieren. Sie wurden dann an der Reling zusammengebunden, um das Entern zu erleichtern. Äxte hatten ein scharfes Blatt auf der einen und einen stumpfen Hammer auf der anderen Seite. Mit dem Blatt kappte man die Seile der Enterhaken und die Takelage des feindlichen Schiffes; mit dem Hammer zertrümmerte man beim Entern Türen und Schotten.

***Links:** Die beiden Seiten dieser Axt sollte verschiedene Aufgaben erfüllen.*

***Rechts:** Musketen wie diese waren einschüssige Waffen.*

MUSKETE

Eine Muskete war ein Gewehr mit nur einem Schuss, mit dem man den Steuermann und die Offiziere des feindlichen Schiffes vor dem Entern „herauspickte". Für den Einsatz auf kürzere Distanz wurde der Lauf abgesägt. Geladen wurde sie mit einer Musketenkugel und drei schweren Schrotkugeln. Der Schaft wurde abgesägt, damit die Piraten sie in einer Schärpe vor der Brust tragen konnten.

GRANATE

Die Granaten der Seeräuber bestanden aus einer quadratischen Glas- oder Tonflasche, die mit Pistolenkugeln, Glas, Eisensplittern und Schießpulver gefüllt war. Granaten wurden angezündet und vor dem Entern auf das gegnerische Schiffsdeck geworfen.

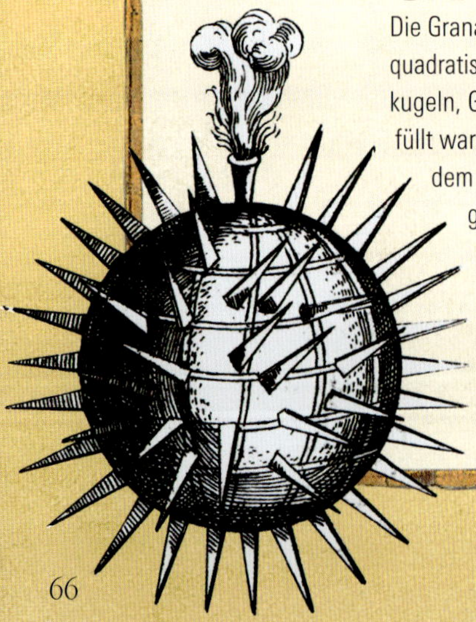

***Links:** Eine frühe Metallgranate – abgebildet in „La Pyrotechnie", erschienen 1630 in Frankreich.*

DOLCH

Ein Piratendolch wurde zum Essen und zum Töten benutzt. Mit seiner geraden Klinge war er eine Stoß- und Stichwaffe, keine Hiebwaffe wie das Entermesser. Ein Knebel oder ein Heft verhinderte, dass die Hand in die Klinge rutschte, und lenkte den Hieb eines feindlichen Entermessers ab, so dass der Pirat seinerseits in Sekundenbruchteilen sein Entermesser gegen einen ungeschützten Feind zum Einsatz bringen konnte. Der *dirk* war ein kleines, scharfes Wurfmesser.

Links: *Ein Schmuckdolch wie dieser wurde nicht im Kampf benutzt, brachte als Beute jedoch einen hohen Preis.*

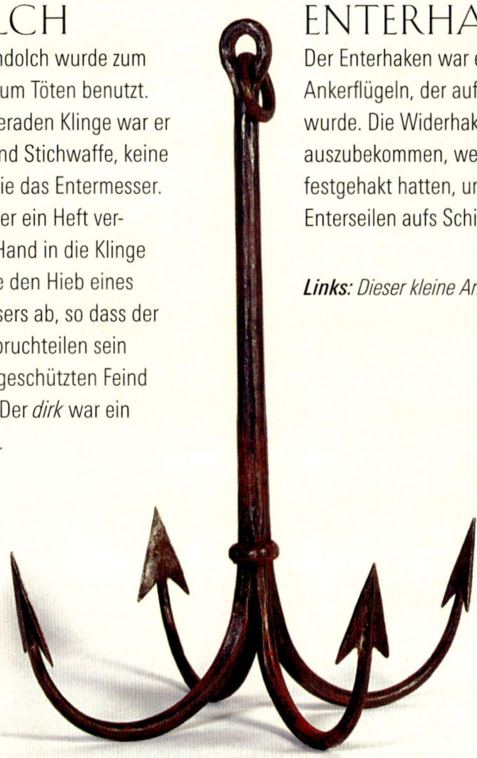

ENTERHAKEN

Der Enterhaken war ein leichter Anker mit sehr scharfen Ankerflügeln, der auf das gegnerische Schiff geworfen wurde. Die Widerhaken an den Flügeln waren kaum herauszubekommen, wenn sie sich erst einmal im Schiffsholz festgehakt hatten, und die Piraten konnten dann an den Enterseilen aufs Schiff klettern.

Links: *Dieser kleine Anker war ein perfekter Enterhaken.*

PULVERHORN

Pulverdosen und Pulverhörner waren kleine Behälter aus Holz, Leder oder Elfenbein für den trockenen Transport von Schießpulver. In der Schlacht luden weniger kampfestüchtige Männer, wie etwa der Koch, mit Pulverdosen die Waffen der Kämpfenden nach. Damals waren alle Militärgewehre einschüssig – ein Pirat ließ seine Muskete fallen und kämpfte mit dem Entermesser, bis seine Waffe wieder geladen war. Er konnte nicht selbst eine Pulverdose bei sich tragen, denn jeder Funke oder Schuss hätte ihn mit einer Explosion ins Jenseits geschickt.

***Rechts**: Pulverhörner wurden aus den Hörnern von Rindern gefertigt.*

ENTERMESSER

Ein Entermesser war ein kurzes, gekrümmtes Schwert, ideal für den Nahkampf auf Deck. Rapiere und „kleine Schwerter“ hatten lange, dünne Klingen, die zwischen die Rippen des Gegners rutschten und das Herz oder die Lunge erreichten. Das Entermesser war kürzer, dicker und breiter und wurde wie eine Machete benutzt, um Gliedmaßen abzuhacken. Ein „Korb“ über dem Griff schützte die Hand.

Rechts: *Ein Entermesser wurde als Hiebwaffe benutzt, nicht zum Stoßen oder Stechen.*

Planta, y Descripcion del
A. Puerta principal.
B. Terraplenes.
C. Plaza de armas.
D. Yglesia.
E. Aloxamientos.
F. Almahasenes.
G. Escalas planas.
H. Algibe.
Y. Plaza baxa.
J. Plataforma dela p
K. Fosos.
L. Media luna, ô Reue
M. Boca delpuerto.
N. Caleta, y desembarco
Fran.co Perez Arquiteto n.
me fecit.
baras.

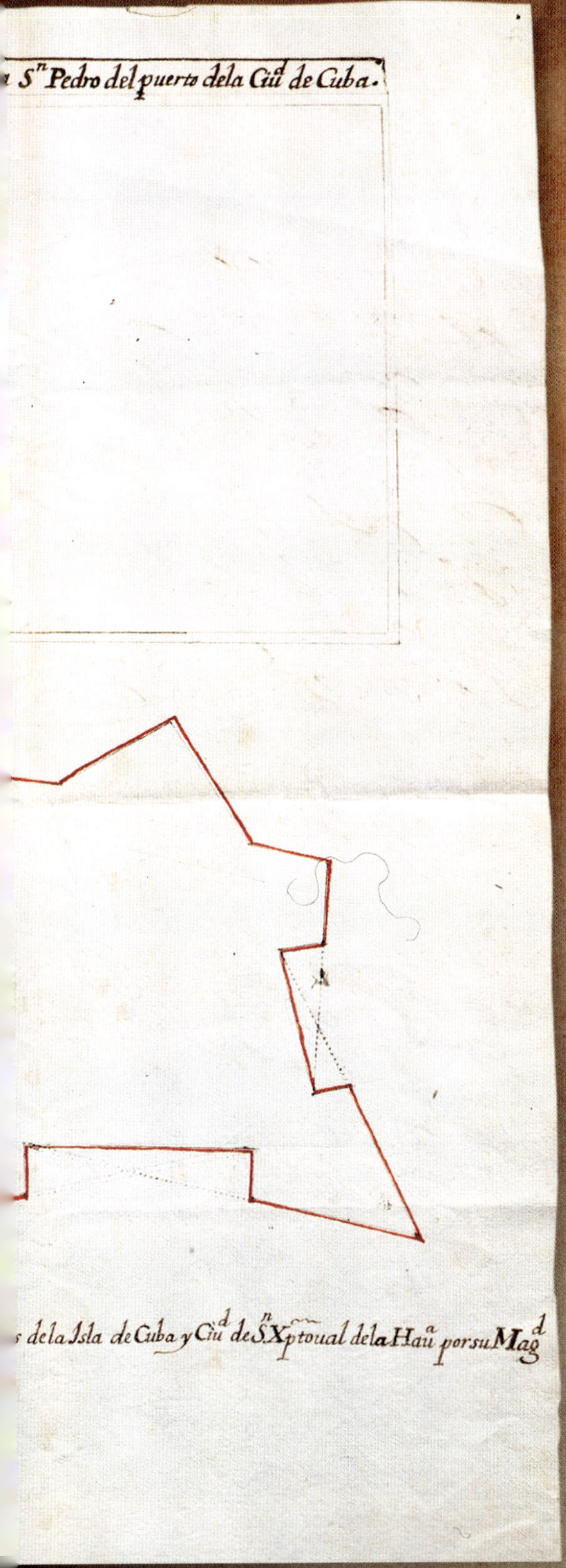

TEIL DREI

Die Geschichte von François L'Olonnais – Von seinen Anfängen und ersten Räubereien, seiner berüchtigten Grausamkeit und seinem schaurigen Ende

Links: Plan der Burg San Pedro de la Roca in Santiago de Cuba. Die Burg wurde zwischen 1638 und 1643 erbaut und ist heute Weltkulturerbe.

Oben: **„Der Mann aus Olonne", François L'Olonnais, verbreitete wegen seines unglaublich brutalen Umgangs mit Gefangenen Angst und Schrecken.**

KAPITEL I

Die Anfänge von François L'Olonnais und seine ersten Räubereien

Jean-David Nau wurde in der Hafenstadt Les Sables d'Olonne im Bas-Poitou geboren. Wie viele Bukaniere nannte er sich L'Olonnais nach seiner Herkunft aus Olonne. Als Schuldknecht kam er von La Rochelle in die Karibik und schloss sich, nachdem er seine Zeit abgedient hatte, den Jägern auf Hispaniola an, verübte aber später unsägliche Grausamkeiten an den Spaniern. Ich werde seine Schandtaten bis zu seinem Tode beschreiben.

L'Olonnais war schon zwei- oder dreimal mit den Bukanieren gesegelt, da fiel dem Gouverneur von Tortuga, Frederick Deschamps de la Place, sein gewaltiger Mut auf. Frankreich lag im Krieg mit Spanien, und so gab er seinem französischen Landsmann ein Schiff, mit dem er die Feinde ausrauben sollte. L'Olonnais machte enorme Beute und wurde überall im spanischen Mittelamerika bekannt. Wo immer die Spanier auf ihn trafen, kämpften sie bis zum letzten Atemzug, denn sie wussten, dass er nie Pardon

FREIBEUTER UND KAPERBRIEFE

Freibeuter waren halb offizielle Piraten, die mit ihren Schiffen die Kriegsmarine eines Landes unterstützten. Sie durften den Feind in Kriegszeiten angreifen und kosteten die Regierungen, die sie anheuerten, keinen Pfennig. Ihr einziger Sold war ihre Beute. Francis Drake und Henry Morgan waren berühmte Freibeuter. Die Bezeichnung galt auch für bewaffnete Schiffe im Privatbesitz, sofern sie einen Kaperbrief hatten.

Kaperbriefe waren Dokumente, die Regierungen an Freibeuter ausgaben. Darin gestanden sie ihnen und ihren Schiffen das Recht zu, feindliche Handelsschiffe anzugreifen. Seit 1589 gingen zehn Prozent vom Wert der Prise an die Krone, 90 Prozent an den Freibeuter. Manchmal erlaubte der Freibrief auch das Anheuern von Schiffen anderer Nationalitäten. Henry Morgan sammelte oft französische Piratenschiffe von Tortuga unter seiner Flagge, wenn er die Spanier angriff. Freibeuter beschränkten sich bei ihren Raubzügen nicht immer auf die Nationen, die in ihren Kaperbriefen aufgeführt waren: Mansveldt und Morgan griffen Spanier an, obwohl ihr Kaperbrief nur für Holländer galt. Jamaika, ein britischer Vorposten inmitten von spanischen Kolonien, wurde nicht durch Kriegsschiffe geschützt und brauchte deshalb den Schutz der Freibeuter ebenso wie die billigen Waren aus deren Beute.

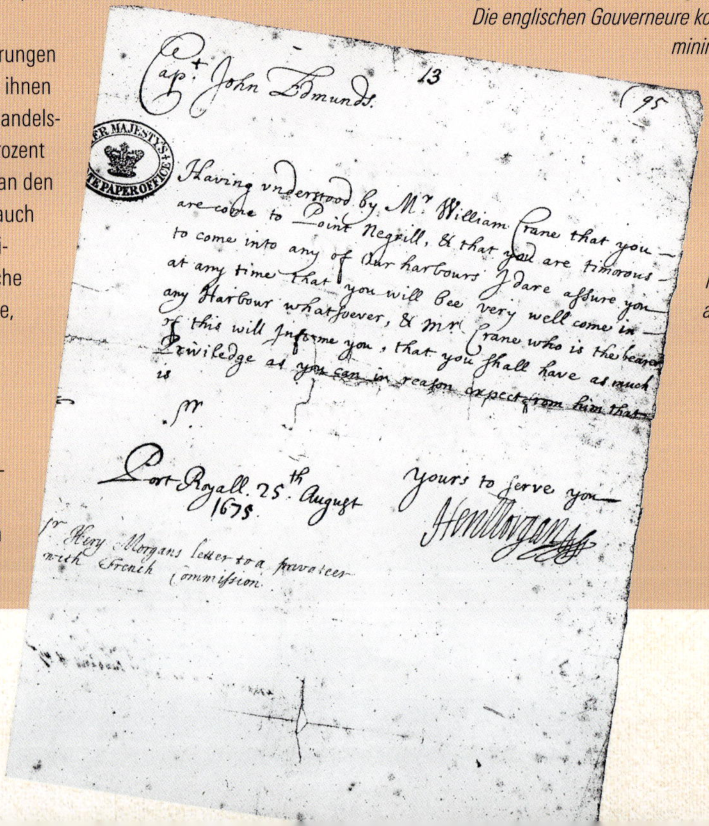
Capt John Edmunds. 13 95

Having understood by Mr William Crane that you are come to Point Negrill, & that you are timorous to come into any of our harbours I dare assure you at any time that you will Bee very well come in any Harbour whatsoever, & Mr Crane who is the bearer of this will Informe you, that you shall have as much priviledge as you can in reason expect from him that is

Sr

Port Royall 25th August 1675

Yours to serve you
Hen Morgan

Sr Henry Morgans letter to a privateer with French Commission

Den Spaniern fehlten die Ressourcen, um ihr Weltreich zu verteidigen, und so beschäftigten sie costagardas *mit eigenen Schiffen. Die englischen Gouverneure konnten nur mit minimaler Unterstützung durch die Kriegsmarine rechnen und gaben Freibeutern deshalb schriftlich die Erlaubnis, die Feinde des Königs anzugreifen.*

Links: Dieser Stich aus dem 16. Jahrhundert trägt den Titel „Die Indianer lenken die Spanier ab" und zeigt auf den ersten Blick Indianer, die sich friedlich ergeben – während anderswo auf der Insel eine andere Gruppe spanische Soldaten angreift.

gab. Das Glück war lange auf seiner Seite, aber dann verlor er sein Schiff in einem Nordsturm vor Campeche auf der Yucatan-Halbinsel. Seine Männer erreichten alle lebend die Küste, aber die meisten wurden dort von den Spaniern niedergemacht. L'Olonnais selbst war verwundet und konnte nicht fliehen, also beschmierte er sich mit Sand und Blut aus seinen Wunden und kroch unter die Leichen seiner Männer. Endlich zogen die Feinde ab, und er verschwand im Wald, wo er sich einige Zeit erholte.

Nachdem er seine Wunden versorgt hatte, wagte er sich in spanischen Gewändern in die Außenbezirke von Campeche. Dort versprach er ein paar Sklaven die Freiheit, wenn sie sich ihm anschlossen, und diese stahlen ein Kanu ihres Herrn und fuhren mit L'Olonnais nach Tortuga. Inzwischen hatten die Spanier einige Gefährten des Kapitäns im Gefängnis befragt. Diese versicherten den Spaniern nach bestem Wissen und Gewissen, dass L'Olonnais tot sei, und so dankten die Spanier Gott und entzündeten Freudenfeuer.

L'Olonnais „steht von den Toten auf"

In Tortuga setzte L'Olonnais seine räuberische Lebensweise fort. Mit List und Tücke verschaffte er sich ein kleines Schiff und segelte mit 20 gut bewaffneten Männern nach Kuba. An der kubanischen Küste liegt das Dorf De los Cayos, wo Häute, Tabak und Zucker verkauft werden. Der Handel läuft über kleine Barken, weil das Meer dort sehr flach ist. L'Olonnais hatte vor, einige dieser Schiffe zu kapern, doch er wurde von Fischern gesehen, die sich sofort auf dem Landweg nach Havanna begaben und dem Gouverneur berichteten, dass der französische Pirat mit zwei Kanus vor der Küste lauere und dass sie nicht mehr aufs Meer hinausfahren würden, bis er weg sei.

Der Gouverneur hatte aus Campeche die Nachricht erhalten, dass L'Olonnais tot sei, sandte aber dennoch ein Schiff mit 90 gut bewaffneten Männern und zehn Geschützen. Der Kapitän hatte Befehl, erst zurückzukommen, wenn die Piraten vernichtet seien. L'Olonnais allerdings sollte nach

Alle Spanier wurden von den Bukanieren unter Deck gedrängt, die Luken fest verriegelt. Dann ließ L'Olonnais einen nach dem anderen an Deck bringen und befahl, ihnen den Kopf abzuschlagen.

Havanna gebracht und gehängt werden. Das Kriegsschiff segelte nach De los Cayos, und L'Olonnais erfuhr von ein paar gefangenen Fischern von dessen Ankerplatz. Es kam ihm gerade recht: Der Bukanier wollte das Schiff kapern, um mehr Beute zu machen, und er zwang die Fischer, ihm die Einfahrt in den Hafen von De Los Cayos zu zeigen.

Die Kaperung des Kriegsschiffs

Das Kriegsschiff ankerte in der Flussmündung, und die Seeräuber näherten sich um zwei Uhr morgens unter dem Schutz der Bäume entlang der Küstenlinie. Man hörte sie und rief sie an mit der Frage, ob sie die Piraten gesehen hätten.

Auf Spanisch antworteten sie, dass die Piraten geflohen seien, da man sie vor dem Kriegsschiff gewarnt habe. In finsterster Nacht lockerten die Spanier also ihre Wache, bis sie bei Anbruch der Dämmerung das Kriegsgeschrei der Piraten hörten.

Die Spanier gingen auf die Gefechtsstationen und feuerten Breitseiten auf die Kanus, die sich ihnen von beiden Flussufern her näherten. Nach zwei oder drei Breitseiten kletterten die Piraten, während die Kanoniere nachluden, mit geschwungenen Entermessern an Bord.

Alle Spanier wurden von den Bukanieren unter Deck gedrängt, die Luken fest verriegelt. Dann ließ L'Olonnais einen nach dem anderen an Deck bringen und befahl, ihnen den Kopf abzuschlagen und nur einen zu verschonen. Dem gab er einen Brief für den Gouverneur von Havanna mit, in dem er

Rechts: Bahía de Matanzas in der Floridastraße war ein sicherer Hafen der Piraten, bis die Spanier 1693 dort eine Siedlung gründeten. 1820 war sie – vor allem durch die prosperierende Zuckerindustrie – die zweitgrößte Stadt Kubas.

schwor, dass er einem Spanier niemals Pardon geben werde. Er erklärte auch, er werde sich lieber töten, als Spaniern in die Hände zu fallen, und er hoffe, den Gouverneur zu hängen, genau wie der Gouverneur gehofft habe, ihn zu hängen.

Der wutentbrannte Gouverneur schwor, alle Piraten zu töten, die ihm in die Hände fielen, aber die Bürger flehten ihn an, sich zu mäßigen. Sie mussten jeden Tag auf See ihren Lebensunterhalt verdienen, und die Piraten konnten hundert von ihnen töten für jeden Bukanier, den die Spanier hängten.

L'Olonnais hatte jetzt das starke Schiff, das er wollte, fand aber an Bord nur wenig Beute, weil es ein Kriegsschiff war. Er beschloss, mehr Männer anzuheuern und auf Beutezug zu gehen. Zuerst kaperte er ein Schiff im Golf von Venezuela, das in Maracaibo Kakao kaufen sollte und deshalb Geld und Tauschgüter an Bord hatte.

Die Piraten kehrten unter großem Jubel nach Tortuga zurück, und L'Olonnais wollte künftig die spanisch beherrschte Küste mit einer ganzn Flotte angreifen. Einige Gefangene hatten sich als Führer angedient, aber er musste 500 Mann zusammenbringen, denn er wollte Maracaibo einnehmen und alle Städte an der Küste plündern. Die Gefangenen kannten die Küste gut, vor allem ein Franzose, dessen Frau dort lebte.

Unten: Auf diesem Bild aus dem 18. Jahrhundert sieht man die Kaperung des englischen Kriegsschiffs „Kent" durch den französischen Piraten Robert Surcouf. Der Größenunterschied zu den kleinen, wendigen Piratenbooten wird hier besonders deutlich. Um ein solches Kriegsschiff zu kapern, mussten die Piraten es entern und auf ihre zahlenmäßige Überlegenheit und ihre gute Bewaffnung setzen.

KAPITEL II

L'Olonnais rüstet eine Flotte aus. Die Piraten sollen auf den spanischen Inseln Amerikas landen und rauben, plündern und niederbrennen, was ihnen in die Hände fällt

L'Olonnais machte seinen Plan bei allen Piraten auf Tortuga und anderen Inseln bekannt und verfügte schließlich über 400 Mann. Auf Tortuga lebte noch ein anderer berühmter Pirat, Michel de Basco, der so viel Beute gemacht hatte, dass er in Frieden leben konnte und nie wieder in See stechen musste. Er war Baske und nun der Bürgermeister von Tortuga. Als Michel die Vorbereitungen sah, schloss er Freundschaft mit L'Olonnais und bot seine Teilnahme an, allerdings unter der Bedingung, dass er alle Landoperationen befehligte, denn er kannte das Gebiet sehr gut. Das freute L'Olonnais sehr, da er wusste, dass der Baske in Europa Großes geleistet hatte und im Ruf eines hervorragenden Soldaten stand. Deshalb übergab er Michel das Kommando an Land, er selbst kommandierte das größte Schiff mit zehn Geschützen.

Ende April 1667 stachen sie mit acht Schiffen und über 630 Mann in See mit Kurs auf Bayaha an der Nordküste Hispaniolas (heute Fort Liberté in Haiti). Dort nahmen sie ein paar französische Jäger auf, die ihre Dienste anboten, dazu Proviant, Wasser und Fleisch. Am 31. Juli segelten sie nach Punta d'Espada, dem Ostkap der Insel, wo sie ein Schiff aus Puerto Rico erspähten, das mit Kakao nach Neuspanien unterwegs war. Admiral L'Olonnais befahl dem Rest der Flotte, sich an der Insel Saona auf der Südseite des Kaps zu sammeln, während er selbst das Schiff verfolgte. Nach zwei Stunden Jagd feuerten die Spanier eine Breitseite ab, und es entspann sich ein dreistündiges Gefecht. Das spanische Schiff hatte 16 Kanonen und 50 Kämpfer, doch es musste schließlich die Segel streichen. An Bord fanden die Piraten 120 000 Pfund Kakao, aber auch 40 000 Silberpesos und Edelsteine im Wert von wenigstens 10 000 Silberpesos. Der Admiral schickte die Prise nach Tortuga und befahl seinen Männern, nach dem Entladen mit dem Schiff nach Saona zurückzukehren.

ERZWUNGENE ÜBERFAHRT

In den Kolonien fehlten immer Arbeitskräfte, und Großbritanniens Gefängnisse waren überfüllt; deshalb wurde 1617 durch königliche Verordnung erlaubt, Übeltäter, mit Ausnahme jener, die wegen Mord, Hexerei, Raub oder Vergewaltigung verurteilt worden waren, auf die Tabakplantagen Virginias oder auf die Zuckerplantagen der Westindischen Inseln zu transportieren. Frauen waren vor allem als „Brutkästen" gefragt. Unzählige Kinder wurden in Londons Straßen zusammengetrieben und auf die furchtbare Reise geschickt. Einem Brief aus dem Jahr 1627 ist zu entnehmen, dass im Jahr zuvor 1500 Kinder nach Virginia geschickt worden waren. Im 17. Jahrhundert war *napping* der gängige Begriff für das „Fangen" von „Kids" für die Verschleppung nach Amerika, woraus *kidnapping* entstand.

Die enorme europäische Nachfrage sorgte dafür, dass auch in der Karibik riesige Tabakplantagen entstanden, die mit jenen in Virginia konkurrierten. Für die Plantagenwirtschaft mussten Arbeiter importiert werden.

Inzwischen war die Flotte bei Saona auf ein weiteres spanisches Schiff gestoßen, das von Cumaná in Venezuela aus mit Proviant und Sold für die Garnison nach Hispaniola segelte. Trotz der acht Geschütze wurde das Schiff ohne Widerstand aufgebracht. An Bord waren 7000 Pfund Schießpulver, viele Musketen sowie 12 000 Silberpesos. Die Vorräte, die Waffen und das Geld, die sie so leicht erbeutet hatten, ermutigten die Piraten.

Als das mit Tabak beladene Schiff in Tortuga ankam, ließ der Gouverneur es entladen und neu verproviantieren und schickte es mit noch mehr Männern nach Saona zurück. All dies geschah innerhalb von 14 Tagen. L'Olonnais kommandierte dieses Schiff jetzt selbst und überließ das frühere Flaggschiff seinem Kameraden Antony du Puis. Er hatte jetzt zwei weitere Schiffe, viel Proviant und neue Rekruten, um die Toten und Verwundeten der beiden Gefechte zu ersetzen. Seine Leute brannten vor Tatendurst, und er führte die Flotte in die Bucht von Maracaibo an der Küste Venezuelas. Die Bucht schneidet 20 Leagues tief ins Land ein und ist zwölf Leagues breit. Zum Meer hin liegen die Inseln Onega und Los Monges; im Osten wird sie vom Cabo San Roman begrenzt, im Westen vom Cabo Caquibacoa. Manche sprechen auch vom Golf von Venezuela, aber die Piraten nennen sie die Bucht von Maracaibo.

Unten: Der Golf von Venezuela war bei den Bukanieren als Bucht von Maracaibo bekannt. Sandbänke erschwerten die Einfahrt in den Maracaibo-See. Der größte See Südamerikas erstreckt sich 177 km weit ins Landesinnere, und die Meerenge, die ihn mit dem Golf von Venezuela verbindet, ist 55 km breit.

Beschreibung des Maracaibo-Sees

In der Meerenge, durch die man in den See kommt, liegen zwei Inseln. Die östliche ist die Isla de las Vigilias oder Ausguck-Insel, denn auf ihr erhebt sich ein Berg, auf dem ständig ein Wachposten steht. Die andere ist die Isla de las Palomas, die Taubeninsel. Hinter diesen Inseln befindet sich ein großer Süßwassersee von 60 Leagues Länge und 30 Leagues Breite, der sich rund um die beiden Inseln ins Meer ergießt. Schiffe fahren am besten zwischen den Inseln in den See, aber der Kanal ist nur so breit wie die Reichweite eines Achtpfünders. Auf der Taubeninsel kontrolliert ein Fort die Zufahrt zum See und nach Maracaibo, und jedes Schiff, das hineinwill, muss ganz nahe an diesem Fort vorbei, denn nur 14 Fuß unter Wasser liegen zwei Sandbänke, denen man ausweichen muss. Etwa eine League weiter befindet sich im See noch eine Sandbank namens *El Tablazo*, „Der große Tisch", die sogar nur zehn Fuß tief liegt. Andere Untiefen auf dem Weg zum Río de las Espinas, etwa 40 Leagues am See entlang, sind knapp sechs bis acht Faden tief. Alle sind gefährlich, vor allem für unkundige Kapitäne.

Beschreibung von Maracaibo und Gibraltar

Wenn man sechs Leagues am Westufer des Sees entlangfährt, erreicht man die hübsche Stadt Maracaibo mit 2000 bis 4000 Einwohnern inklusive der Sklaven. Etwa 800 davon sind waffenfähige Männer, alles Spanier. Es gibt eine reich geschmückte Gemeindekirche, vier Klöster und ein Krankenhaus. Gehandelt werden vor allem Häute und Talg. Die Stadt hat einen Vize-Gouverneur, der dem Gouverneur von Caracas unterstellt ist. Auf den Pflanzungen der Stadt, die etwa 30 Leagues ins Landesinnere hineinreichen, weiden große Viehherden.

Auf der anderen Seeseite gibt es rund um die große und dicht bevölkerte Stadt Gibraltar weitläufige Plantagen. Hier wachsen Kakaobohnen und viele Obstarten, die nach Maracaibo geschickt werden, wo das Land viel trockener ist. Maracaibo liefert im Gegenzug viel Fleisch nach Gibraltar, und jeden Tag

Nach zwei Stunden Jagd feuerten die Spanier eine Breitseite ab, und es entspann sich ein dreistündiges Gefecht.

kehren die Boote mit Orangen, Zitronen und anderen Früchten von dort zurück. Die Felder von Gibraltar sind als Weiden ungeeignet.

Maracaibo hat einen guten Hafen, in dem viele Schiffe gebaut werden, denn Bauholz ist in den Wäldern ringsum leicht zu schlagen. Nahe der Stadt werden auf dem kleinen Inselchen Borica Ziegen gezüchtet, wegen der Häute und des Talgs, nicht des Fleisches wegen, obwohl ab und zu ein Lamm geschlachtet wird. Rund um Maracaibo sieht man viele Schafe auf den Feldern, aber der Boden ist trocken und die Tiere bleiben klein.

Auf manchen Inseln im See leben nicht unterworfene Indianerstämme, die die Spanier *Indios Bravos* nennen. Sie schließen keine Abkommen mit den Spaniern und sind wild und unbezähmbar. Vor allem auf der Westseite des Sees leben sie in kleinen Hütten hoch oben in den Bäumen, um den riesigen Moskitoschwärmen zu entgehen, die ihnen Tag und Nacht zusetzen. Auch die spanischen Fischerdörfer auf der Ostseite sind in die Mangrovenbäume hineingebaut. Diese Lebensweise ist wegen

Unten: Dieser Stich von Theodor de Bry (1528 – 1598) zeigt englische Händler auf den Westindischen Inseln, etwa ein Jahrhundert vor Morgans Taten. Die Indianer benutzen Einbäume als Kanus, um Waren zu den Schiffen zu bringen.

Links: Exquemelin erwähnt die Hütten der Indianer am Maracaibo-See. Sie waren zum Schutz vor Hochwasser auf Pfählen gebaut, und die ersten Spanier, die sie zu Gesicht bekamen, nannten das Gebiet Venezuela oder „Klein Venedig".

der ständigen Überflutungen sinnvoll, denn nach größeren Regenfällen steht das Land oft zwei bis drei Leagues weit unter Wasser, und mindestens 25 große Flüsse und 50 Bäche münden in den See.

Um Gibraltar zu erreichen, muss man etwa 40 Leagues an der Küste des Sees entlangfahren. Die Stadt hat 1500 Einwohner, davon etwa 400 waffenfähige Männer. Die meisten gehen einem Gewerbe nach. Die Felder ringsum sind mit Kakao oder Zuckerrohr bepflanzt; auch hohe, schöne Bäume für den Haus- und Schiffbau wachsen dort, darunter riesige Zedern, aus denen sie ihre *piraguas* machen, die ein Toppsegel tragen können. Gibraltar wird oft von Überschwemmungen heimgesucht, die Einwohner müssen die Stadt dann verlassen und sich auf ihre Pflanzungen zurückziehen.

Die Flüsse und Bäche führen viel Wasser, und in Dürrezeiten leiten die Bewohner das Wasser über Schleusen in Gräben, um ihre Felder zu bewässern. Es wird viel Tabak exportiert, der in Europa begehrt ist und dort *Tabaco de Sacerdotes*, „Priestertabak", genannt wird. 20 Leagues weit ist das Land fruchtbar, auf der einen Seite wird es von Sümpfen, auf der anderen von hohen, immer schneebedeckten Bergen umschlossen. Jenseits der Berge liegt die große Stadt Mérida, der Gibraltar untergeordnet ist. Mit Maultierkarawanen werden Waren zwischen Gibraltar und Mérida gehandelt, aber nur im Sommer, denn im Winter ist es unerträglich kalt.

Der Angriff auf El Fuerte de la Barra

Die Beschreibung des Sees von Maracaibo hielt ich für nötig, damit der Leser sich vorstellen kann, was dort geschah. Als L'Olonnais im Golf von Venezuela ankam, ließ er seine Flotte außer Sichtweite der Ausguck-Insel Anker werfen. Am nächsten Tag segelten sie sehr früh in die Mündung des Maracaibo-Sees und ankerten vor der Sandbank. Am Fort El Fuerte de la Barra, das die Durchfahrt schützt, kam

Auf manchen Inseln im See leben nicht unterworfene Indianerstämme, die die Spanier Indios Bravos *nennen. Sie schließen keine Abkommen mit den Spaniern und sind wild und unbezähmbar.*

Gegenüber: Es bürgerte sich der Brauch ein, dass jeder Piratenkapitän sich eine eigene Flagge schuf. Woher der Begriff „Jolly Roger" kommt, liegt im Dunkel der Geschichte. Er könnte sich auf Black Bart beziehen, der vor einem Angriff stets scharlachrote Seidengewänder anlegte, und deshalb von den Franzosen *le joli rouge* genannt wurde.

man nicht ungesehen vorbei, deshalb wurden Männer an Land gebracht, die es angreifen sollten. Das Fort bestand aus 16 großen Erdhügeln auf ansteigendem Gelände, die zum Schutz der Soldaten jeweils mit einem großen Geschütz und Gabionen – Körben aus Weidengeflecht, die mit Erde gefüllt sind – befestigt waren. Die Piraten landeten eine League entfernt, aber der Kommandeur des Forts hatte bereits einige Männer in einen Hinterhalt gelegt, während er selbst einen Frontalangriff leitete.

Eine Vorausabteilung mit 50 Piraten entdeckte allerdings die Truppe im Hinterhalt und griff die Spanier so an, dass ihnen der Rückzug ins Fort versperrt war. Jetzt konnten L'Olonnais und seine Kameraden vorrücken. Nach dreistündigem Kampf eroberten die nur mit Pistolen und Degen bewaffneten Bukaniere die Festung. Inzwischen waren Überlebende des ersten Angriffs nach Maracaibo geflohen und berichteten dort, dass bald 2000 Piraten landen würden. Die Bürger erinnerten sich an eine Plünderung vor zehn oder zwölf Jahren, packten eilig ihre Habseligkeiten und machten sich aus dem Staub. Wer ein Boot hatte, floh nach Gibraltar und verbreitete die Nachricht dort, andere brachten ihr Hab und Gut auf Lasttieren ins Landesinnere.

Die Bukaniere zogen eine Flagge auf, als sie das Fort erobert hatten – ein Signal, dass ihre Schiffe sicher in den Maracaibo-See einfahren konnten. Den Rest des Tages verbrachten sie damit, das Fort zu zerstören, die Zündlöcher der Kanonen zu vernageln, die Lafetten zu verbrennen, ihre Toten zu begraben und die Verwundeten zu den Schiffen zu bringen. Früh am nächsten Morgen war die Flotte bereit, die Anker zu lichten und die sechs Leagues nach Maracaibo zu segeln. Es ging bei schwachem Wind langsam voran, aber schließlich lagen die Schiffe in Formation so vor Maracaibo, dass sie die Landungstrupps mit ihren Geschützen wirksam unterstützen konnten. Diese landeten in Kanus, und eigentlich sollte die Hälfte der Männer in den Booten bleiben, während sich die andere Hälfte unter dem Feuerschutz der Schiffe in die Wälder schlug. Allerdings blieb jede Gegenwehr aus, und die Piraten sammelten sich und zogen in guter Ordnung in Maracaibo ein.

SPANISCHE WRACKS

Nur einige wenige der vielen hundert spanischen Schiffswracks, die vom 16. bis zum 18. Jahrhundert auf den Meeresgrund sanken, waren Schatzschiffe. Die älteste gefundene Galeone, die „Nuestra Señora de Atocha", verließ Kuba im Jahr 1622 in einem Konvoi von 28 Schiffen mit einer Fracht aus Gold, Silber, Münzen, Edelsteinen und Färbeholz. Die ganze Flotte sank, und Spanien sah sich gezwungen, mehr Geld zu leihen, um seine Teilnahme am Dreißigjährigen Krieg zu finanzieren. Die „Atocha" wurde 1985 vor Florida entdeckt, Gold- und Silberbarren sowie Münzen wurden geborgen.

1715 wurde eine Flotte von elf Galeonen, die Gold und Silber im Wert von fast 56 Millionen Reales an Bord hatte, von einem Hurrikan vor der Ostküste von Florida nahe Cape Canaveral versenkt. Die Schiffe brachen auseinander und sanken – ihre Ladung verteilte sich auf dem Meeresgrund. Fünf dieser Wracks wurden bisher gefunden, und ein Großteil des Schatzes konnte geborgen werden.

Eine Pistole und Münzen aus dem Wrack der 1724 untergegangenen „Conde de Tolosa" im Casas Reales Museum in Santo Domingo. Die „Conde de Tolosa" geriet zusammen mit der „Nuestra Señora de Guadalupe" in der Bucht von Samaná in einen Hurrikan. Beide Schiffe zerschellten an einem Riff.

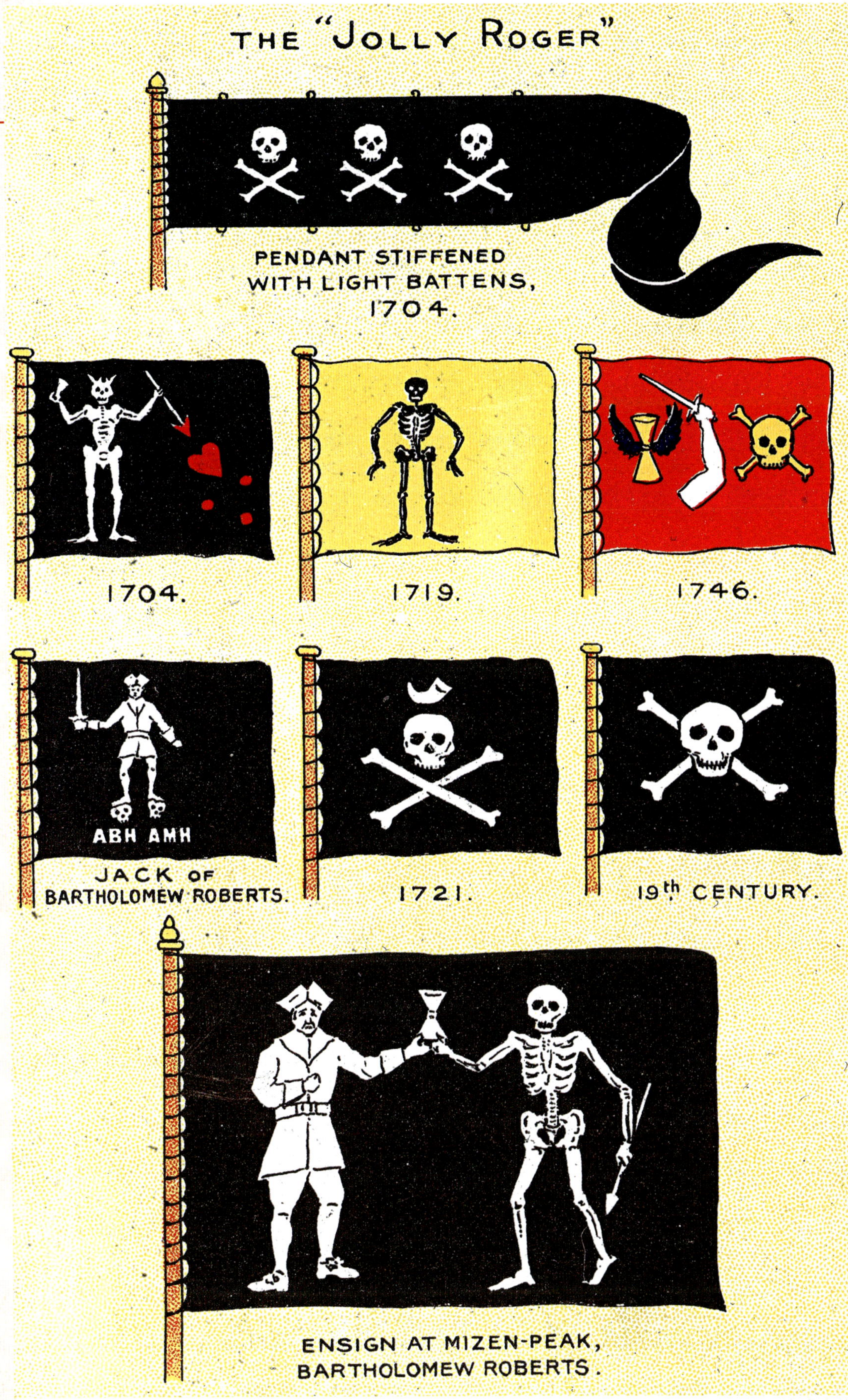
THE "JOLLY ROGER"
PENDANT STIFFENED WITH LIGHT BATTENS, 1704.
1704.
1719.
1746.
ABH AMH
JACK OF BARTHOLOMEW ROBERTS.
1721.
19th CENTURY.
ENSIGN AT MIZEN-PEAK, BARTHOLOMEW ROBERTS.

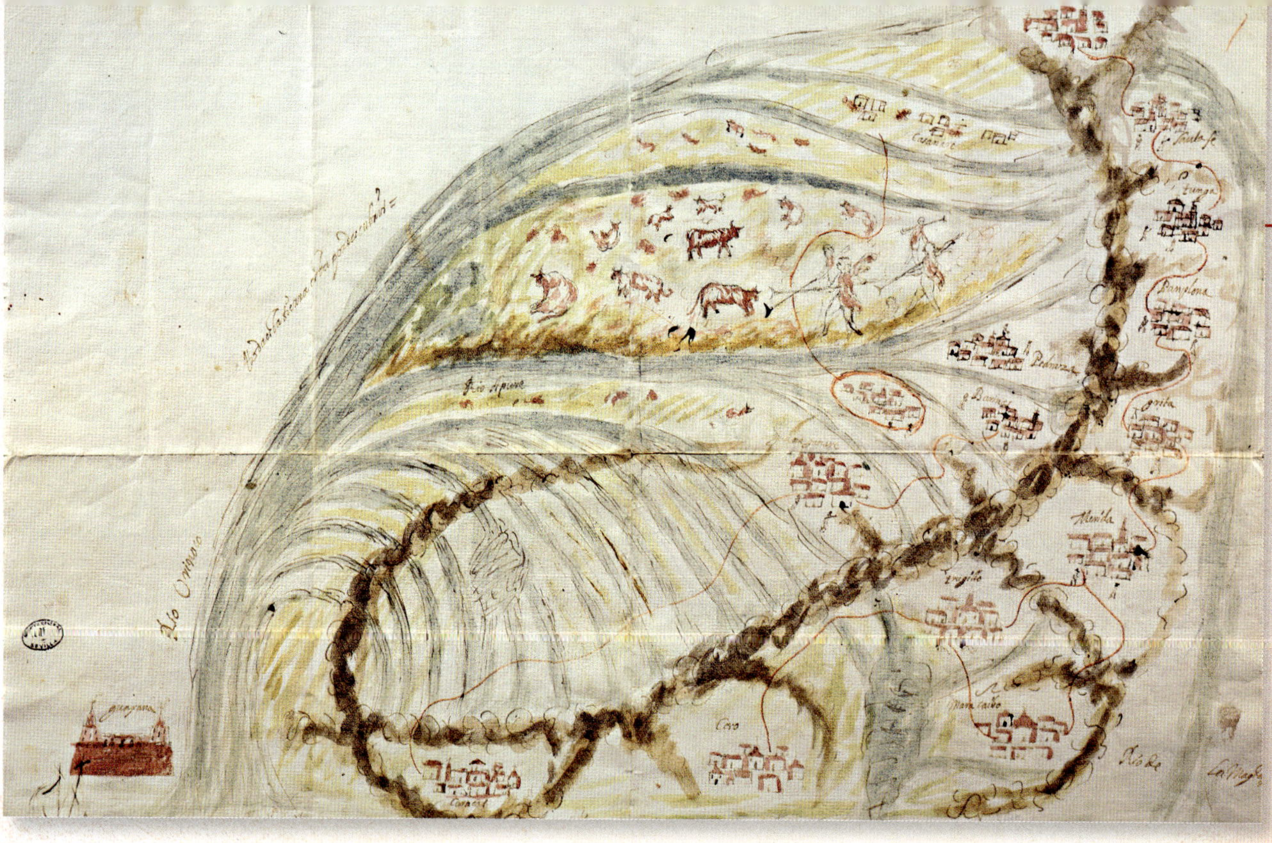

Oben: Diese Karte aus dem Jahr 1675 zeigt den Orinoco in Venezuela. Die genaue Länge des Flusses ist noch heute unbekannt, Schätzungen liegen zwischen 2400 und 2700 km. Er ist eines der größten Gewässersysteme der Erde.

Die Plünderung von Maracaibo, 1667

Die Stadt war verlassen, doch reiche Vorräte waren zurückgeblieben – Wein, Schnaps, Hühner, Schweine, Brot und Schrot. In den schönsten Häusern feierten die Bukaniere nach vier Wochen Abstinenz und knappen Rationen ihren Sieg. Den Wachposten diente die Kirche als Wachlokal. Am nächsten Morgen brachen 150 Mann in die Wälder auf, um Gefangene zu machen und die Schätze der Stadt zu suchen. Sie kehrten mit 20 000 Silberpesos, 20 Gefangenen – Männern, Frauen und Kindern – und mehreren mit Hausrat und Handelswaren beladenen Maultieren zurück.

Einige Gefangene wurden auf die Streckbank gespannt, aber sie schwiegen selbst unter der Folter. Daraufhin zog L'Olonnais sein Entermesser und hackte einen Gefangenen vor den Augen aller in Stücke mit den Worten: «Wenn ihr nicht gesteht und verratet, wo ihr den Rest eurer Besitztümer versteckt habt, wird es euch genauso ergehen.» Ein Gefangener war so entsetzt, dass er versprach, die Piraten zu den Verstecken der Flüchtlinge zu führen. Allerdings wechselten die Spanier im Wald, die durchaus wussten, dass man sie verraten könnte, ständig ihre Verstecke, und die Piraten konnten sie nicht finden. Die Bürger waren so verängstigt, dass ein Vater nicht einmal mehr dem eigenen Sohn traute.

Der Angriff auf Gibraltar

Nach 14 oder 15 müßigen Tagen in Maracaibo beschlossen die Piraten schließlich, Gibraltar anzugreifen. Spanische Spione warnten die Einwohner, dass die Bukaniere über die Berge nach Mérida ziehen wollten. Der Gouverneur von Mérida hatte als Oberst in Flandern gedient, und als er von den Plänen der Bukaniere hörte, eilte er mit 400 Mann nach Gibraltar und trieb dort weitere 400 auf. Schnell richtete er eine Batterie mit 20 Geschützen auf den See aus und schützte sie durch Erdkörbe. Eine weitere Batterie mit acht Geschützen diente als Redoute, die schmale Straße in die Stadt wurde blockiert. Dann öffnete er einen anderen Fußweg in die Stadt, den die Piraten nicht kannten.

L'Olonnais hatte alle seine Gefangenen und die Beute an Bord gebracht und sah jetzt, dass die spanische Flagge über Gibraltar wehte. Er berief einen Kriegsrat mit seinen Kapitänen und seinen Männern ein. Denen erklärte er, dass sie jetzt vor einer schweren Aufgabe stünden, und rief sie auf, ihm zu folgen. Sie waren einverstanden, und er erklärte: «Nun gut, und ich werde euch führen, aber denkt daran, dass ich den ersten Mann, der in der Schlacht Feigheit zeigt, niederschießen werde.»

Etwa 200 Spanier nahmen die Verfolgung auf, doch dann machten die Bukaniere auf ein Kommando hin kehrt, feuerten ihre treffsicheren Musketen ab, griffen mit ihren Entermessern an und töteten die meisten Spanier.

Die Flotte ankerte eine viertel League vor der Stadt, und am nächsten Morgen landeten 380 Männer an, bewaffnet mit Entermessern, Musketen, einer oder zwei Pistolen und genügend Pulver sowie einem Patronengurt mit 30 Kugeln. Die Männer gaben sich die Hände, schworen Eide auf ihre Gemeinschaft und wurden von L'Olonnais in die Schlacht geführt, der rief: «Auf geht's, Brüder, folgt mir und seid tapfer!» Doch der Weg, den ihr Führer kannte, war versperrt. Sie mussten also den schlammigen Pfad durch die Wälder und Sümpfe nehmen, auf dem die Spanier sie mühelos beschießen konnten. Die Piraten hieben Äste von den Bäumen und legten sie vor sich auf den Weg, damit sie nicht im Schlamm einsanken. Die Geschütze feuerten vom Fort her unaufhörlich, so dass die Seeräuber durch den Qualm nichts sehen und sich im Lärm kaum verständigen konnten. Endlich hatten sie den Wald hinter sich und kamen auf festen Grund, doch eine Batterie von acht Kanonen feuerte mit kleinen Kugeln und Kartätschen auf sie. Die Spanier waren im Vorteil, sie machten einen Ausfall und zwangen die Piraten zum Rückzug. Die großen Geschütze feuerten immer noch, und viele Bukaniere wurden getötet oder verwundet. Die Überlebenden suchten nach einem anderen Weg durch den Wald, aber die Spanier hatten viele Bäume gefällt, um jeden Pfad zu blockieren, und so mussten die Piraten sich schließlich zurückziehen.

L'Olonnais erkannte, dass seine Männer nicht nahe genug herankamen, und griff zu einer Kriegslist, um die Spanier zu übertölpeln: Er machte einen Scheinrückzug. Etwa 200 Spanier nahmen die Verfolgung auf, doch dann machten die Bukaniere auf ein Kommando hin kehrt, feuerten ihre treffsicheren Musketen ab, griffen mit ihren Entermessern an und töteten die meisten Spanier. Sie drangen weiter vor und zwangen die Spanier hinter den Schanzwerken, in die Wälder zu fliehen. Wer ihnen in die Hände fiel, wurde niedergemacht. Schließlich rückten sie gegen die Redoute vor, und die Besatzung ergab sich, nachdem man ihr Pardon versprochen hatte.

Die Piraten rissen die spanische Flagge herunter, zogen die eigene auf und trieben die Gefangenen in die Kirche. Sie zogen die meisten Kanonen hinter eine Brustwehr, weil sie einen weiteren Angriff erwarteten, nachdem die Spanier sich gesammelt hatten. Am nächsten Tag jedoch merkten sie, dass sie einigermaßen sicher waren. Nun sammelten sie die Toten ein, um sie zu bestatten, bevor der Gestank unerträglich wurde, und sie zählten die Leichen von über 500 Spaniern, die in die Wälder geflohen und dort gestorben waren. Dazu kamen noch 150 männliche spanische Gefangene und 500 Frauen, Kinder und Sklaven. Sie selbst hatten 40 Mann verloren, 30 waren verwundet und starben fast alle durch Fieber oder Wundbrand. Die Gefangenen wurden gezwungen, die Leichen der Piraten zu begraben. Die spanischen Toten wurden in zwei alte Boote am Strand geworfen, eine knappe Meile auf den See hinausgezogen und dort versenkt.

Die Plünderung von Gibraltar

Die Piraten sammelten Tafelsilber, Hausrat und Handelswaren, so viel sie tragen konnten, obwohl die Spanier ihre wertvollen Besitztümer sorgfältig versteckt hatten. Auch auf die Felder schwärmten die Piraten aus und suchten Beute bei Jägern und Pflanzern. Von dort brachten sie noch mehr Güter und

Rechts: Die meisten spanischen Verluste in der Karibik waren auf Stürme zurückzuführen. Dieser Schatz wurde aus der „Conde de Tolosa" geborgen, die 1724 in einem Hurrikan vor der Dominikanischen Republik sank.

Sklaven mit. Nach nur 18 Tagen waren die meisten Gefangenen verhungert. In der Stadt gab es nur sehr wenig Nahrungsmittel, das knappe Mehl nahmen die Piraten zum Brotbacken. Außerdem töteten und aßen sie alle Kühe, Schweine, Schafe und alles Geflügel. Die Gefangenen mussten sich mit dem Fleisch von Maultieren und Eseln begnügen oder verhungern, denn etwas anderes bekamen sie nicht. Die Einzigen, die besser aßen, waren die Frauen, die sich die Piraten zu ihrem Vergnügen hielten, manche unter Zwang, andere aus freien Stücken, weil sie der Hunger trieb. Gefangene, bei denen man vermutete, dass sie Geld oder Schmuck versteckt hielten, wurden auf die Streckbank gespannt. Wenn sie nicht gestehen wollten oder konnten, wurden sie getötet.

Nach vier Wochen wurden vier überlebende Gefangene zu den Spaniern geschickt, die in die Wälder geflohen waren. Sie überbrachten die Forderung von 10 000 Silberpesos dafür, dass die Stadt nicht in Flammen aufging. Sie bekamen nur zwei Tage Zeit, danach wurden Teile der Stadt in Brand gesteckt. Die Bewohner flehten die Piraten an, sie würden das Geld bald irgendwie aufbringen. Doch inzwischen waren mehrere Häuser beschädigt, und die Klosterkirche war bis auf die Grundmauern niedergebrannt.

Die Rückkehr nach Maracaibo

Nachdem L'Olonnais das Lösegeld bekommen hatte, brachte er die ganze Beute und viele Sklaven, die nicht freigekauft worden waren, an Bord. Alle anderen Gefangenen ließ er gegen Lösegeld frei. Die

Piraten segelten nach Maracaibo zurück, das noch immer besetzt war. Von dort sandten sie drei oder vier Gefangene aus Maracaibo zum Gouverneur und forderten 30 000 Silberpesos als Lösegeld, sonst sollte auch diese Stadt niedergebrannt werden. Inzwischen begaben sich immer wieder einzelne Trupps an Land auf Raubzug, holten Statuen, Glocken und Gemälde aus den Kirchen und Schiffsausrüstung aus den Lagerhäusern. Die spanischen Gefangenen kehrten mit dem Auftrag zurück, über den Preis zu verhandeln, und schließlich einigte man sich auf 20 000 Silberpesos und 500 Rinder.

Die Piraten verließen die Stadt zur großen Freude der Bewohner, doch die schlug nur drei Tage später in Verzweiflung um, als die Piratenflotte zurückkehrte. Ein Bukanier kam an Land und erklärte, dass L'Olonnais einen erfahrenen Lotsen fordere, um sein großes und schwer beladenes Flaggschiff durch die gefährlichen Sandbänke am Eingang des Sees zu führen.

Diese Bitte wurde gern erfüllt, damit die Bukaniere nach zwei Monaten endlich vom See verschwanden. Die Flotte segelte in den Golf hinaus und ankerte acht Tage später an der Isla de la Vaca, der Kuh-Insel, südlich von Hispaniola.

Die Verteilung der Beute

Ein paar französische Jäger lebten dort und verkauften Fleisch an die Bukaniere, denen die Insel als Versteck diente. Die ganze Beute wurde an Land gebracht und nach Piratenbrauch verteilt. Es waren 260 000 Silberpesos und Tabak im Wert von 10 000 Kronen. Das Silber wurde gewogen und zu zehn Silberpesos pro Pfund bewertet, der Wert des Schmucks grob geschätzt. Außerdem gab es Leinen, Seide und andere Tuche im Wert von mindestens 100 Silberpesos pro Mann. Zuerst wurden die Verwundeten entschädigt, dann bekam jeder seinen Anteil zugewiesen, nachdem alle geschworen hatten, dass sie nichts versteckt hatten. Die Anteile der Toten wurden ihren Feunden oder rechtmäßigen Erben übergeben.

Oben: Das alte spanische Kloster in Antigua, Guatemala, ist heute ein Hotel. Klöster wie dieses wurden bei Piratenüberfällen angegriffen und geplündert.

Daraufhin segelten die Bukaniere nach Tortuga und wurden dort einen Monat später begeistert empfangen. Manche allerdings verloren ihr Geld innerhalb von drei Tagen beim Karten- oder Würfelspiel. Kurz zuvor waren drei französische Schiffe mit Wein und Schnaps angekommen, deshalb war der Alkohol gerade billig. Aber die Preise stiegen durch die starke Nachfrage der reichen Bukaniere, und bald bezahlte man vier Silberpesos für eine Flasche Schnaps. Der Gouverneur kaufte die Schiffsladung Kakao für ein Zwanzigstel ihres Wertes. Die Schankwirte verdienten ein Vermögen, und den Rest sackten die Huren ein. Bald mussten die Bukaniere und ihr Kapitän L'Olonnais wieder Geld beschaffen, und zwar mit denselben Schandtaten. wie zuvor.

SCHIFFE DER NEUEN WELT

Freibeuter und Piraten bevorzugten schnelle, kleine Schiffe von 30 bis 50 Tonnen und veränderten die Segel und die Takelage, um den Wind besser zu nutzen. Alle Decksaufbauten wurden niedergelegt, um das Schiff windschnittiger zu machen und das Deck für Geschütze zu räumen, die im Gefecht von einer Seite zur anderen bewegt wurden. Das Dollbord wurde erhöht, um der Mannschaft mehr Schutz zu geben. Wenn Piraten ein großes Schiff enterten, nutzten sie es meist, um Beute zu transportieren, bevor sie es schließlich zerstörten, verkauften oder den Wellen überließen. Im flachen Wasser der Karibik waren eroberte Galeonen für sie ebenso nutzlos wie Schlachtschiffe. Sie bevorzugten etwa 360 Tonnen schwere Fregatten mit drei Masten, die 195 Männer und 26 Geschütze trugen. Schnelle Kriegsschiffe wie diese waren als „Linienschiffe" zu klein, kamen aber oft gegen Piraten zum Einsatz. Die englische Kriegsmarine war in der Neuen Welt nur sehr spärlich vertreten, und deshalb mussten vor allem Freibeuter die Verteidigung von Jamaika übernehmen.

***Oben:** Die Bark – klein und schnell – war ein beliebtes Piratenschiff.*

CROMSTER

Henry Morgans Piratenflotten bestanden vor allem aus *cromsters* – Handelsschiffen, die kleinen Galeonen ähnelten. Sie waren ziemlich schnell, aber nicht so wendig wie Schaluppen. Sie hatten einen Vor- und einen Hauptmast, dazu einen dritten Mast hinten, der ein (dreieckiges) Lateinsegel oder ein Gaffelsegel trug. *Cromsters* konnten mehr Beute, mehr Geschütze und drei- bis viermal so viel Besatzung an Bord nehmen. Ein Kanonendeck fasste 16 Geschütze, weitere waren auf dem Oberdeck festgezurrt.

***Rechts:** Dieser Stich aus dem Jahr 1615 zeigt einen spanischen* cromster, *der von einer Piratengaleere angegriffen wird.*

BARK

Die Bark war ein kleines Schiff mit drei Masten. Die vorderen Masten waren quergetakelt, der Besanmast trug Schratsegel. Dieser Schiffstyp, schnell und mit wenig Tiefgang, konnte 90 Mann aufnehmen. Vor 1700 wurde der Begriff „Bark" für alle kleinen Schiffe verwendet.

KAUFFAHRER

Im 17. und 18. Jahrhundert wurden alle Handelsschiffe als Kauffahrer bezeichnet, aber Seeleute meinten damit gewöhnlich einen rahgetakelten Dreimaster, der Passagiere und Fracht tragen konnte. Ein solches Schiff wog meist etwa 280 Tonnen, war 24 Meter lang und hatte 20 Mann Besatzung. Kauffahrer konnten 16 Geschütze tragen, aber die kleine Mannschaft war kaum in der Lage, mehr als vier zu bedienen. Mit ihrer hervorragenden Takelage war es diesen Schiffen möglich in vier Wochen den Atlantik zu überqueren.

Rechts: *Ein Nachbau der „Golden Hind". Das Flaggschiff von Francis Drake wurde in einer Zeit des Übergangs gebaut, als Galeonen ihre Vorgänger, die Karavellen, ersetzten.*

GALEONE

Diese im Handel und Krieg eingesetzten riesigen Schiffe hatten drei oder vier Masten, waren an Vor- und Hauptmast rah- und an dem oder den hinteren Masten lateinisch getakelt. Während ein durchschnittliches Segelschiff um die 400 Tonnen wog, lag das Gewicht einer Galeone im Transatlantikverkehr zwischen 400 und 1000 Tonnen. Sie erreichten eine Geschwindigkeit von vier bis acht Knoten. Galeonen konnten 20 bis 76 Geschütze verschiedener Kaliber tragen. Als Kriegsschiffe trugen sie 36 Kanonen auf jeder Seite und zwei achtern, dazu zahlreiche schwenkbare Geschütze (Drehbassen), um Enterer zurückzuschlagen. Galeonen hatten oft bis zu 1000 Mann Infanterie unter einem Hauptmann an Bord. Wegen ihrer hohen Borde und dem noch höheren Poopdeck war der Seegang auf einer Galeone stärker spürbar als auf anderen Schiffen.

Links: *Galeonen wie diese dienten den Spaniern als Handels- und Kriegsschiffe.*

HOLLÄNDISCHE FLEUTE

Die Fleute war ein Schiff des frühen 17. Jahrhunderts. Sie war billig in der Herstellung, hatte einen großen Laderaum und war mit ihren kaum mehr als 20 Mann Besatzung für Piraten eine leichte Beute. Dabei wog sie etwa 300 Tonnen und war 24 Meter lang. Mit dem flachen Kiel, der breiten Bauweise und dem runden Heck wurde dieser Schiffstyp zu einem bevorzugten Frachtschiff mit der eineinhalbfachen Kapazität ähnlicher Schiffe. Allerdings war die Fleute langsamer und weniger wendig als ein Kauffahrer.

Rechts: *Fleuten wie die hier abgebildete spielten im Westindien-Handel eine große Rolle.*

KAPITEL III

L'Olonnais trifft Vorbereitungen, um die Stadt Santiago de León einzunehmen; und auch die Stadt Nicaragua, wo er elendig zugrunde geht

L'Olonnais besprach die neue Expedition mit seinen Leutnants und beschloss, zum Nicaragua-See zu segeln und dieses Gebiet auszuplündern. Weil er so bekannt war und auf der letzten Reise so viel Beute gemacht hatte, konnte er mühelos 700 Mann anheuern. 300 von ihnen dienten auf dem großen Schiff, das er vor Punta d'Espada aufgebracht hatte, und die anderen 400 verteilte er auf fünf kleine Schiffe. Sie trafen sich bei Bayaha auf Hispaniola, um eingesalzenes Fleisch und Vorräte an Bord zu nehmen. Ein Vertrag wurde geschlossen, und bald setzten sie Segel mit Kurs auf den Golf von Matamano südlich von Kuba. Die Fischer hier verdienten ihren Lebensunterhalt mit dem Fangen von Schildkröten, die sie eingesalzen nach Havanna lieferten. Die Piraten nahmen die Kanus der Fischer, um auf dem Fluss stromaufwärts zum Nicaragua-See zu paddeln, denn das Wasser war zu flach für ihre Schiffe. Mit den gestohlenen Kanus wollten sie nach Cabo Gracias a Dios segeln, 100 Leagues von der Isla de Pinos, der Kieferninsel, entfernt. Eine totale Flaute sorgte jedoch dafür, dass die Flotte in den Golf von Honduras getrieben wurde. Der vorherrschende Wind und die Strömungen verhinderten, dass sie wieder auf Kurs kamen, und L'Olonnais' Flaggschiff wurde vom Konvoi getrennt. Schlimmer noch: Die Vorräte gingen ihm aus, und so musste er, von Hunger und Durst getrieben, den nächstbesten Fluss hinauffahren. Ein paar Kanus wurden den Río Xagua (Aguan) in Honduras, sechs Leagues östlich von Trujillo, hinaufgeschickt, wo die Besatzung Indianerdörfer ausraubte und zerstörte. Sie kehrten mit ein bisschen Mais, Schweinen, Hennen und Truthähnen zurück.

Die Einnahme von Puerto de Caballos

Das war bei Weitem nicht genug, und so hielten die Piraten noch einmal Kriegsrat und beschlossen, in diesem Gebiet auszuharren, bis das Wetter besser wurde. Sie kreuzten vor der Küste, raubten weitere Vorräte und schossen sogar Affen im Wald als Nahrung. Schließlich kamen sie nach Puerto de Caballos (jetzt Puerto Cortés) in Honduras, westlich von Santiago de León, wo die Spanier in zwei Lagerhäusern Waren zur Einschiffung angehäuft hatten. Hier enterten sie ein spanisches Schiff mit 24 Geschützen und 16 *pateraras,* schwenkbaren Kanonen. Die Lagerhäuser wurden mitsamt den darin aufbewahrten Häuten niedergebrannt, und die unglückseligen spanischen Gefangenen mussten entsetzliche Folterqualen leiden. Wenn ein Opfer auf der Streckbank nicht gestand, schlug L'Olonnais es mit dem Schwert in Stücke, leckte das Blut von der Klinge und erklärte, so auch den letzten Spanier auf der Welt töten zu wollen. Manchmal bot ein Spanier unter dieser grausamen Tortur an, Verstecke von Menschen oder Waren zu verraten, und konnte sie dann nicht finden. Dann musste er tausend Qualen leiden, bevor er endlich sterben durfte.

Ein Hinterhalt!

Alle Gefangenen wurden gefoltert und getötet, bis auf zwei, die versprachen, die Piraten nach San Pedro zu führen, das zehn oder zwölf Leagues weiter im Landesinneren lag. L'Olonnais nahm 300 Mann mit

Gegenüber: Dieser Stich aus einer frühen Ausgabe von Exquemelins Bericht zeigt L'Olonnais, der einem seiner spanischen Gefangenen das Herz aus der Brust reißt und einen anderen zwingt, es zu essen. Mit dieser unfassbaren Grausamkeit brachte er die anderen Gefangenen dazu, das Versteck ihrer Besitztümer zu verraten.

und ließ die übrigen unter dem Kommando von Moise van Wijn zurück. Nach drei Leagues gerieten sie in den Hinterhalt einer spanischen Kompanie, doch die Piraten schlugen die Spanier nach einem harten Kampf mit vielen Toten und Verwundeten auf beiden Seiten in die Flucht. L'Olonnais befragte die spanischen Verwundeten nach der Stärke ihrer Truppen und tötete sie, als sie nicht antworteten. Dann wandte er seine Aufmerksamkeit den nicht verwundeten Gefangenen zu. Er fragte jeden Einzelnen, ob es noch weitere Hinterhalte gebe, und sie alle bestätigten ihm das. Er fragte jeden, ob noch ein anderer Weg in die Stadt führe, auf dem man die Hinterhalte umgehen könne, und alle antworteten, es gebe keinen anderen Weg. Wutentbrannt zog L'Olonnais sein Entermesser und öffnete die Brust eines Gefangenen. Er riss sein Herz heraus und begann, daran herumzubeißen wie ein hungriger Wolf. Dann warf er es einem Spanier ins Gesicht und brüllte: «Das werde ich auch mit euch machen, wenn ihr mir keinen anderen Weg zeigt!»

Oben: Der Feigenkaktus ist auch als Opuntie oder unter seinem aztekischen Namen als Nopal bekannt. Er wurde von den Eingeborenen Amerikas gekocht gegessen und auch als Medizin eingesetzt.

Und so erklärten ihm die armen Teufel, dass es schon einen anderen Weg gebe, der aber sehr schwierig und mühsam sei. Sie führten die Piraten ein Stück weit, doch das Gelände erwies sich als völlig unzugänglich, so dass L'Olonnais sich gezwungen sah, zum ursprünglichen Weg zurückzugehen. Er brüllte: «Bei Gott, dafür werden mir die Spanier zahlen!» Am nächsten Tag geriet er erneut in einen Hinterhalt. L'Olonnais war so wütend, dass er und seine Männer innerhalb einer Stunde die meisten Spanier getötet hatten. Pardon wurde nicht gegeben. Die Spanier aber wollten die Bukaniere allmählich zermürben und stellten ihre Männer an verschiedenen Plätzen auf, damit die Angreifer irgendwann zu schwach und zu mutlos würden, um noch einmal zu siegen.

Auch einen dritten Hinterhalt mit noch mehr spanischen Soldaten schlugen die Piraten mit Musketenkugeln und Handgranaten in die Flucht und töteten dabei viele Spanier. Auf der Zugangsstraße waren Barrikaden errichtet, und rundherum waren *raquettes* oder Opuntien gepflanzt, die nur so vor spitzen Dornen starrten. Die Piraten konnten diese Dornensträucher kaum überwinden – sie waren sogar noch schlimmer als die Krähenfüße, die man in der europäischen Kriegführung einsetzte, um Straßen unpassierbar zu machen.

Die Einnahme von San Pedro

Als die Angreifer nahten, feuerten die Spanier ihre großen Kanonen ab, doch die Piraten ließen sich flach auf den Bauch fallen und griffen an, als die Spanier nachluden. Mit Musketen und Handgranaten töteten sie viele Spanier, doch der Durchbruch gelang ihnen nicht, und so mussten sie sich schließlich zurückziehen. Sie versuchten einen zweiten Angriff mit weniger Männern, die erst schossen, als sie ihr Ziel auch sicher treffen konnten. Gegen Abend schließlich schwenkten die Spanier die weiße Fahne und baten um einen Waffenstillstand. Sie baten um Gnade und wollten die Stadt unter der Bedingung übergeben, dass sie zwei Stunden hätten, um einige Besitztümer aus der Stadt zu schaffen. L'Olonnais willigte ein und hielt sein Versprechen, aber sobald die zwei Stunden um waren, verfolgten die Piraten die Flüchtenden, nahmen die meisten von ihnen gefangen und raubten all ihr Hab und Gut. Der größte Teil der Reichtümer war allerdings schon zuvor aus der Stadt gebracht und versteckt worden, so dass die Bukaniere dort nichts weiter fanden als ein paar Ledertaschen mit Anil, dem Farbstoff, der auch Indigo genannt wird.

Wutentbrannt zog L'Olonnais sein Entermesser und öffnete die Brust eines Gefangenen. Er riss sein Herz heraus und begann daran herumzubeißen wie ein hungriger Wolf.

KIELHOLEN

Dieser Begriff bezeichnet nicht nur eine schwere Strafe auf See, sondern auch das Umlegen eines Schiffes auf die Seite, um den hölzernen Schiffsrumpf zu reinigen oder abzudichten. Piraten waren besonders angreifbar, wenn sie gerade ihre Schiffe kielholten. (Joseph Bannisters „Golden Fleece" mit 36 Bordgeschützen wurde von der englischen Kriegsmarine zerstört, während es 1686 auf Hispaniola an Land lag.) Deshalb segelten sie ihre Schiffe zu diesem Zweck an abgeschiedene Orte.

Die Piraten brachten Kanonen in Stellung, um die Bucht zu schützen, der Proviant wurde von Bord geholt. Dann wurden die Masten zu Boden gezogen, um den Kiel zu inspizieren. Der Rumpf wurde von Muscheln gereinigt, ausgebessert und zum Schutz vor Bohrmuscheln, Schiffswürmern und Tang, die die Schiffe langsamer und schwerfälliger machten, mit Talg und Pech überzogen. In warmen Gewässern wie der Karibik musste ein Schiff alle zwei bis drei Monate kielgeholt werden.

Die Inseln waren voller Buchten, in denen Piraten ihre Schiffe relativ sicher kielholen konnten. Sie mussten so schnell wie möglich arbeiten, denn sie waren fast wehrlos, solange ihr Schiff auf dem Strand lag.

Die Bukaniere blieben ein paar Tage und begingen die üblichen Grausamkeiten, bevor sie die Stadt in Schutt und Asche legten und zu ihren Schiffen zurückkehrten. Ihre Kameraden, die die Schiffe bewachten, hatten inzwischen von ein paar gefangenen indianischen Fischern erfahren, dass ein Schiff aus Spanien in der Mündung des Río Guatemala erwartet wurde. Also ließen die Bukaniere zwei Kanus dort, um Ausschau nach dem Schiff zu halten, während die anderen ihre Flotte zu ein paar Inseln auf der anderen Seite des Golfes brachten, um sie gefechtsklar zu machen.

Sie knüpften dazu Netze aus dem faserigen Bast der Makao-Bäume, aus dem sie auch Schiffstaue herstellen. Die Bukaniere nutzen jede Gelegenheit, gerade greifbare Materialien für ihre Zwecke zu verwenden. Auf manchen Inseln finden sie zum Beispiel Pech, mit dem sie ihre Boote abdichten. Dieses Pech wird in solchen Mengen vom Meer angespült, dass daraus schon ganze Inseln entstanden sind. Es ist nicht wie das Schiffspech, das man in Europa verwendet, sondern eine Meeresschlacke, die die Naturforscher Bitumen nennen. Meiner Meinung nach ist es Bienenwachs, das durch Stürme und Flüsse ins Meer gelangt und dann an den Strand gespült wird und sich mit Sand vermischt. Es riecht wie der schwarze Amber aus dem Osten. In diesem Gebiet gibt es Unmengen von Bienen, und ihre Waben werden von den Bäumen geweht und ins Meer getragen. Einige Naturforscher meinen, dass Wasser eine Abscheidung in diesem Honig bewirkt und zur Bildung von Amber führt. Das ist leicht vorstellbar, denn Amber ist noch weich und riecht wie Wachs, wenn man es am Strand findet.

Die Indianer von Yucatan

Der Rumpf wurde eilig gereinigt und kalfatert, damit man für die Ankunft des spanischen Schiffes bereit war. Inzwischen kreuzten die Piraten auf der Suche nach Amber in Kanus vor der Küste, wo viele Indianer leben. Seit mehr als hundert Jahren sind die Indianer an der Küste von Yucatan unter spanischer Herrschaft, und wann immer die Spanier ihre Arbeitskraft brauchen, holen sie sie und behandeln sie unglaublich brutal. Alle sechs Monate kommt ein Priester zu ihnen und behauptet, er wolle die Indianer bekehren, aber der Besuch verbreitet eher weitere Gottlosigkeit als Gottesverehrung, denn er kommt nur, um diesen schlichten Menschen noch das wenige zu nehmen, das sie haben.

Neugeborene werden zu einem Tempel getragen, in dem die Indianer ihren Göttern opfern. Dort wird ein Loch gegraben oder ein Kreis gezogen und mit gesiebter Asche gefüllt. Der nackte Säugling wird in diesen Kreis gelegt und über Nacht dort gelassen.

Wenn der Priester ankommt, muss der Häuptling, der sogenannte Kazike, ihm für die Dauer seines Aufenthaltes seine Tochter oder eine andere Frau seiner Familie überlassen. Außerdem müssen die Indianer dem Priester jeden Tag so viele Hennen, Eier oder Truthähne geben, wie er fordert. Falls er sie bei der Ausübung ihrer eigenen Religion ertappt, fassen der Priester und seine Gefährten sie und bestrafen sie. Ihre Häuptlinge werden ins Gefängnis geworfen. Wenn der Priester sieht, dass sie nichts mehr haben, was sie ihm geben könnten, zieht er weiter, und sobald er weg ist, kehren sie zu ihrer eigenen Religion zurück.

Die Tierwächter

Jeder Indianer hat einen Gott, dem er dient oder den er verehrt. Neugeborene werden zu einem Tempel getragen, in dem die Indianer ihren Göttern opfern. Dort wird ein Loch gegraben oder ein Kreis gezogen und mit gesiebter Asche gefüllt. Der nackte Säugling wird in diesen Kreis gelegt und über Nacht dort gelassen. Ihre Tempel sind nach allen Seiten offen, so dass auch Tiere hinein können. Am nächsten Morgen schauen der Vater und Verwandte nach, ob irgendwelche Tiere im Tempel waren. Das Kind bleibt dort, bis Spuren zeigen, dass ein Tier den Tempel betreten hat. Anhand dieser Spuren können sie erkennen, um welches Tier es sich handelt – Hund, Katze, Löwe oder was auch immer –, und dieses Tier wird zum Beschützer des Kindes und steht ihm in allen Gefahren bei. Um diesen Wächter zu ehren, verbrennen sie ein süßes Harz, das sie Kopal nennen.

Wenn das Kind alt genug ist, nennen seine Eltern ihm dem Namen des Tieres, das es im Tempel anbeten muss, und es bringt dort seine Opfer dar. Sollte jemand das Kind verletzen oder ihm etwas Böses tun, so beschwert es sich bei seinem Wächter. Oft wird der Übeltäter dann tot aufgefunden, verstümmelt von dem jeweiligen Tier. Ein Spanier erzählte mir die folgende Geschichte: Er trieb Handel mit den Indianern und hatte sich verpflichtet, eine gewisse Zeit bei ihnen zu leben. Da die Spanier nicht lange ohne Frauen auskommen, nahm er sich eine Indianerin zur Frau, die für ihn sorgte und seine Bedürfnisse befriedigte. Eines Tages ging sie auf die Pflanzungen, um Obst zu pflücken, und kam nicht wieder. Schließlich suchte er nach ihr und fand sie auf der Plantage mit einem Löwen, dem sie willfährig war. Er rannte zurück in sein Haus, und als sie nach Hause kam, fragte er, was sie denn mit dem Löwen getan habe. Zuerst wirkte sie beschämt, dann aber gestand sie, dass der Löwe ihr Schutzherr sei. Der Spanier verstieß sie und wollte nichts mehr mit ihr zu tun haben.

Die Indianer aller Inseln im Golf von Honduras folgen diesem Brauch, ebenso wie jene auf der Halbinsel Yucatan. Sie haben auch seltsame Hochzeitszeremonien. Der Mann wirbt beim Vater des Mädchens um dessen Hand. Der Vater fragt, ob er noch eine andere Frau habe, ob er eine große Pflanzung sein Eigen nenne, ob er ein guter Fischer sei und andere wichtige Dinge. Wenn er mit den Antworten zufrieden ist, gibt er dem jungen Mann Pfeil und Bogen, und der Bräutigam bringt dem Mädchen eine Girlande aus grünen Blättern und süß duftenden Blüten. Die vertauscht sie mit dem geflochtenen Blumenkranz, den Jungfrauen im Haar tragen. Das Paar geht dann in den Tempel und opfert seinen Schutzherren mit der Bitte, dass die Hochzeit zustande kommen möge. Dann treffen sie sich im Haus des Vaters und trinken aus Mais gemachten Alkohol. Dort übergibt der Vater vor versammelter Gemeinde seine Tochter.

Gegenüber: „Kariben" nannten die Europäer die Kalinago-Indianer auf den Antillen. Dieser Stich des Kariben-Königs Quoniambet stammt aus der „Cosmographie Universelle" (Paris, 1575) von André Thevet (1502–1590).

Der Pulverdampf lag dick über dem spanischen Schiff, als vier Kanus voller Bukaniere näher kamen. Sie drängten sich von allen Seiten heran und erzwangen die Kapitulation.

Am nächsten Tag geht die Braut zu ihrer Mutter, nimmt ihren Kopfschmuck ab und zerreißt ihn heulend, wie es der Brauch ist, wenn ein junges Mädchen seine Jungfräulichkeit verliert. Der neue Ehemann erscheint mit Pfeil und Bogen und Waffen und erweist seinen Schwiegereltern große Ehre. Ich könnte noch viele Dinge über die Indianer berichten, aber ich sollte zu meiner Geschichte der Seeräuberei zurückkehren.

Die Piraten trennen sich

Unsere Piraten hatten den Indianern der Insel Sambale (heute Ambergris Caye vor Belize), fünf Leagues vor der Küste von Yucatan, viele Kanus geraubt. Am Strand dieser Insel findet man große Mengen Amber, vor allem nach einem Sturm von Westen her, und auch viele andere Dinge, wie Kanuteile aus der Karibik, die über 500 Leagues entfernt ist. Rund um dieses Meer wachsen gewaltige Mengen von Campeche- oder Blauholz und andere Bäume und Sträucher, die Färbemittel liefern. Ich denke, diese Bäume würden in Europa eine viel größere Wertschätzung erfahren und viel besser genutzt werden, wenn wir nur das Wissen und die Fähigkeiten der Indianer hätten und so wunderbare Farben und Tinkturen daraus machen könnten, die nie ausbleichen wie unsere.

Die Bukaniere lagen schon drei Monate auf der Lauer, als sie hörten, dass das spanische Schiff angekommen sei. Sie eilten in den Hafen, wo das Schiff gerade entladen wurde, und warteten auf den richtigen Zeitpunkt für einen Angriff. Vorher schickten sie noch ihre kleinen Boote in die Flussmündung, um dort auf eine weitere angekündigte Bark zu warten, die mit Tafelsilber, Indigo und Cochenille beladen war. Das große spanische Schiff war gewarnt worden, dass Piraten die Küste unsicher machten, und man hatte beim Entladen alle Vorsicht walten lassen, um einem Überraschungsangriff vorzubeugen. An Bord standen 130 bewaffnete Männer, 42 Geschütze und andere Ausrüstung bereit.

L'Olonnais kümmerte sich nicht darum und griff das Schiff mit seinen 22 Kanonen an, unterstützt nur von einer kleinen *saettia,* einem zweimastigen Schnellsegler. Er stieß jedoch auf so starken Widerstand, dass er sich aus dem Gefecht zurückziehen musste. Der Pulverdampf lag noch dick über dem spanischen Schiff, als vier Kanus voller Bukaniere näher kamen. Sie drängten sich von allen Seiten heran und erzwangen die Kapitulation. Aber leider war die Beute, die sie sich erhofft hatten, nicht mehr an Bord. In der Absicht, in die Mitte der Mündung zu segeln und dort den Angriff der Piraten zu erwarten, hatten die Spanier alles nicht unbedingt Notwendige an Land bringen lassen. Trotzdem fanden die Piraten noch 50 Barren Eisen, 50 Packen Papier, viele Tonkrüge mit Wein und einige andere Waren.

Ein Piratenrat wird einberufen

Jetzt berief L'Olonnais eine Ratsversammlung der ganzen Flotte ein und schlug vor, nach Guatemala zu segeln. Für viele war dies ihre erste Reise auf einem Piratenschiff gewesen, und sie hatten gedacht, dass man die Silberpesos nur so von den Bäumen schütteln könne. Jetzt wollten sie nach Hause. Andere waren mit dem Leben der Bukaniere besser vertraut und sagten, sie wollten lieber Hungers sterben, als ohne Beute nach Hause zu kommen. Die meisten waren der Ansicht, dass die Fahrt, die L'Olonnais vorschlug, keinen Erfolg versprach, und verließen ihn. Moise van Wijn, der Kapitän des Schiffes, das sie in Puerto de Caballos erobert hatten, nahm Kurs auf Tortuga, um die Meere dort unsicher zu machen.

Diese Zeichnung von Jacques le Moyne de Morgues wurde von Theodor de Bry in einen Stich umgesetzt und erschien im Jahr 1593 in Johannes Leriis Bericht über die karibischen Indianer.

KARIBEN UND ARAWAK

Im 17. Jahrhundert lebten die kriegerischen Kariben überall auf der Inselkette der Kleinen Antillen. Bei dem Versuch, ihr Teritorium zu erweitern, sollen sie alle nicht karibischen Männer gefoltert und getötet und die Frauen als Sklavinnen genommen haben. Die Arawak waren die Ureinwohner der Westindischen Inseln und damit die Ersten, die Christoph Kolumbus bei seiner Ankunft zu Gesicht bekam. Zu ihnen gehörten auch die Taíno, die auf den Großen Antillen und den Bahamas lebten, sowie die Ciboney, die von den Taíno versklavt wurden. Sowohl die Gemeinden der Arawak als auch die der Kariben schrumpften drastisch, als die Europäer in ihr Land kamen. Sie starben an Krankheiten wie Windpocken, durch Angriffe verfeindeter Stämme und die brutale Behandlung durch die Spanier. Nur sehr wenige Nachfahren dieser Stämme haben bis heute überlebt.

Gegenüber: Die stärkereichen, süß schmeckenden Wurzelknollen der Süßkartoffel sind in Mittel- und Südamerika ein beliebtes Gemüse. Die frischen Blätter und Sprösslinge werden manchmal als Salat gegessen. Mit der Kartoffel ist sie nur entfernt verwandt.

Auch Pierre le Picard beschloss, die Flotte zu verlassen, nachdem er van Wijn hatte davonsegeln sehen. Le Picard segelte an der Festlandküste entlang nach Panama und landete am Río Veragua. Von dort führte er seine Männer in die Stadt gleichen Namens und plünderte sie gegen den erbitterten Widerstand einer spanischen Garnison. Mehrere Gefangene wurden an Bord gebracht, um Lösegeld zu erpressen, aber die Beute war spärlich. Die Bewohner waren arme Leute, die in den Minen arbeiteten. Es gibt in dem Gebiet dort mehrere Goldminen, in denen Sklaven schuften.

Die ausgegrabene Erde wird im Fluss gewaschen und liefert meist winzige, mitunter auch erbsengroße Goldnuggets. Die Piraten fanden alles in allem nur sieben oder acht Pfund Gold. Also kehrten sie zum Schiff zurück und beschlossen in einer Versammlung, über die Südsee zur Stadt Nata zu fahren. Dort residierten die meisten reichen Kaufleute, deren Sklaven in den Minen arbeiteten. Doch die spanischen Truppen waren alarmiert und warteten in großer Zahl auf sie. Deshalb sah Le Picard sich gezwungen, seinen Plan aufzugeben.

L'Olonnais, von seinen Kameraden im Stich gelassen, blieb mit 300 Mann auf seinem großen Schiff im Golf von Honduras. Das Schiff war zu schwer beladen, um gegen Wind, Gezeiten und schwere See anzukommen wie andere kleinere Schiffe. Deshalb konnte er den Golf nicht verlassen, und allmählich ging ihm der Proviant aus. Also mussten seine Männer an Land gehen und Affen und alles Getier schießen, das man essen konnte. Schließlich stieß er auf die Inselgruppe der Islas de las Perlas, südlich vom Cabo Gracias a Dios, der die Grenze zwischen Honduras und Nicaragua bildet. Darunter sind zwei größere Inseln, in deren Nähe das Schiff auf eine Sandbank lief und dort so festsaß, dass man es nicht mehr flottmachen konnte. Verzweifelt warfen die Piraten große Kanonen, Eisenbarren und alle schweren Güter, die sie entbehren konnten, über Bord, aber auch das reichte nicht. Sie waren gezwungen, das Schiff zu zerlegen und aus dem Holz, den Aufbauten und den Nägeln ein Langboot zu bauen.

Die Indianer auf den Islas de las Perlas

Während die Piraten mit dieser Arbeit beschäftigt sind, werde ich kurz diese beiden Inseln und ihre Bewohner beschreiben. Dort wohnen nämlich richtige Wilde, die niemals zivilisierte Menschen gesehen und mit ihnen Umgang gepflegt haben. Viele Menschen haben sechs oder sieben Monate auf diesen Inseln gewohnt und ihre Behausungen nie zu Gesicht bekommen. Sie sind groß, sehr flink und können fast so schnell rennen wie Pferde. Außerdem sind sie geschickte und kühne Taucher. Ich habe selbst gesehen, wie sie einen 600 Pfund schweren Anker vom Meeresgrund bargen, indem sie mit großer Geschicklichkeit ein Tau an ihm befestigten und ihn von einem Felsen aus hochzogen. Sie benutzen nur Waffen aus Holz, ohne jedes Eisen, manchmal verwenden sie einen Krokodils- oder Haizahn als Spitze. Pfeil und Bogen kennen sie im Gegensatz zu anderen Indianern nicht, aber sie führen eine Art Lanze, etwa anderthalb Faden lang.

Ihre Pflanzungen liegen in verschiedenen Teilen des Waldes, und sie bauen dort Süßkartoffeln, Bananen, Kochbananen, Ananas und viele andere Obst- und Gemüsearten an, aber es gibt keine Häuser in der Nähe der Pflanzungen wie in anderen Gegenden auf den Westindischen Inseln. Manche glauben, dass sie Menschenfleisch essen, und das, was geschah, als L'Olonnais dort landete, scheint diese Vermutung zu bestätigen. Zwei seiner Seeräuber, ein Franzose und ein Spanier, gingen etwa eine League tief in den Wald hinein und wurden von einer Gruppe Indianer überrascht und verfolgt. Sie hatten nur eine Muskete, und der Franzose feuerte sie ab und rannte davon, doch der Spanier war kein so guter Läufer. Der erste Mann schaffte es an den Strand, der Spanier jedoch wurde nie wieder gesehen.

Ganz in der Nähe fanden sie die Asche eines Feuers, und nicht weit davon entfernt lagen die Knochen des Spaniers, gut geröstet.

PL. II.
PATATES
P.2.
de diverses Sortes
G.S.D. pinx. ex nat.

Sie beschlossen, im Wald nach Nahrung zu suchen, aber sie hatten kein Glück und mussten das Leder ihrer Schuhe und ihrer Messerscheiden kauen.

Ein paar Tage später zog eine Gruppe von zwölf gut bewaffneten Piraten in die Wälder, um nach ihrem Kameraden zu suchen. Der Franzose führte sie dorthin, wo sie die Indianer getroffen hatten. Ganz in der Nähe fanden sie die Asche eines Feuers, und nicht weit davon entfernt lagen die Knochen des Spaniers, gut geröstet. Sie fanden noch weitere Reste, bei denen das Fleisch von den Knochen geschabt worden war, und eine Hand mit nur noch zwei Fingern.

Das grausame Ende von L'Olonnais

Das Zerlegen des Schiffes war zeitaufwendig, also kultivierten die Bukaniere ein bisschen Boden und pflanzten Brechbohnen, die innerhalb von sechs Wochen reif wurden, dazu anderes Obst und Gemüse. Sie hatten auch Mais, wilde Bananen und Kochbananen zum Überleben, mussten also nicht mehr Hunger leiden. Brot buken sie in ihren tragbaren Öfen, die sie vom Schiff holten. Nach fünf bis sechs Monaten war das Langboot fertig, und sie brachen zu einer Expedition am Río San Juan auf, um Kanus zu stehlen und den Rest der Männer von den Inseln zu holen.

Nach ein paar Segeltagen gelangte L'Olonnais zur Flussmündung, doch das Pech verfolgte ihn weiterhin. Seine Gruppe wurde von einem Trupp Indianer und Spanier angegriffen, und die meisten Piraten starben. L'Olonnais und einige andere Überlebende flohen, und der Piratenkapitän beschloss, nicht mehr auf die Inseln zurückzukehren, um seine Kameraden zu retten. Man hielt Rat, und die Piraten sprachen sich dafür aus, mit ihrem Langboot an der Küste von Cartagena entlangzufahren, statt den Versuch zu unternehmen, ein Schiff zu kapern. Bei ihrer Einfahrt in den Golf von Darién (zwischen Kolumbien und Panama) wurden sie angegriffen und zu den wilden und unbezähmbaren *Indios Bravos* gebracht. Einem seiner Kameraden gelang die Flucht, und dieser berichtete, dass die Indianer L'Olonnais lebend in Stücke gerissen und seine Gliedmaßen gebraten hätten. So endete ein Mann, der so viel unschuldiges Blut vergossen und so viele entsetzliche Grausamkeiten begangen hatte.

Die Männer, die auf den Inseln zurückgeblieben waren, wurden glücklicherweise von einem Piratenschiff aus Jamaika aufgenommen. Die Piraten wollten am Cabo Gracias a Dios landen, mit Kanus flussaufwärts segeln und Cartagena einnehmen. Ihre Kumpane auf den Inseln waren begeistert, nach zehn Monaten gerettet worden zu sein, und die jamaikanischen Piraten waren froh über die Verstärkung. Sie nahmen Kanus und machten sich flussaufwärts auf den Weg. Allerdings hatten sie keinen Proviant dabei, weil sie dachten, sie könnten sich aus Pflanzungen an den Ufern versorgen. Doch die Anwohner waren geflohen und hatten alles mitgenommen. Die Piraten waren bereits zwei Wochen unterwegs und wurden mit nur wenigen Früchten als Nahrung immer schwächer. Sie beschlossen, im Wald nach Nahrung zu suchen, aber sie hatten kein Glück und mussten das Leder ihrer Schuhe und ihrer Messerscheiden kauen. Wenn sie auf Indianer gestoßen wären, hätten sie auch die gegessen, so groß war ihr Hunger. Schließlich kehrten die wenigen Überlebenden ans Meer zurück. So endeten die unmenschlichen Taten des François L'Olonnais und seiner Gefährten. Jetzt werden wir die Taten von Henry Morgan beschreiben, einem Mann, der ebenso blutrünstig war wie L'Olonnais, aber weitaus erfolgreicher.

Links: Stich von Theodor de Bry, 1592, der die Kariben als Kannibalen darstellt.

S^r. HEN: MORGAN

TEIL VIER

Der berüchtigte Piraten-
kapitän Henry Morgan
und seine Raubzüge

Gegenüber: Dieser zeitgenössische englische Stich zeigt Morgan vor dem Hintergrund des Sieges in Maracaibo. Möglicherweise wurde er geschaffen, als Morgan in London auf seinen Prozess wegen des Angriffs auf Spanien wartete. Auf Jamaika und in der Schlacht trug er für gewöhnlich einen blauen Gehrock.

KAPITEL I

Herkunft und Abstammung von Kapitän Henry Morgan – Seine Taten und die bemerkenswertesten Ereignisse seines Lebens

Henry Morgan wurde als Sohn eines wohlhabenden Bauern in Wales geboren. Als junger Mann heuerte er auf einem Schiff nach Barbados an und wurde Schuldknecht. Wieder in Freiheit, ging er nach Jamaika, wo gerade zwei Piratenschiffe für einen Beutezug ausgerüstet wurden. Er unternahm drei oder vier Fahrten mit den Piraten, bei denen sie so viel Geld raubten, dass einige ein eigenes Schiff kaufen konnte. Morgan wurde von ihnen zum Kapitän gewählt. Vor der Küste von Campeche kaperten sie mehrere Schiffe.

Die Eroberung von Santa Catalina

Bei seiner Rückkehr nach Jamaika ernannte der Admiral der „Brüder der Küste", Kapitän Edward Mansveldt, Morgan zu seinem Vizeadmiral. Mit einer Flotte von 15 Schiffen, bemannt mit Franzosen, Wallonen und Engländern, wollte er das Festland überfallen. Bald erreichten sie Santa Catalina, das gut 35 Leagues vor der Mündung des Chagres-Flusses auf einer größeren und einer angrenzenden kleineren

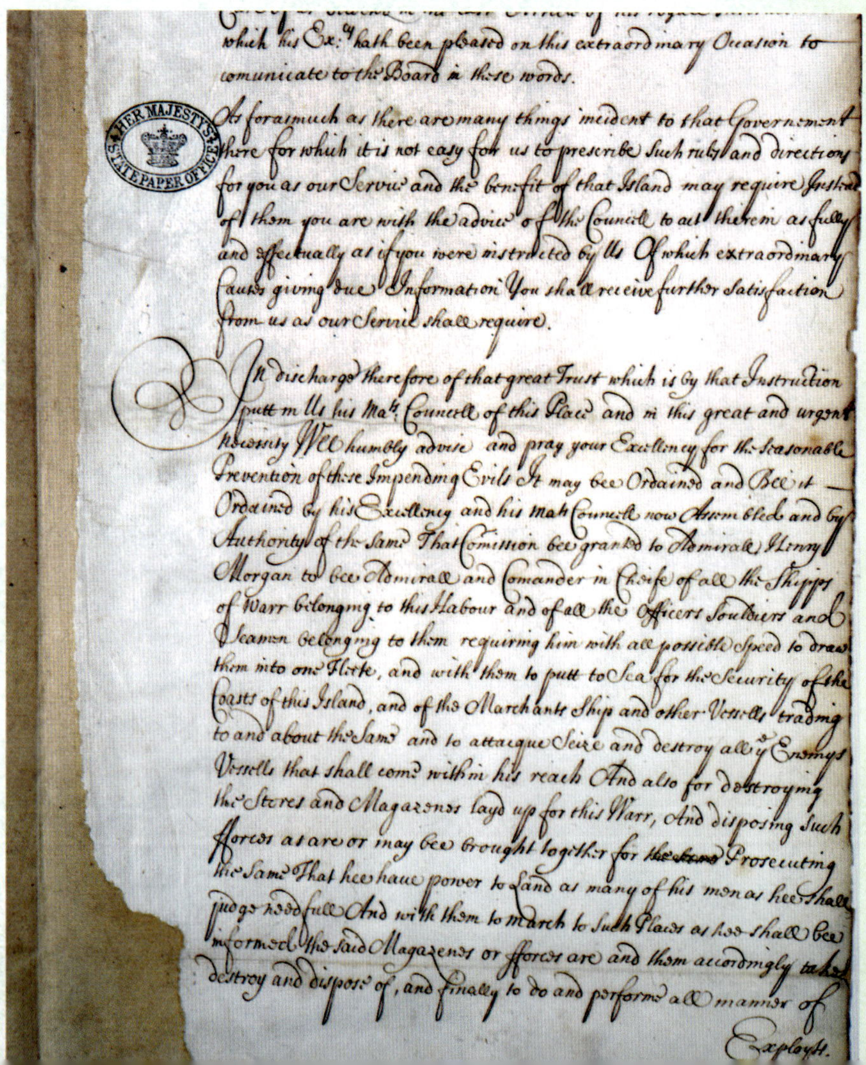
which his Ex:cy hath been pleased on this extraordinary Occasion to comunicate to the Board in these words.

As forasmuch as there are many things incident to that Government there for which it is not easy for us to prescribe such rules and directions for you as our Service and the benefit of that Island may require Instead of them you are with the advice of the Councill to act therein as fully and effectually as if you were instructed by Us Of which extraordinary Causes giving due Information You shall receive further satisfaction from us as our Service shall require.

In discharge therefore of that great Trust which is by that Instruction putt in Us his Maty Councell of this Place and in this great and urgent Necessity Wee humbly advise and pray your Excellency for the seasonable Prevention of these Impending Evils It may bee Ordained and Bee it Ordained by his Excellency and his Maty Councill now Assembled and by Authority of the same That Comission bee granted to Admirall Henry Morgan to bee Admirall and Comander in Cheife of all the Shipps of Warr belonging to this Habour and of all the Officers Souldiers and Seamen belonging to them requiring him with all possible speed to draw them into one Flete, and with them to putt to Sea for the Security of the Coasts of this Island, and of the Marchants Ships and other Vessells trading to and about the same and to attaque Seize and destroy all ye Enemys Vessells that shall come within his reach And also for destroying the Stores and Magazenes layd up for this Warr, And disposing such fforces as are or may bee brought together for ~~the same~~ Prosecuting the same That hee have power to Land as many of his men as hee shall judge needfull And with them to march to such Places as hee shall bee informed the said Magazenes or fforces are and them accordingly to destroy and dispose of, and finally to do and performe all manner of Exployts.

Rechts: Diese Vollmacht wurde 1670 von der jamaikanischen Verwaltung unter Gouverneur Thomas Modyford erteilt. Sie gestattete Henry Morgan, bei seinem Raubzug auf Panama die Spanier anzugreifen. König Charles II. hatte zwar Frieden mit Spanien geschlossen, doch hatte diese Nachricht die Westindischen Inseln noch nicht erreicht.

SKLAVEREI AUF DEN WESTINDISCHEN INSELN

Zum Abbau kostbarer Erze und Edelsteine aus Vorkommen in Mexiko, Peru und Kolumbien setzten die Spanier Sklaven als Minenarbeiter ein. Die Bevölkerung wurde grausam dezimiert. Krankheiten, Überarbeitung und Suizid rafften die eingeborene indianische Bevölkerung dahin. Allein auf den Antillen schrumpfte die Bevölkerung von 300 000 im Jahre 1492 auf 14 000 im Jahre 1514. Auf dem amerikanischen Festland starben Millionen.

Um die Indianer vor der Ausrottung zu bewahren, schlug der ehemalige Sklavenhalter Bartolomé de Las Casa dem spanischen König vor, afrikanische Sklaven einzuführen, da er meinte, «die Arbeit eines einzigen Negers ist mehr wert als die von vier Indianern». 1517 wurde die erste Bewilligung hierzu erteilt. Während der folgenden acht Jahre verschiffte man 4000 Sklaven auf die Westindischen Inseln. Bis 1540 waren allein nach Hispaniola circa 30 000 Männer, Frauen und Kinder gebracht worden. Ab 1660 begannen auch Richard Hawkins, Francis Drake und andere mit dem Transport von Sklaven ins spanische Amerika.

Vom 16. bis zum 18. Jahrhundert segelten Sklavenschiffe von England aus zur afrikanischen Westküste, wo sie Rum, Feuerwaffen und Metallwaren gegen Sklaven tauschten, welche dann auf die spanischen Westindischen Inseln und später in die Südstaaten der USA verfrachtet wurden. Von dort aus tauschte man Sklaven in der Karibik gegen Rum und Zucker und in Amerika gegen Tabak und Baumwolle. Alle drei Fahrten waren extrem profitabel und brachten Liverpool, Bristol und anderen Sklavenhäfen großen Wohlstand.

Als die Goldvorkommen auf Hispaniola erschöpft waren, zwangen die Spanier die Taíno-Indianer, Zucker anzubauen.

Insel liegt. Rasch hatten sie die spanische Garnison eingenommen. Mansveldt ließ einige Befestigungsanlagen zerstören und andere verstärken. Er ließ 100 Piraten dort zurück, zusammen mit den Sklaven der Spanier. Sie bauten eine Brücke von der Hauptinsel zur kleineren der beiden Inseln und schafften den Großteil der Artillerie dorthin.

Die Gefangenen wurden nahe Portobelo auf dem Festland an Land gesetzt, und die Bukaniere kreuzten vor der Küste von Costa Rica. Beim Fluss Colla landeten sie. Dort wollte Mansveldt Dörfer plündern und dann nach Nata weiterziehen, das auf der anderen Seite der Landenge in der Bucht von Panama am Pazifik liegt. Der Gouverneur von Panama war jedoch gewarnt worden und trieb die Bukaniere mit einer starken Streitmacht auf ihre Schiffe zurück. Da die gesamte Küste nun unter Waffen war, segelte Mansveldt wieder nach Santa Catalina. Er hatte Le Sieur Simon das Kommando übertragen und die Insel so gut wie uneinnehmbar gemacht. Zudem ließ er die kleine Insel bewirtschaften, um die Vorräte der Piratenflotte aufzustocken. Mansveldt wollte diese zwei Inseln behalten, da sie strategisch günstig lagen, einen guten Hafen hatten und leicht zu verteidigen waren. Er beschloss, nach Jamaika zu segeln und neue Männer zu schicken, welche die Inseln als Stützpunkte sichern sollten. Der Gouverneur von Jamaika jedoch wollte den englischen König nicht dadurch verärgern, dass er sich spanische Besitztümer aneignete, und fürchtete, die Verteidigung Jamaikas könnte geschwächt werden, wenn seine Ressourcen anderswo eingesetzt würden.

«Die Piraten feuerten drei Salven, die von den Unsrigen erwidert wurden. Der Major sandte einen Offizier, der die Piraten zur Kapitulation aufforderte.»

Oben: Stich von Theodor de Bry aus dem späten 16. Jahrhundert: „Indianer im Kampfe auf San Maro." Die Spanier sind mit Musketen bewaffnet, die Indianer mit Pfeil und Bogen.

Die Spanier erobern Santa Catalina zurück

Mansveldt reiste nach Tortuga, um Hilfe zu holen, starb jedoch, bevor er seine Mission beenden konnte. Le Sieur Simon blieb mit seinen Männern zurück, während sich der neue Gouverneur von Costa Rica, Don Juan Pérez de Guzmán, anschickte, Santa Catalina zurückzuerobern. Er sandte eine starke Streitmacht und einen Brief an Simon, in dem er ihm eine Belohung für die Herausgabe der Inseln bot und harte Bestrafung androhte, sollte er sich weigern. Simon hatte keine Hoffnung, die Inseln ohne Verstärkung zu halten, und ergab sich.

Einige Tage später traf ein Schiff mit vierzehn Männern und zwei Frauen aus Jamaika ein, das der dortige Gouverneur heimlich geschickt hatte. Die Spanier hissten die englische Flagge über den Fort und zwangen Simon das jamaikanische Schiff in den Hafen zu lotsen. Alle an Bord wurden gefangen genommen. Ein Spanier hat darüber exakte Aufzeichnungen gemacht, die ich hier wiedergebe:

Wahre Darstellung des Sieges der Armee seiner Katholischen Majestät über die englischen Piraten, errungen unter der Führung und durch den Heldenmut von Don Juan Pérez de Guzmán, Ritter vom Orden des heiligen Jakobus, Gouverneur und Kommandeur von Terra Firma und der Provinz Veraguas (heute in Panama).

Das Königreich Terra Firma, welches selbst stark genug ist, sich gegen große Flotten und insbesondere gegen die jamaikanischen Piraten zu verteidigen, hatte von einigen Getreuen des Gouverneurs Kunde erhalten, dass vierzehn englische Schiffe vor der Küste seiner Katholischen Majestät kreuzten. Am 14. Juni 1665 erreichte die Nachricht Panama, dass die Piraten besagter Flotte nach Puerto de Naos gelangt waren und die spanische Garnison der Insel Santa Catalina angegriffen hatten, deren Gouverneur Don Esteban del Campo war; dass sie sich besagter Insel bemächtigt, die 200 Bewohner gefangen genommen und alles zerstört hatten, dessen sie habhaft geworden waren. Daneben erhielt etwa zur selben Zeit auch Don Juan Pérez de Guzmán von zwei ehemaligen Gefangenen Kunde von diesen Plünderungen. Er ließ sie nach Portobelo holen, wo sie seiner Exzellenz einen detaillierten Bericht erstatteten.

Sie erzählten ihm, dass die Piraten in der Nacht des 27. Mai ungesehen auf der Insel gelandet waren. Bis sechs Uhr am nächsten Morgen waren die Befestigungen ohne großen Widerstand erobert und die Bewohner gefangen genommen worden. Am 27. Juni berief Don Juan einen Kriegsrat ein. Er erklärte, wie weit die Piraten in das Territorium seiner Katholischen Majestät vorgedrungen waren, und forderte, dass die Insel zurückerobert werden müsse, wollte man verhindern, dass sich die Piraten auch der umliegenden Ländereien bemächtigten. Einige Mitglieder des Rates sagten, es sei der Mühe nicht wert, gegen sie zu kämpfen, da sie die Insel freiwillig aufgeben würden, weil man dort nicht lange bestehen könne. Don Juan jedoch, ein erfahrener und tapferer Soldat, ließ militärischen Nachschub nach Portobelo bringen. Unter Gefahr für sein Leben machte er sich auf und traf am 7. Juli mit den notwendigsten Dingen für den bevorstehenden Kampf dort ein.

Im Hafen lag ein gutes Schiff, die St. Vincente, das der Negerkompagnie gehörte und mit Waffen und Munition bestens bestückt war. Er charterte es für den Beutezug und übergab das

Kommando Captain José Sánchez Ximénez, dem Major von Portobelo, einem guten Soldaten. An Bord waren 270 Soldaten, 47 davon waren auf Santa Catalina gefangen genommen worden und wollten mit Löwenmut ihre Ehre zurückgewinnen; 34 Spanier aus der Garnison von Portobelo; 29 Mulatten aus Panama; zwölf Indianer, die hervorragend mit Pfeil und Bogen schossen; sieben erfahrene Kanoniere; zwei Adjutanten oder Leutnante; zwei Lotsen und ein Schiffsarzt sowie ein Franziskanermönch.

Sodann erteilte Don Juan jedem Offizier Befehl und sagte ihnen, der Gouverneur von Cartagena werde sie mit Männern, Schiffen und allem Nötigen versehen, sollten sie Hilfe brauchen. Eine entsprechende Anforderung war bereits unterzeichnet worden. Der Kommandant erhielt einen Kreditbrief zur Vorlage bei den reichsten Kaufleuten von Cartagena, die die Schiffe mit weiterer Munition ausrüsten sollten. Am 14. Juli ließ der Gouverneur Anker lichten und segelte nach Cartagena, doch zuvor ermutigte er die Männer, gegen die Feinde ihrer Krone und ihrer Religion zu kämpfen, und versprach ihnen reichen Lohn. Am 22. Juli erreichte das Schiff Cartagena, und Kapitän Ximénez überbrachte dem Gouverneur seine Anweisungen. Als dieser die kühnen Pläne sah, gab er eine Fregatte, eine Galiot und 126 Männer, zur Hälfte aus seiner Garnison und zur Hälfte Mulatten.

Am 2. August verließen sie Cartagena. Bei einem Sturm an den Riffen von Quita Sueños sank eines der Schiffe. Santa Catalina wurde am 10. August gesichtet, und trotz starken Windes konnte die Flotte in den Hafen einlaufen. Die Piraten feuerten drei Salven ab, die von den Unsrigen erwidert wurden. Der Major sandte einen Offizier, der die Piraten zur Kapitulation aufforderte, da sie die Insel entgegen des Friedensvertrags zwischen England und Spanien besetzt hielten. Sollten sie sich nicht fügen, müssten sie alle sterben. Die Bukaniere erwiderten, die Insel habe der englischen Krone gehört, bis sie 1641 von den Spaniern eingenommen worden sei, und dass sie eher sterben würden, als sich zu ergeben.

Am Freitag, den 13. August, desertierten beim Feind drei Neger und kamen an Bord des Schiffs des Admirals. Sie berichteten, dass die Insel von nur 72 Mann verteidigt werde, die angesichts der Übermacht von Angst erfüllt seien. Mit diesem Wissen bereiteten die Spanier die Landung und Einnahme der Festung vor, welche bis Einbruch der Dunkelheit aus allen Rohren feuerte.

Oben: Rostige Kanonen blieben in den Ruinen der Festung von Portobelo zurück, das heute zur Provinz Colon in Panama gehört. Mitglieder der Garnison waren an der Rückeroberung von Old Providence und Santa Catalina von Le Sieur Simon beteiligt. Damals bezog sich der Begriff Santa Catalina noch auf die Hauptinsel und auf das Inselpaar.

An Mariä Himmelfahrt, Sonntag, den 15. August, war das Wetter ruhig und klar, und die Spanier griffen an. Die St. Vincente feuerte zwei volle Breitseiten gegen die Stellung La Concepción. Die St. Pedrito und die Galiot lieferten sich ein Artilleriegefecht mit der Stellung St. Jago. Inzwischen gingen unsere Leute in kleinen Booten bei der Stellung St. Jago an Land und marschierten auf die Feste Cortadura zu. Der Adjutant Francisco Cazeres wollte sehen, wie stark der Feind war, und näherte sich der Stellung. Feindliche Batterien von je 60 Musketen, die wie Orgelpfeifen zusammengefügt waren und gleichzeitig abgefeuert wurden, heftiges Musketenfeuer sowie eiserne Kanonenkugeln zwangen ihn jedoch zum hastigen Rückzug. Unter gegnerischem Kugelhagel führte der Hauptmann Don Joseph Ramírez de Leyva mit 60 Mann einen entschlossenen Angriff und zwang die Festung nach verzweifeltem Kampf zur Kapitulation.

Hauptmann Juan Galeno überquerte mit 90 Mann, darunter Halbblute und Indianer, die Hügelkette und stieß bis zur Festung St. Teresa vor. Inzwischen führte Major Don José Sánchez Ximénez als leitender Kommandeur den Rest seiner Männer gegen die Stellung St. Jago. Mit vier Schiffen fuhr er vor der Feste vorbei und ging trotz gegnerischen Feuers an Land. Etwa zur selben Zeit begann Hauptmann Galena seinen Angriff auf die Festung St. Teresa, so dass der Feind an drei Orten gleichzeitig angegriffen wurde. Als die Piraten sahen, dass sechs von ihnen tot und andere verwundet waren, zogen sie sich vor ihrem mächtigen Gegner in die Festung Cortadura zurück, wo sie sich schließlich ergaben und uns die Insel überließen. Unsere Leute hissten die spanische Flagge und dankten dem allmächtigen Gott für diesen Sieg an einem so heiligen Tag. Sechs Piraten waren tot, viele verwundet, 70 wurden gefangen gesetzt. Auf unserer Seite gab es einen Toten und vier Verwundete.

Unter den Gefangenen waren zwei Spanier, die für die Engländer die Hand gegen seine Katholische Majestät erhoben hatten. Pflichtgemäß ordnete der Major für den nächsten Tag ihre Erschießung an. Am 10. September erreichte ein englisches Schiff die Insel, das der Major schon auf große Entfernung ausgemacht hatte. Er befahl dem Franzosen Le Sieur Simon, ihnen zu sagen, die Insel gehöre noch den Engländern. Die vierzehn Männer, eine Frau und ihre Tochter wurden sofort gefangen genommen.

Die englischen Piraten wurden nach Portobelo gebracht, außer dreien, die man zur Arbeit an der Festung St. Jerome nach Panama schickte. Diese quadratische Anlage ist ein Stück exzellenter Handwerkskunst und aus sehr hartem Stein gebaut. Sie überragt die Mitte des Hafens, ist 27 Meter hoch, und die Wände sind über vier Meter dick. Sie wurde auf Kosten von Privatpersonen erbaut, das meiste Geld gab der Gouverneur – den König kostete es gar nichts.

Unten: 1927 in den Katakomben der Kirche San José in Panama entdeckte Juwelen, die mit Kapitän Morgan in Verbindung gebracht werden. Der Fund war damals Titelgeschichte dieser schwedischen Zeitschrift.

Ich habe diesen Bericht Wort für Wort wiedergegeben, damit der Leser sieht, welches Geschrei die Spanier um eine nebensächliche Angelegenheit machten und welchen Aufwand sie trieben, um 70 Mann auf einer Insel auszuheben, obwohl sie durchaus gewillt waren, diese zu verlassen.

Erasmus Habermel (1550–1606), ein in Prag lebender Deutscher, fertigte diesen kunstvollen Kompass um 1600 an. Vor der Erfindung des Seekompasses um etwa 1300 mussten sich die Seeleute an den Sternen orientieren, um Position und Richtung zu bestimmen.

NAVIGATION

Der *derroterro* war eine Art Seekartensammlung, die die Spanier verwendeten. Das entsprechende portugiesische Wort *roteiro* wurde zu dem französischen *routier* und dem englischen *rutter.* Diese Kartensammlung war in der Neuen Welt und den Westindischen Inseln von unschätzbarem Wert. Ein Kapitän fand darin von See gezeichnete Ansichten der Küste mit zusätzlichen Instruktionen. 1680 gelangte Kapitän Bartholomew Sharp im Südpazifik in den Besitz eines *derrotero* des spanischen Schiffs Rosario. Dies war ungewöhnlich, da man die wertvollen Handbücher bei Angriffen normalerweise über Bord warf. Als Sharp wegen Piraterie der Prozess gemacht wurde, gab er Charles II. die Übersetzung dieses kostbaren *derrotero.* Man ließ die Anklage fallen und machte ihn zum Kapitän der Royal Navy. Englische *rutters* enthielten Details zu Ankerplätzen, Häfen, Routen und anderem und wurden ständig aktualisiert. Oft gab sie ein Vater an den Sohn weiter. Da man bis zur Erfindung des Chronometers durch John Harrison im 18. Jahrhundert die Längengrade nicht bestimmen konnte, hielten sich die Handelsschiffe an bekannte Routen, wo sie der Gefahr eines Piratenangriffs stärker ausgesetzt waren. Brauchbare Chronometer kamen erst gegen Ende des 18. Jahrhunderts allgemein in Gebrauch. Das Navigationsgeschick von Piraten und Weltumseglern wie Black Bart Roberts und Woodes Rogers war also höchst bemerkenswert.

KAPITEL II

Ein Bericht über die Insel Kuba. Kapitän Morgan versucht, die Insel Santa Catalina als Zuflucht vor den Engländern zu halten – Er erreicht und erobert El Puerto del Principe

Admiral der „Brüder der Küste"

Nach dem Tode Mansveldts wurde Kapitän Morgan Admiral der „Brüder". Er kannte den Wunsch seines Vorgängers, Santa Catalina unter Kontrolle der Bukaniere zu halten, und wollte das ebenfalls. Die Insel sollte als Zufluchtsort für Piraten dienen, die dort auch ihre Beute lagern könnten. Morgan schrieb an einige Kaufleute in Virginia und New England, welche er bat, Vorräte auf die Insel zu schicken, um diese vor einer spanischen Invasion zu sichern. Seine Pläne scheiterten jedoch, und Spanier eroberten die Insel zurück. Morgan verlor aber keineswegs den Mut. Er rüstete ein Schiff für einen Raubzug aus und scharte eine große Flotte um sich, um spanisches Hoheitsgebiet anzugreifen. Er berief ein Treffen der Kapitäne auf einem Inselchen vor Kuba ein. Zum besseren Verständnis will ich Kuba kurz beschreiben.

SIR CHRISTOPHER MYNGS (1625–1666)

Im Jahre 1653 kaperte der Freibeuter Myngs als Kapitän der „Elizabeth" einen Zug holländischer Handelsschiffe samt der begleitenden zwei Kriegsschiffe. Der Gouverneur von Jamaika, Edward D'Oyley, schickte ihn später mit 300 Mann in die südliche Karibik. Sie verwüsteten Cumana, Coro und Puerto Cabello. Nach seinem Überfall auf Coro, der spanischen Hauptstadt am Maracaibo-See in Venezuela, brachte Myngs zum ersten Mal reiche Beute nach Port Royal. Er hatte die Bewohner der Stadt in die Wälder gejagt und dabei einen geheimen Speicher voller Perlen, Kakao und Gold entdeckt, dazu 24 königliche Schatztruhen, in denen sich je 180 Kilogramm Silbermünzen befanden, die zusammen etwa eine Million englische Pfund wert waren. Für seine nächsten zwei Beutezüge konnte Myngs bekannte Bukaniere gewinnen, darunter Henry Morgan und Edward Mansveldt. Myngs wurde erst zum Vizeadmiral, dann zum Admiral ernannt, bevor er 1666 während des zweiten englisch-holländischen Krieges in der „Viertägigen Schlacht" fiel. Seine Mannschaft hatte solchen Respekt vor ihm, dass nach seinem Tod einige Seeleute eine Abordnung bildeten und einen Regierungsbeamten um ein Feuerschiff baten, mit dem sie ihn rächen wollten. «Wir sind hier ein Dutzend, die unserem toten Kommandeur stets treu und ergeben gedient haben», sagten sie. «Wir wären froh, könnten wir irgendetwas tun, um ihn zu rächen – alles, was wir haben, ist unser Leben.»

Kapitän Myngs war sicher einer der fähigsten und heldenhaftesten Kapitäne der britischen Geschichte.

Links: Havanna, *Ciudad de la Habana,* wurde 1515 gegründet und ist eine der ältesten europäischen Stadtgründungen in der westlichen Hemisphäre.

Eine Beschreibung der Insel Kuba

Kuba ist von Ost nach West 160 Leagues lang und 40 Leagues breit. Die Fruchtbarkeit wetteifert mit der von Hispaniola. Man exportiert große Mengen von Tierhäuten nach Europa. Auf allen Seiten ist es von unzähligen kleinen Inseln umgeben, die *cayos* genannt werden und den Piraten als Häfen und Stützpunkte dienen. Es gibt saubere Flüsse und exzellente Häfen. Im Süden liegen die Orte Santiago, Bayame, Santa Maria, Esperitu Santo, Trinidad, Xagoa, Cape de Corrientes und andere. Im Norden befinden sich Havanna, Puerto Mariana, Santa Cruz, Mata Ricos, Puerto del Principe und Barracoa.

Santiago, die Hauptstadt der Osthälfte, hat einen eigenen Bischof und einen Gouverneur. Von dort aus treibt man vornehmlich Handel mit den Kanaren, wohin große Mengen Tabak, Zucker und Häute verschifft werden. Obwohl die Stadt durch eine Festung geschützt ist, wurde sie bereits mehrfach von Piraten aus Tortuga und Jamaika überfallen. Mit seinem Hafen ist Santiago einer der wichtigsten Orte der Westindischen Inseln. Von dort wird auch die Gerichtsbarkeit über die andere Inselhälfte ausgeübt, wo die wichtigen Städte Santa Cruz del Norte und Trinidad liegen.

Kuba exportiert enorme Mengen Tabak nach Neuspanien, Costa Rica und sogar bis in die Südsee. Schiffe bringen die Tabakblätter und Ballen auch nach Spanien und in andere Teile Europas. Havanna wird von drei großen Festungen verteidigt, zwei nahe dem Hafen und eine auf dem Hügel, der die Stadt überragt. Man schätzt, dass 10 000 Familien in Havanna leben. Die Kaufleute handeln mit Spanien, Campeche, Honduras und Florida. Alle von dort kommenden Schiffe und auch jene aus Caracas,

Die Hafenstadt Havanna liegt im Norden der Insel und ist einer der berühmtesten und bedeutendsten Orte der Westindischen Inseln.

Oben: Das Castillo del Morro in Havanna – in einem zeitgenössischen Gemälde, oben rechts eine moderne Fotografie – schützte den Hafen und die Anlagen vor Eindringlingen. Havanna hatte für die Spanier höchste strategische Bedeutung, da es der Haupthafen ihrer Kolonien in der Neuen Welt war.

Cartagena und Costa Rica müssen in Havanna Proviant für ihre Reise nach Spanien aufnehmen. Es ist unter anderem die direkteste Route nach Südeuropa. Die in die Heimat segelnde „Silberne Flotte" legt hier zweimal im Jahr an, um den Rest ihrer Fracht aufzunehmen, darunter Häute, Tabak, Baumstämme oder Campeche-Holz.

Der Überfall auf Puerto del Principe

Morgan verbrachte zwei Monate in den kubanischen *cayos* und stellte eine Flotte aus zwölf Segelschiffen zusammen. Er heuerte 700 kampferprobte Männer an, die überwiegend aus England und Frankreich stammten, und berief einen Rat ein. Einige schlugen einen Überraschungsangriff bei Nacht auf Havanna vor. So könnte man die die Stadt plündern und einige Priester gefangen nehmen, bevor die Festungen kampfbereit wären. Man verwarf diesen Vorschlag jedoch, da einige Männer in Havanna gefangen gewesen waren und schätzten, dass man für eine Eroberung 1500 Bukaniere benötigte. Man müsste daher die Schiffe vor der Insel Pines ankern und die Männer flussaufwärts nach Matamano schicken, das 14 Leagues von Havanna entfernt liegt.

Da eine so große Flotte nicht zur Verfügung stand, schlug ein Pirat vor, Puerto del Principe zu überfallen, das er gut kannte. Es lag vom Meer entfernt und war noch nie von Piraten heimgesucht worden. Die Kaufleute dort waren reich, da sie ihre Häute nach Havanna verkauften. Im Inland gelegen, wiegten die Bewohner sich in Sicherheit und waren völlig unvorbereitet. Morgan und seine Kapitäne stimmten zu und ankerten in der nahe gelegenen Bucht El Puerto de Santa Maria. Eines Nachts jedoch floh ein spanischer Gefangener und schwamm an Land. Die Piraten nahmen in ihren Kanus die Verfolgung auf, doch der Entflohene konnte sich im Wald verstecken. Er konnte wohl kein Englisch, doch hatte er die Worte Puerto del Principe an Bord oft gehört. Er alarmierte die Einwohner von Puerto del Principe, die begannen, ihre Besitztümer zu verstecken und alle beweglichen Gegenstände fortzuschaffen.

Der Gouverneur zog 800 Stadtbewohner ein – Freie und Sklaven – und ließ einen Punkt besetzen, den die Piraten passieren mussten. Er ließ Bäume fällen, um ihnen den Weg zu versperren und einen Hinterhalt zu bilden. Mit dem Rest seiner Männer umstellte er die Stadt, wobei er die Hauptgruppe in einer Savanne positionierte, die den Piraten keine Deckung bot.

Ein Hinterhalt wird gelegt

Während die Spanier noch eifrig ihren Hinterhalt vorbereiteten, entschlüpften ihnen die Piraten. Da der Hauptweg durch die gefällten Bäume beinahe unpassierbar geworden war, führte sie Morgan durch den Wald direkt zu der Savanne. Der Gouverneur entsandte sofort eine Abteilung Reiter, um Morgans Männer anzugreifen, welche er hernach mit der Infanterie vernichten wollte. Er dachte, der Feind würde angesichts seiner Überlegenheit die Flucht ergreifen. Die Bukaniere jedoch waren kampferprobt und marschierten in ordentlicher Formation, mit Trommeln und wehenden Fahnen. Sie gingen auf die Reiter zu, bildeten einen Halbkreis und erwiderten den Angriff der Kavallerie. Bald fiel der Gouverneur, und die Spanier flohen in den Wald, um sich dort zu sammeln und neu zu formieren. Die meisten indes erreichten ihr Ziel nicht und wurden vorher niedergestreckt. Das Scharmützel dauerte etwa vier Stunden, und die Piraten hatten nur minimale Verluste. Kurz darauf drangen sie siegesgewiss in die Stadt ein. Hier trafen sie auf den Widerstand der Männer, die bei den Frauen geblieben oder vom Schlachtfeld geflohen waren. Um eine Brandschatzung doch noch zu verhindern, schossen sie aus den Fenstern der verschlossenen Häuser. Die Piraten drohten: «Wenn ihr euch nicht ergebt, legen wir eure Stadt in Asche und reißen eure Frauen und Kinder vor euren Augen in Stücke.» Da ergaben sich die Städter in der

Links: Morgans Freibeuter greifen mit Piken, Schwertern, Dolchen, Musketen und Pistolen an, um die Verteidiger von Puerto del Principe zu überwältigen.

FOLTER

Im 17. Jahrhundert konnte nach englischem Recht sogar ein Kind für den Diebstahl einer Brotrinde gehängt werden. Bei einer Weigerung, sich vor Gericht zu verantworten, war die Folter erlaubt. Im Jahre 1725 sollte der schottische Piratenkapitän Gow zu Tode gequetscht werden, da er zu den Anschuldigungen gegen ihn keine Aussage machen wollte. Als er die Strafe vernahm, plädierte er eilig auf «nicht schuldig», wurde aber trotzdem gehängt und in Greenwich in Ketten zur Schau gestellt. Die Spanier behandelten Piraten besonders grausam, und Piraten aller Nationen übten ebenso grausame Rache. In einem Bericht von 1604 heißt es: «Die Spanier der Westindischen Inseln kaperten zwei englische Schiffe, schnitten den Matrosen Hände, Füße, Nasen und Ohren ab, schmierten sie mit Honig ein und banden sie an Bäume, damit Fliegen und andere Insekten sie quälten.»

Das sogenannte Woolding war eine besonders schlimme Folter. Einer von Morgans Männern, der am Überfall auf Portobelo teilgenommen hatte, schrieb später an den Staatssekretär: «Unter den Freibeutern ist es, neben der Folterung mit Streichhölzern und ähnlichen Methoden, weit verbreitet, einen Mann langsam in Stücke zu schneiden. Erst schneidet man ein wenig Fleisch ab, dann eine Hand, einen Arm, ein Bein. Manchmal wird auch ein Seil um den Kopf gelegt und mit einem Stock festgezurrt, bis die Augen hervorquellen. Dies wird ‹Woolding› genannt.» Es war keine Erfindung der Bukaniere, sondern eine bei Spaniern übliche Folter namens *cordeles*, die von säkularen Gerichten und der Inquisition angewandt wurde.

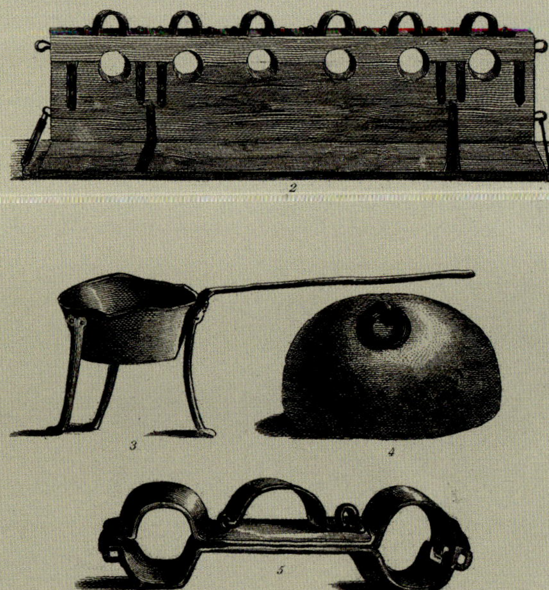

Beineisen, im Vordergrund; eine Eisenpfanne zum Erhitzen von Teer, der über das Opfer gegossen wurde; ein Stein, der zum Zerquetschen verwendet wurde; hinten ein Fußstock.

Hoffnung, die Piraten würden nicht allzu lange bleiben und bald von herbeieilenden spanischen Soldaten vertrieben werden.

Die Folterung von Gefangenen

Die Spanier wurden gemeinsam mit den Sklaven in den Kirchen eingesperrt, dann plünderten die Piraten die Stadt. Sie durchkämmten die ganze Gegend und machten täglich neue Beute und Gefangene. Diese Freibeuter liebten es, zu schlemmen und zu trinken, ihren Gefangenen in den Kirchen jedoch gaben sie nur wenig zu essen. Jeden Tag folterten sie ihre Gefangenen, damit sie die Verstecke ihrer Schätze preisgaben. Viele dieser Unglücklichen verdienten gerade genug, um ihre Frauen und Kinder zu ernähren, doch den Piraten war das einerlei. Unzählige starben an Unterernährung und Folter.

Als es nichts mehr zu essen, zu trinken und zu stehlen gab, zogen die Piraten ab. Ihren Gefangenen stellten sie ein Ultimatum: Entweder sie brächten ein Lösegeld auf oder sie würden nach Jamaika verschleppt und ihre Stadt dem Erdboden gleichgemacht. Vier Gefangene wurden ausgesandt, das Lösegeld zu sammeln. Nach einigen Tagen kehrten sie völlig erschöpft zurück. Sie hatten keine anderen Spanier gefunden und brachten daher auch kein Lösegeld mit. Sie baten um weitere 15 Tage, um ihre Mission zu erfüllen. Morgan willigte ein.

Bald darauf jedoch kamen sieben oder acht Piraten mit beträchtlicher Beute und weiteren Gefangenen in die Stadt. Unter ihnen war ein Neger, der Briefe bei sich hatte, die Morgan sogleich überflog. Er stellte fest, dass sie vom Gouverneur von Santiago stammten, adressiert an einige Gefangene. Darin wurden diese angewiesen, die Piraten mit Ausflüchten hinzuhalten, da man ihnen bald zu Hilfe kommen würde.

Die anderen Franzosen forderten Rache. Sie griffen zu ihren Musketen und gingen auf die Engländer los, doch Morgan stellte sich dazwischen.

Kapitän Morgan befahl sofort, die gesamte Beute auf die Schiffe zu bringen. Am Tag darauf sagte er den Spaniern, er werde nicht länger auf das Lösegeld warten, sondern sie mitnehmen und die Stadt niederbrennen. Die Briefe erwähnte er nicht. Die Spanier versuchten abermals, ihn hinzuhalten. Da Morgan wusste, dass der Gouverneur unterwegs war, ließ er 500 Stück Vieh und Salz zum Pökeln des Fleisches zu den Schiffen bringen. Sechs angesehene Bürger und alle Sklaven wurden auf seine Schiffe gebracht. Am nächsten Tag führten die Spanier die Rinder an die Küste und forderten die Herausgabe der Gefangenen. Morgan traute ihnen nicht, wollte sich aber nicht auf eine Schlacht einlassen, die keine Beute verhieß, also ließ er die Spanier das Vieh schlachten, das Fleisch pökeln und es an Bord der Schiffe bringen.

Unten: Nach einem Schauprozess wird der Freibeuterkapitän William Kidd (1645–1701) beim zweiten Versuch gehängt, nachdem das Seil beim ersten Versuch gerissen war. Als abschreckendes Beispiel wurde er am Execution Dock in London für zwei Jahre in einem eisernen Käfig hoch über die Themse gehängt.

Die Ermordung des französischen Piraten

Dabei kam es zwischen einem französischen und einem englischen Piraten zum Streit. Die Bukaniere saugten gern das warme Knochenmark frisch geschlachteter Tiere aus. Der Pirat hatte ein Tier gehäutet, der Engländer war hinzugekommen und hatte sich an den Markknochen schadlos gehalten. Sie wollten sich mit Musketen duellieren, doch der Engländer hatte seine Waffe als Erster feuerbereit und erschoss den Franzosen von hinten. Die anderen Franzosen forderten Rache. Sie griffen zu ihren Musketen und gingen auf die Engländer los, doch Morgan stellte sich dazwischen, legte den Engländer in Eisen und versprach, ihn in Jamaika hängen zu lassen.

Bevor er in See stach, ließ Morgan seine Gefangenen frei. Die Flotte segelte eine sichere Insel an, um dort die Beute von 50 000 Silberpesos zu verteilen. Die Piraten waren angesichts der spärlichen Beute enttäuscht, denn sie reichte nicht einmal, um die Schulden für die Ausrüstung des Beutezugs zu begleichen. Morgan schlug vor, vor der Heimreise noch einen weiteren Raubzug zu unternehmen, doch die Franzosen konnten sich nicht mit den Engländern einigen. Morgan dankte ihnen für ihre Hilfe und versprach, den englischen Verbrecher seiner gerechten Strafe zuzuführen. Er ließ ihn auf Jamaika hängen.

Capt. Kidd hanging in chains. p. 178.

KAPITEL III

Kapitän Morgan plant einen Überfall auf Portobelo und rüstet zu diesem Zweck eine Flotte aus. Mit einer kleinen Truppe erobert er die Stadt

Oben: Dieser Stich der Bucht und der Stadt Portobelo von 1688 aus dem Archivo General de Indias in Sevilla ist kurz nach Morgans Angriff entstanden.

Nach der Abreise der Franzosen wollten die Engländer keinen weiteren Beutezug unternehmen. Als Kapitän Morgan ihnen jedoch versprach, sie reich zu machen, schöpften sie neuen Mut und stimmten zu. Ein weiteres Bukanierschiff, das nahe Campeche lag, schloss sich Morgan ebenfalls an. Seine Flotte hatte nun neun Schiffe und große Boote sowie 430 Mann.

Der Überfall auf Portobelo, Panama

Henry Morgan ließ seine Kapitäne und Männer über sein Ziel im Unklaren. Er sagte lediglich, dass sie reiche Beute machen würden, sofern nicht widrige Umstände seinen Plan vereitelten. Je weniger Leute vor dem Angriff eingeweiht wären, desto besser. Nach wenigen Tagen erreichte die Flotte Costa Rica, und nun offenbarte Morgan den Kapitänen und Mannschaften seinen Plan. Er wollte Portobelo bei Nacht angreifen und brandschatzen. Dabei hätten die Piraten leichtes Spiel, da niemand wisse, dass die Flotte vor der Küste liege. Als jemand einwarf, sie seien zu wenige, entgegnete Morgan: «Unsere Zahl mag klein sein, doch unsere Herzen sind stark. Je weniger wir sind, desto stärker unser Bund und desto größer unser Anteil.» Da stimmten die Bukaniere seinem Vorschlag einstimmig zu. Ich werde Portobelo nun kurz beschreiben.

Die Stadt liegt in der Provinz Costa Rica (heute Panama), 40 Leagues vom Golf von Darien entfernt und acht Leagues westlich von Nombre de Dios. Neben Havanna und Cartagena ist sie die wehrhafteste spanische Stadt der Westindischen Inseln. Zwei mächtige Festungen schützen den Zugang zur Bucht, die Stadt und den Hafen. Kein Boot kann sie ohne Erlaubnis passieren. Eine Garnison von 300 Soldaten ist in der Stadt stationiert, die ständig von etwa 400 Familien bewohnt ist. Das Leben dort ist wegen der Dünste aus den Bergen ungesund, und die Kaufleute residieren dort nur, wenn die Galeonen ein- oder auslaufen. Sie leben in Panama (auf der pazifischen Seite der Landenge); um ihre Warenlager in Portobelo kümmern sich Bedienstete. Zur Ankunft der Galeonen der Negerkompagnie bringen die Kaufleute auf Packeseln Silber mit, um Sklaven zu kaufen.

Ein wertvoller Gefangener

Morgan kannte diesen Küstenstrich gut und führte seine Flotte nach Puerto de Naos, etwa zehn Leagues westlich von Portobelo. Sie erreichten den Ort in der Dämmerung. Die Flotte fuhr den Fluss hinauf und ankerte in Puerto del Pontin, etwa vier Leagues von ihrem Ziel entfernt. Die Bukaniere bemannten Kanus und Ruderboote und ließen nur so viele Leute an Bord, um die Schiffe am nächsten Tag nach Portobelo zu bringen. Um Mitternacht landeten sie heimlich in Estera Longa Lemos und marschierten auf den ersten Außenposten der Stadt zu. Ein Engländer, der in jener Gegend gefangen gewesen war und sich bestens auskannte, führte sie. Er und drei oder vier andere wurden beauftragt, den Wachtposten zu töten. Sie pirschten sich jedoch so geschickt an ihn heran, dass sie ihn lebend überrumpeln konnten. Kapitän Morgan befragte den Gefangenen zur Stärke der Garnison und der Befestigungsanlagen, und der Spanier erteilte ihm Auskunft. Dann band man ihm die Hände und ließ ihn wissen, dass er augenblicklich getötet werde, falls er gelogen habe.

Als sie etwa eine viertel League marschiert waren, erreichten die Bukaniere eine Schanze nahe der Stadt, die sie umzingelten. Morgan befahl dem gefangenen Wachtposten, die Soldaten zur Übergabe aufzufordern, andernfalls werde man keine Gnade kennen. Die Verteidiger eröffneten das Feuer und alarmierten die Stadt. Bald jedoch nahmen die Piraten die Schanze ein und pferchten sämtliche Offiziere und Soldaten in einem Raum zusammen. Dann sprengten sie die Schanze.

Oben links: Diese Illustration von Howard Pyle zeigt eine Gefangenenbefragung durch Henry Morgan in Portobelo.

Oben: Der „Silberberg" bei Potosi in Bolivien war die reichste Silbermine der Welt, deren Ertrag die spanische Wirtschaft und Kriegsmaschinerie antrieb. In den Minenschächten förderten Indianersklaven rohes Erz. Später wurden sie durch eingeführte Afrikaner ersetzt, weil indianische Sklaven knapp wurden.

Oben: Diese Statue von San Felipe de Neri steht in einer Kirche in Casco Viejo, der Altstadt von Panama-Stadt. Sie wurde 1673 geschaffen, nachdem Morgan die Stadt zerstört hatte, und zählt heute zum Weltkulturerbe.

Unten: Der spanische Gouverneur von Portobelo lehnte es ab, sich Morgans Männern zu ergeben, und starb als Held. Sie wollten ihn lebendig, um ein Lösegeld zu fordern, mussten ihn jedoch erschießen.

'Fiercely and long this gallant man fought'

Die Einnahme von Portobelo

Nun fielen die Piraten in die Stadt ein, deren Bewohner hastig ihre Wertsachen versteckten. Kostbare Juwelen und Geld wurden in Brunnen und Zisternen geworfen. Ein Pirat erhielt den Auftrag, in den Klöstern so viele Mönche und Nonnen wie möglich gefangen zu nehmen. Einer Gruppe wurde befohlen, die Festungen einzunehmen. Dem Gouverneur der Stadt gelang es indes nicht, die Bürger zur Verteidigung zu sammeln, und er flüchtete in eine der Festungen. Unablässig wurde auf die Piraten gefeuert. Diese hingegen zielten so vortrefflich, dass sie mit jeder Salve sieben oder acht Spanier töteten. Die Schlacht tobte vom Morgen bis zum Mittag, und immer noch leisteten die Festungen Widerstand. Die Piratenschiffe lagen direkt vor der Hafeneinfahrt, konnten jedoch unter dem heftigen Kanonenbeschuss der Festungen nicht einlaufen.

Als der Angriff ins Stocken geriet, wollten die Piraten die Holztore der Hauptfestung mit Brandbomben und Granaten in Brand setzen. Die Spanier schlugen diesen Angriff jedoch zurück, indem sie mindestens 50 Fässer Schießpulver und große Steine auf ihre Angreifer niederprasseln ließen und ihnen damit schwere Verluste zufügten. Morgan und seine Männer wollten schon verzweifeln, da sahen sie die englische Flagge über dem kleineren Fort wehen und eine Schar Piraten, die sich mit Siegesgeschrei näherte. Morgan fasste neuen Mut, zumal er wusste, dass viele reiche Bürger ihre Wertsachen in die Hauptfestung geschafft hatten und viel Kirchensilber ebenfalls dort lagerte.

Morgan befahl, ein Dutzend Leitern zu zimmern, breit genug, dass vier Männer sie gleichzeitig erklimmen könnten. Er brachte die gefangenen Mönche und Nonnen ins Freie und drohte dem Gouverneur, dass diese die Leitern aufstellen müssten, wenn er sich nicht ergeben sollte. Der Gouverneur aber rief, er werde sich niemals lebend ergeben. Da befahl Morgan den Geistlichen, die Leitern gegen die Festungswände zu lehnen, und der Angriff begann. Die Piraten hatten gehofft, der Gouverneur würde nicht auf Priester und Nonnen feuern lassen, doch er tat es. Viele fromme Brüder und Schwestern starben. Einer Gruppe gelang es, die Tore in Brand zu stecken, andere Bukaniere kletterten mit Brand- und Rauchbomben bewaffnet die Leitern empor. Der Angriff war erfolgreich. Schließlich legten die Spanier die Waffen nieder und baten um Gnade.

Der Gouverneur kämpft bis zuletzt

Allein der Gouverneur ergab sich trotz wiederholter Aufforderung nicht. Er hatte viele Piraten getötet und auch einige seiner eigenen Männer, die feige zurückgewichen waren. Als man ihm anbot, ihm Gnade zu gewähren, entgegnete er: «Lieber sterbe ich als ehrbarer Soldat, als mich wie ein Feigling hängen zu lassen.» Seine Frau und seine Tochter flehten ihn auf Knien an. Die Piraten versuchten, ihn gefangen zu nehmen, mussten ihn aber erschießen.

Am Abend nach einer langen, blutigen Schlacht ergab sich die Stadt. Frauen und Männer wurden getrennt eingesperrt und Wachen postiert. Die Bukaniere brachten die verwundeten Piraten in einem eigenen Haus unter, dann begannen sie zu feiern. Bald waren sie so betrunken, dass 50 beherzte Männer die Stadt hätten zurückerobern können. Am nächsten Tag, als alle Häuser und Kirchen durchsucht und geplündert worden waren, forderten die Piraten die Gefangenen auf, ihnen die reichsten Bürger zu zeigen.

Einer Gruppe gelang es, die Tore der Festung in Brand zu stecken, andere Bukaniere kletterten mit Brand- und Rauchbomben bewaffnet die Leitern empor.

Links: Auf diesem zeitgenössichen Stich sind die Leitern beim Sturm auf Portobelo zu sehen. Sowohl Angreifer als auch Verteidiger werfen Brandbomben und Granaten.

Diese fragte man, wo sie ihre Schätze versteckt hatten. Weigerten sie sich, folterte man sie so lange, bis sie redeten oder starben. Viele Unschuldige, die gar nichts zu verstecken hatten, ließen ihr Leben, und nur jene, die ihre Verstecke preisgaben, wurden verschont.

Kurz darauf erfuhr der Präsident von Panama von dem Überfall und stellte eine Streitmacht zur Rückeroberung der Stadt auf. Einige kürzlich gemachte Gefangene verrieten dies den Bukanieren, die dieser Nachricht jedoch kaum Beachtung schenkten. Die Schiffe lagen im Hafen, und der Feind musste den Landweg nehmen, so dass genügend Zeit blieb, die Stadt in Brand zu setzen und in See zu stechen. Sie waren seit 15 Tagen in Portobelo und hatten durch Exzesse, Wundbrand und das ungesunde Klima viele Männer und die meisten Verwundeten verloren. Viele Gefangene starben an Hunger oder Krankheiten. Statt der gewohnten morgendlichen Tasse Schokolade waren sie nun froh, wenn sie ein Stück altes Brot oder rohes Mulifleisch bekamen.

Die Bukaniere machten sich nun für die Abreise bereit, schafften die Beute auf ihre Schiffe und statteten diese mit Proviant aus. Derweil forderte Morgan von den überlebenden Gefangenen ein Lösegeld für ihre Stadt, die er sonst niederbrennen und deren Festungen er zerstören würde. Er sandte zwei Gefangene aus, die 100 000 Silberpesos eintreiben sollten. Diese gingen jedoch schnurstracks zum Präsidenten von Panama und berichteten ihm von dem Unheil, das über sie gekommen war. Der Präsident hatte seine Männer inzwischen beisammen und machte sich sofort nach Portobelo auf, um die Piraten zu vernichten. Morgan erfuhr jedoch davon und schickte 100 Männer aus, die ihnen auflauerten. Sie schlugen die Streitmacht des Präsidenten in die Flucht. Er zog sich zurück und überdachte seine Lage neu.

Der Präsident sandte Morgan einen Brief, in dem er ihn zum sofortigen Abzug aufforderte, denn sonst könne er keine Gnade erwarten.

Rechts: Seewärts gerichtete Kanonen in der Festung Santiago aus dem 17. Jahrhundert, die zum Schutze Portobelos erbaut worden war, von Morgans Männern jedoch erstürmt wurde. Die Festung San Jeronimo ist ebenfalls noch gut erhalten.

Der Präsident sandte Morgan einen Brief, in dem er ihn zum sofortigen Abzug aufforderte, andernfalls könne er keine Gnade erwarten. Doch Morgan fühlte sich sicher und antwortete, dass er die Festungen nur gegen die Lösegeldzahlung aufgeben werde. Sollte diese nicht erfolgen, werde er die Gefangenen töten, die Festungen sprengen und die Stadt niederbrennen. Der Präsident zog seine Truppen zurück und überließ es den Bürgern von Portobelo, die Summe für Morgan zusammenzukratzen, was ihnen auch gelang.

Gegenseitige Drohungen

Es wunderte den Präsidenten, dass nur 400 Mann solch mächtige Festungen erobert hatten. Er schickte einen zweiten Brief an Morgan, in dem er ihn bat, ihm doch eine der Waffen zu schicken, mit denen er die Stadt erobert hatte.

Morgan empfing den Boten sehr höflich und gab ihm eine Muskete mit einem etwa fünf Fuß langen Lauf, die Kugeln von einer Unze Gewicht abfeuerte, dazu einen Patronengurt aus Frankreich mit 30 Pulverladungen. In der beiliegenden Nachricht bat er den Präsidenten, «die schlanke Waffe zu akzeptieren, mit der Portobelo eingenommen wurde, und sie zwölf Monate lang zu verwahren», danach werde er «nach Panama kommen und sie abholen». Der Gouverneur schickte die Waffe zurück und sagte, er habe keine Verwendung für sie. Dazu sandte er ihm einen mit einer Rosette aus Smaragden besetzten Goldring und ließ ihn wissen, er solle «sich nicht die Mühe machen, nach Panama zu kommen, wie er es in Portobelo getan hat», da er «hier kein so leichtes Spiel» haben werde.

Morgan stahl die besten Waffen aus den Festungen, zerstörte alle anderen und verließ Portobelo. Auf einer Insel südlich von Kuba teilten sie die Beute. Sie hatten 215 000 spanische Silberpesos geraubt, dazu Leinen, Seide und andere Güter. Dann segelten sie nach Jamaika, wo das übliche Gelage nach einem erfolgreichen Raubzug stattfand. Man pries Morgan dafür, dass er solchen Wohlstand mitbrachte.

MUSIK UND LIEDER

Piraten hatten oft Musikanten an Bord, die sie unterhielten und ordentlich Lärm machten, wenn es in die Schlacht ging. Außerdem half rhythmischer Gesang bei der effizienten Führung eines Schiffs. Ein Shanty war ein Lied mit einem klaren Rhythmus, halb gesungen und halb gesprochen – ein Arbeitslied, das den Männern die Koordination erleichterte, wenn sie Segel und Taue einholten. Bei Tätigkeiten, die während einer kurzen Zeitspanne viele Zugbewegungen erforderten, wurden Shantys mit einer engen metrischen Struktur gesungen, bei schwererer Arbeit sogenannte Fall-Shantys mit größeren Zeitabständen zwischen den Zugbewegungen. Viele Shantys blieben erhalten, darunter „Mrs. McGraw":

Wir singen tu-rei-jah, fa-la-la-la, to-ri uhri uhri jah,
Mit 'nem Tu-rei-jah, fa-la-la-la, to-ri uhri uhri jah.

Ja, Mrs. McGraw lebte an der See,
Sieben lange Jahre oder noch mehr,
Da sah sie ein Schiff, das in die Bucht einfuhr,
«Das ist mein Sohn Teddy, lasst mich rasch vor!»

(Refrain)

«Oh, lieber Kapitän, wo seid Ihr gewesen?
Seid übers weite Mittelmeer Ihr gesegelt?
Habt ihr Nachricht von meinem Sohn Ted?
Lebt der arme Junge noch oder ist er tot?"»

(Chorus)

Da trat Ted vor, er hatt' keine Beine,
An ihrer statt war'n zwei hölzerne Stümpfe.
Sie küsste ihn ein Dutzend Mal oder waren's zwei,
Und weinte, «Mein Gott, was ist dir gescheh'n?»

(Refrain)

«Nein, ich war nicht betrunken, ich war auch nicht blind,
Als ich meine beiden treuen Beine verlor,
Es war eine große Kanonenkugel am fünften des Mai,
Die mir die Beine von den Knien gerissen hat!»

Der Titel dieses zeitgenössischen flämischen Gemäldes, „Drei Musiker auf Wanderschaft", bestätigt die Annahme, dass die meisten Musiker der damaligen Zeit fahrende Unterhaltungskünstler waren, die mit Pfeifen und Fiedeln herumzogen. Man schätzte sie auf Piratenschiffen sehr.

KANONEN UND GESCHOSSE

Um 1700 gab es bereits Kanonen, die auf eine Distanz von 600 bis 900 Metern recht treffsicher waren. Einige Redensarten der Kanoniere sind heute Bestandteil des modernen Englisch. Wenn etwa ein „Mörder“, ein drehbares Geschütz, aus kurzer Entfernung abgefeuert wurde, warfen sich die Piraten aufs Deck und nahmen „volle Deckung“ («hit the deck!»), um nicht getroffen zu werden. Beim Laden der Kanonen wurde ein wenig Pulver ins Zündloch gestreut. Um dieses bis zum Feuern zu sichern, steckte ein Matrose seinen Finger hinein. Wenn es Zeit zum Schuss war, sagte man ihm: «Zieh' den Finger raus» (sprichwörtlich: «Mach mal Dampf»).

***Oben:** Das Kriegsschiff „Royal“ im Jahre 1693 mit deutlich erkennbaren Kanonenluken.*

***Oben rechts:** Französische Kanonen aus dem 17. Jahrhundert.*

CHASER (JAGDGESCHÜTZE)

Diese Kanonen waren im Bug angebracht und wurden bei der Verfolgung anderer Schiffe eingesetzt. Hinten waren Heck-Chaser zur Verteidigung angebracht, oft Neunpfünder. Sie dienten zum Beschuss von Takelage und Masten anderer Schiffe, um sie auf Abstand zu halten.

FELDSCHLANGEN UND MÖRDER

Eine Feldschlange war eine Drei-Tonnen-Standardkanone mit 18-Pfund-Kugeln. Aus dieser Waffe konnte man einen Schuss pro Minute abfeuern, bis sie zu heiß wurde. Ein „Mörder“ war ein Drehgeschütz mit langem Lauf und trichterförmiger Mündung zum Verschießen von Nägeln, Steinen und Glas. Der eiserne Stift der Halterung wurde in Sockel gesteckt, die an mehreren Stellen des Schiffs angebracht waren. Das Geschütz konnte so rasch dorthin gebracht werden, wo es gebraucht wurde.

BARREN

Große Eisenbarren. Da die Zielgenauigkeit gering war, feuerte man die Barren aus nächster Nähe auf feindliche Schiffe, um deren Takelage und Wanten zu zerstören.

Unten: *Eine Schiffsladung Pulverfässer, Munition und Kanonen.*

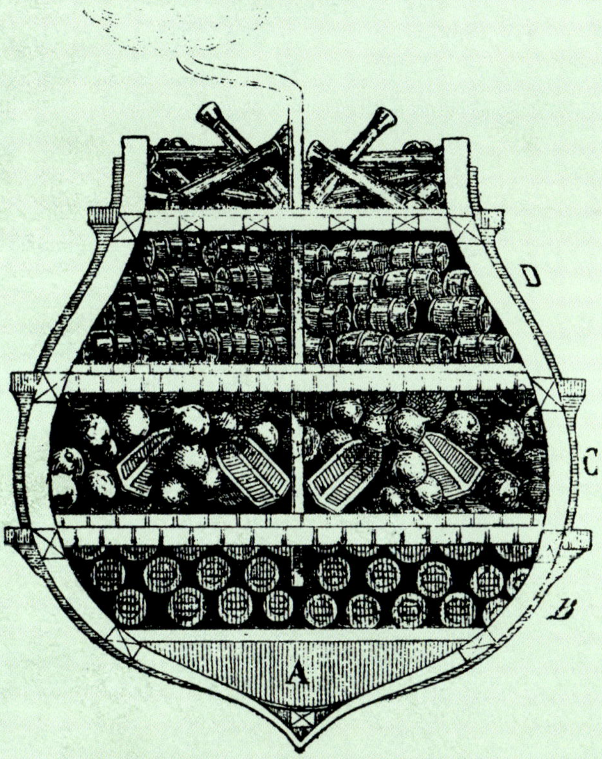

Oben: *Eine Bombe explodiert – Illustration von Wolff de Senftenberg, spätes 16. Jahrhundert.*

BOMBEN UND BRANDGESCHOSSE

Neben massiven Eisenkugeln konnten die Kanonen auch Granaten verschießen. Die hohlen Kugeln waren gefüllt mit Pulver und wurden mit einer Lunte gezündet. Sie sollten im Ziel explodieren, wobei der Zeitpunkt durch die Länge der Lunte bestimmt wurde. Granaten konnte man auf Entfernungen von 45 bis 450 Meter verschießen, eine normale Kanonenkugel flog bis zu 900 Meter weit. Mit Brandgeschossen setzte man feindliche Schiffe in Brand. Dazu wurden Kanonenkugeln vor dem Schuss in einem Kohlenfeuer zum Glühen gebracht. Feuerpiken waren Enterstangen mit Stoff oder Tauwerk an der Spitze, die man anzündete und wie Speere in die Segel und aufs Deck warf.

KARTÄTSCHEN

Zylindrische Dosen gefüllt mit Steinen, Musketenkugeln und kleinen Eisenstücken, die nach dem Schuss wie Schrotgarben wirkten. Sie sollten auf den überfüllten Decks möglichst viel Schaden anrichten.

GRAUPENKARTÄTSCHEN

Munition aus kleinen gusseisernen Kügelchen, die in Leinen gewickelt und vor allem beim Entern eingesetzt wurden (oder um dieses zu verhindern). Der „Graupen" verteilte sich wie Schrot, was die Wahrscheinlichkeit von Treffern deutlich erhöhte.

KETTENKUGELN

Auch „Engelsmunition" genannt. Die beiden Hälften einer hohlen Kanonenkugel wurden mit einer kurzen Kette verbunden. Das rotierende Geschoss zerfetzte entweder die Takelage und Segel eines Schiffs oder fegte das Deck leer.

KANONENKUGELN

Kanonenkugeln – auch Rundgeschosse genannt – wurden verwendet, um Masten und Takelage zu zerstören. Holzsplitter konnten Matrosen zwar kampfunfähig machen, doch waren Kanonenkugeln für Menschen nicht so gefährlich wie Graupenkartätschen, Barren oder Kettenmunition, durch die viele Seeleute verstümmelt wurden. Piraten wollten das Schiff, die Mannschaft, die Passagiere und die Ladung in ihren Besitz bringen und feuerten daher nicht auf die Wasserlinie, im Gegensatz zur Royal Navy, die ihre Feinde versenken wollte.

Rechts: *Die oberste Kanonenkugel besteht aus Eisen; die unteren zwei aus Stein, wie sie in der Neuen Welt oft eingesetzt wurden.*

KAPITEL IV

Kapitän Morgan erobert Maracaibo an der Küste Venezuelas – Piraterie in jenen Gefilden – Die Zerstörung dreier spanischer Schiffe, ausgesandt, um die Piraten zu vernichten

Die Versenkung der „Oxford"

Bald hatten die Piraten ihr Geld auf Jamaika verprasst. Morgan befahl seinen Kapitänen, sich auf der südwestlich von Hispaniola gelegenen Isla de la Vaca, der „Kuhinsel", einzufinden. Es war ein ausgezeichneter Ort zum Kielholen, aber auch, um Wasser und Proviant aufzunehmen, da es auf der Insel vor wilden Schweinen wimmelte. Angelockt von Morgans Erfolgen unterstellten sich viele französische und englische Bukaniere seinem Kommando.

Kürzlich hatte ein Schiff aus Neuengland mit 36 Kanonen Jamaika erreicht, das der Gouverneur Admiral Morgans Flotte hinzufügte. Morgan war hocherfreut, da er nun über die Feuerkraft für einen Sturm auf eine Festung verfügte. Morgan wollte auch ein französisches Schiff mit 24 eisernen Kanonen und zwölf Messinggeschützen für seine Flotte gewinnen, doch die Franzosen trauten den Engländern nicht und fürchteten Repressalien. Kürzlich war ihnen auf See der Proviant ausgegangen und sie hatten sich bei einem englischen Schiff versorgt – bezahlt hatten sie mit ungedeckten Wechseln. Morgan schmeichelte dem französischen Kapitän und lud ihn und seine Mannschaft zum Diner auf sein neues Schiff ein. Sie wurden alle gefangen genommen, und Morgan beschlagnahmte ihr Schiff. Dieses Verbrechen wurde drakonisch bestraft, wie wir bald sehen werden.

Nachdem Morgan das französische Schiff in seine Gewalt gebracht hatte, beriet er auf der „Oxford", seinem neuen Flaggschiff, mit seinen Kapitänen den nächsten Beutezug. Sie wollten die östlich vor

DIE SPANISCHEN FLOTTEN

Armada bedeutet „Kriegsflotte". Die „Armada der Meere" wurde 1522 zum Schutz des Westindienhandels geschaffen und eine Steuer namens *averia* zu ihrer Finanzierung erhoben. Später dienten weitere Armadas dazu, Schiffe aus Südamerika zu schützen, Beute aus Peru sicher nach Panama an der Pazifikküste zu geleiten und Piraten in der Karibik zu bekämpfen.

Die *flota*, die spanische Silberflotte, segelte in der Regel einmal pro Jahr von den Gold- und Silberminen Süd- und Zentralamerikas nach Spanien, beladen mit Silber, Gold, Holz, Indigo, Häuten und Kakao. Die Kapitäne der Silberflotte leisteten einen Schwur, ihre Schiffe eher zu verbrennen, zu versenken oder zu zerstören, als sie in Feindeshand fallen zu lassen. Die *guardacosta* waren Freibeuterschiffe, mit denen die Spanier ihr karibisches Handelsmonopol schützten.

Galeonen waren die wichtigsten Schiffe der spanischen Flotten des 17. Jahrhunderts und wurden von anderen seefahrenden Nationen übernommen.

GOUVERNEUR MODYFORD VON JAMAIKA

Oberst Sir Thomas Modyford (ca. 1620–1679) wanderte 1647 nach Barbados aus, um Pflanzer zu werden. Dort wurde er während der Regierungszeit Charles II. Sprecher des Unterhauses und Geschäftsführer der Royal Adventurers (königlichen Handelskompanie), die auf den Inseln das Monopol auf den Sklavenhandel hatte. Seine Erfolge brachten Modyford 1664 die Ernennung zum Gouverneur von Jamaika ein. Als er dort zusammen mit 700 anderen Pflanzern eintraf, war dies der Beginn einer auf Sklavenarbeit gestützten Plantagenwirtschaft auf Jamaika.

Modyford arbeitete eng mit Henry Morgan zusammen, um Jamaika gegen eine spanische Invasion zu verteidigen. Morgans Freibeuter erhielten Kaperbriefe, um im Westindischen Meer die Aufgaben einer ansonsten nicht existenten Kriegsflotte zu übernehmen. 1670 wurde Modyford jedoch als Gouverneur abgesetzt und kehrte zusammen mit Henry Morgan nach England zurück, wo er sich wegen Korruption vor Gericht verantworten musste. Er saß ohne Anklage zwei Jahre im Tower in London, bevor er zu seinen Plantagen auf Jamaika zurückkehrte.

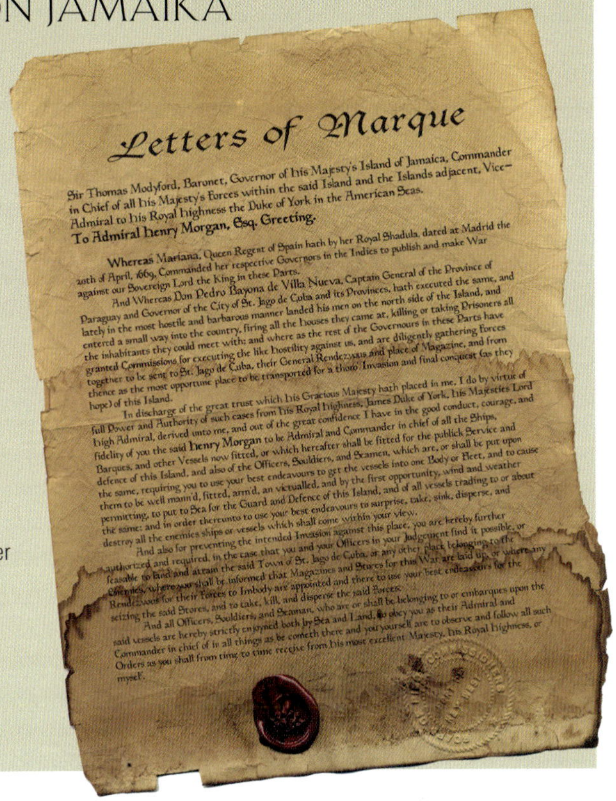

Letters of Marque

Sir Thomas Modyford, Baronet, Governor of his Majesty's Island of Jamaica, Commander in Chief of all his Majesty's Forces within the said Island and the Islands adjacent, Vice-Admiral to his Royal highness the Duke of York in the American Seas.
To Admiral Henry Morgan, Esq. Greeting.

Whereas Mariana, Queen Regent of Spain hath by her Royal Shadula, dated at Madrid the 20th of April, 1669, Commanded her respective Governors in the Indies to publish and make War against our Sovereign Lord the King in these Parts.
And Whereas Don Pedro Bayona de Villa Nueva, Captain General of the Province of Paraguay and Governor of the City of St. Jago de Cuba and its Provinces, hath executed the same, and lately in the most hostile and barbarous manner landed his men on the north side of the Island, and entered a small way into the country, firing all the houses they came at, killing or taking Prisoners all the inhabitants they could meet with; and where as the rest of the Governours in these Parts have granted Commissions for executing the like hostility against us, and are diligently gathering forces together to be sent to St. Jago de Cuba, their General Rendezvous and place of Magazine, and from thence as the most opportune place to be transported for a thoro' Invasion and final conquest (as they hope) of this Island.
In discharge of the great trust which his Gracious Majesty hath placed in me, I do by virtue of full Power and Authority of such cases from his Royal highness, James Duke of York, his Majesties Lord high Admiral, derived unto me, and out of the great confidence I have in the good conduct, courage, and fidelity of you the said Henry Morgan to be Admiral and Commander in chief of all the Ships, Barques, and other Vessels now fitted, or which hereafter shall be fitted for the publick Service and defence of this Island, and also of the Officers, Souldiers, and Seamen, which are, or shall be put upon the same, requiring you to use your best endeavours to get the vessels into one Body or Fleet, and to cause them to be well mann'd, fitted, arm'd, an victualled, and by the first opportunity, wind and weather permitting, to put to Sea for the Guard and Defence of this Island, and of all vessels trading to or about the same: and in order thereunto to use your best endeavours to surprise, take, sink, disperse, and destroy all the enemies ships or vessels which shall come within your view.
And also for preventing the intended Invasion against this place, you are hereby further authorized and required, in the case that you and your Officers in your Judgement find it possible, or feasable to land and attain the said Town of St. Jago de Cuba, or any other place belonging to the Enemies, where you shall be informed that Magazines and Stores for this War are laid up, or where any Rendezvous for their Forces to Imbody are appointed and there to use your best endeavours for the seizing the said Stores, and to take, kill, and disperse the said Forces.
And all Officers, Souldiers, and Seaman, who are or shall be belonging to or embarques upon the said vessels are hereby strictly enjoyned both by Sea and Land, to obey you as their Admiral and Commander in chief of in all things as be cometh there and you yourself are to observe and follow all such Orders as you shall from time to time receive from his most excellent Majesty, his Royal highness, or myself.

Henry Morgan achtete stets darauf, dass er gültige Kaperbriefe von seinem Gönner Modyford, dem Gouverneur von Jamaika, hatte, bevor er Männer für seine Beutezüge rekrutierte, denn sonst hätte er sich der Piraterie schuldig gemacht.

Hispaniola gelegene Insel Saona anlaufen und dort auf die Flotte aus Spanien warten. Fürs Erste wollten sie alle wehrlosen Schiffe aufbringen, die in Sicht kamen. Dann veranstalteten sie ein Fest auf der „Oxford", die Offiziere zechten auf dem Poopdeck und die Mannschaften auf dem Vorderschiff. Wie es betrunkene Seeleute gerne tun, feuerten sie viele Kanonen ab. Dabei entzündete sich durch eine Unachtsamkeit das Pulver im Pulverraum, und das Schiff flog mit 350 Piraten und allen französischen Gefangenen in die Luft. Nur 30 überlebten, darunter die Offiziere, die in der großen Kajüte mit Kapitän Morgan gefeiert hatten. Die meisten Überlebenden befanden sich im Heck des Schiffes, da der Pulverraum vorne lag. Es hätten noch mehr überleben können, wenn sie nicht so betrunken gewesen wären.

Morgan hält an seinem Plan fest

Die Überlebenden und die anderen englischen Seeleute gaben den französischen Gefangenen die Schuld an dem Unglück. Morgan nahm dies als neue Rechtfertigung für die Kaperung des französischen Schiffes. Die Engländer bekräftigten ihn darin und sagten, die Franzosen seien im spanischen Auftrag gesegelt, um der englischen Seefahrt zu schaden. In einem auf dem französischen Schiff gefundenen Kaperbrief hieß es angeblich, «der Gouverneur (von Barracoa) gestattet den Franzosen, in allen spanischen Häfen Handel zu treiben sowie gegen englische Piraten zu fahren, da diese in Friedenszeiten viele Feindseligkeiten gegen die Untertanen seiner Katholischen Majestät begangen haben.» Die Franzosen hatten zwar die Genehmigung zum Handel mit den Spaniern, nicht jedoch zum Angriff auf die Engländer. Ihr Kapitän – der überlebt hatte – wollte Morgan dies erklären, wurde jedoch mit dem französischen Schiff und einigen Gefangenen nach Jamaika geschickt. Dort forderten die Franzosen ihr Schiff zurück, aber sie wurden in den Kerker geworfen und mit dem Tode durch Erhängen bedroht.

Morgan hielt trotz des Verlustes seines mächtigen Flaggschiffes an seinem Plan fest. Acht Tage nach der Explosion gab er Order, die Leichen aus dem Wasser zu fischen und ihnen Ringe, Kleidung und Wertsachen abzunehmen. Wenn sich Ringe nicht abziehen ließen, hackte man die Finger ab, die gefledderten Leichen überließ man den Haien. Dann setzte er Segel und fuhr mit 15 Schiffen und 960 Mann nach Saona. Sein neues Flaggschiff war das größte der Flotte, jedoch mit nur 14 Kanonen bestückt. Einige Tage später erreichten sie das Kap von Lobos im Süden von Hispaniola, zwischen Kap Tiburon und Kap Punta d'Espada. Wegen starken Gegenwindes konnte die Flotte das Kap trotz großer Anstrengungen nicht umrunden.

Ein Hinterhalt bei der Bucht von Ocoa

Schließlich gelang es ihnen, das Kap zu umrunden. Knapp sieben oder acht Leagues weiter sichteten sie ein englisches Schiff. Sie hielten darauf zu und kauften Proviant. Morgan segelte weiter und sagte, er wolle in der Bucht von Ocoa (heute Dominikanische Republik) warten, wo er zwei Tage darauf vor Anker ging. Er sandte einige Männer an Land, um nach Trinkwasser und Lebensmitteln zu suchen. Täglich gingen von jedem seiner Schiffe fünf oder sechs Mann an Land und schossen alles, was sie fanden – Esel, Pferde, Rinder und Schafe. Die Spanier hatten bemerkt, dass stets nur wenige Männer an Land gingen, und wollten ihnen eine Falle stellen. Sie trieben das gesamte Vieh ins Hinterland und forderten aus dem nahen Santo Domingo 300 bis 400 Soldaten an.

Bald gingen die Piraten wieder an Land. Da sie keine Tiere mehr fanden, machten sich etwa 50 Mann durch den Dschungel ins Hinterland auf. Die Spanier hatten sie kommen sehen und ein paar Kühe und Ochsen zusammengetrieben, um sie anzulocken. Beobachtet von den spanischen Soldaten, begannen die Bukaniere, die Tiere zu schlachten. Als sie mit dem Frischfleisch den Rückweg antraten, griffen die Spanier sie an und riefen: «Tötet sie!»

Die Piraten ließen ihre Last fallen und gingen sofort in Verteidigungsstellung. Sie zogen sich geordnet in Richtung ihrer Schiffe zurück und feuerten, bis sie den schützenden Wald erreicht hatten. So wurden viele Spanier getötet, aber auch die Piraten hatten Verluste. Die Spanier verfolgten sie nicht bis in den Wald, weil sie die Treffsicherheit der Piraten fürchteten. Die Bukaniere rasteten und sahen zu, wie die Spanier ihre Toten und Verwundeten davontrugen. Unter den Toten war auch ein Pirat. Die Spanier stachen mit ihren Degen auf ihn ein und verhöhnten den Leichnahm. Als sie sahen, dass sich die Hauptstreitmacht der Spanier zurückgezogen hatte, machten die Seeräuber einen Ausfall, töteten viele Feinde und brachten den geschändeten Leichnam ihres Kameraden in ihre Gewalt. Sie begruben ihn im Wald. Dann töteten sie des Fleisches wegen einige Pferde, die die Spanier zurückgelassen hatten, brachten ihre Verwundeten zurück und erstatteten Kapitän Morgan Bericht.

Der Anführer war außer sich und zog am nächsten Tag mit 200 Man aus, um die restlichen Spanier zu schlagen. Doch sie waren mit dem gesamten Vieh verschwunden, und er steckte nur einige Häuser in Brand. Seine anderen Schiffe waren noch nicht eingetroffen, also segelte Morgan weiter nach Saona und wartete dort drei Tage. Da der Proviant zur Neige ging, schickte er 150 Männer auf Hispaniola an Land, um in den Dörfern um Santo Domingo Essen und Trinken zu rauben, allerdings ohne Erfolg, da die Spanier längst alarmiert waren.

Die Insel Aruba

Die anderen sieben Schiffe waren immer noch nicht eingetroffen. Morgan stellte fest, dass seine Streitmacht aus nur 500 Mann und acht kleinen Schiffen bestand. Ursprünglich hatte er geplant, die Städte und Dörfer entlang der Küste bis Caracas zu plündern, doch mit dieser kleinen Schar war dies unmöglich. Einer seiner französischen Kapitäne hatte jedoch bei der Eroberung von Maracaibo unter L'Olonnais gedient. Er kannte die Befestigungen und wusste, wie man die Stadt einnehmen könnte.

Links: Indianer, die sich von spanischen Mönchen taufen lassen wollen. Darunter sind Strafen für Hexerei, Zuchtlosigkeit und Mord dargestellt (18. Jahrhundert).

Morgan nahm seinen Rat an, und auch seine Männer waren einstimmig dafür. So segelten sie nach Curaçao. Als die Insel in Sicht kam, ankerten sie zwölf Leagues westlich vor Aruba. Diese kleine Insel gehört der holländischen Westindien-Kompanie und hat nur eine kleine Garnison von 15 Soldaten. Die Bewohner sind spanisch sprechende Indianer, die von Missionaren zum römisch-katholischen Glauben bekehrt wurden. Jedes Jahr kommt vom Festland ein Priester aus dem Dörfchen Coro und erteilt ihnen die Sakramente.

Die Einwohner treiben mit den Bukanieren Handel. Sie tauschen Ziegen, Kinder, Schafe und Lämmer gegen Leinen oder Seile. Die Insel ist unfruchtbar und mit Unterholz bedeckt, so dass nur Ziegen und Schafe überleben. Die Indianer reiten stets auf Pferden, und seien es auch nur 500 Schritt von ihrem Haus zum Brunnen. Es gibt giftige Spinnen, Insekten und Schlangen. Die Spinnenbisse machen einen wahnsinnig, bevor man stirbt. Die einzige Rettung besteht darin, den Gebissenen 24 Stunden in einer Hängematte gefesselt zu halten und ihm Nahrung und Wasser zu verweigern. Die Indianer glauben, dass man stirbt, wenn man etwas trinkt.

Als sie mit dem Frischfleisch den Rückweg antraten, griffen die Spanier sie an und riefen: «Tötet sie!»

Oben: Die Festung Pampatar bauten die Spanier zwischen 1664 und 1684 als Antwort auf Morgans Überfälle. Sie steht auf der Insel Margarita (bekannt als „Perle der Karibik") in Venezuela.

Kapitän Morgan kaufte Schafe, Ziegen und Holz und blieb zwei Tage vor Anker, bevor er die Insel bei Nacht verließ, damit die Bewohner nicht sahen, in welche Richtung er segelte, und es den Spaniern berichten konnten. Wohl aber bemerkten sie, dass seine Flotte auslief.

Die Eroberung der Festung Palomas, von De La Barra und Maracaibo

Am nächsten Tag erreichte die Flotte die Bucht von Maracaibo und ankerte mitten in der Bucht in acht Faden tiefem Wasser außer Sichtweite der Wach-Insel Vigilas. In jener Nacht setzten sie Segel und erreichten im Morgengrauen die Sandbank an der Mündung des Sees. L'Olonnais hatte das alte Fort in Palomas zerstört, doch die Spanier hatten ein neues gebaut. Morgans Schiffe wurden mit Kanonenfeuer begrüßt und an der Weiterfahrt gehindert, also ließ Morgan seine Männer in Kanus landen. Seine Schiffe erwiderten das Feuer und schossen bis zur Dämmerung. Bei Einbruch der Nacht näherten sich Morgan und seine Männer dem Fort und wurden von der Garnison entdeckt. Die Bukaniere wurden mit Kanonen beschossen, aber bald flohen die Soldaten in dem dichten Pulverdampf. Morgan war erstaunt, da das Fort gut gerüstet war und einem Angriff hätte widerstehen können. Doch dann entdeckten seine Männer einen Keller voll mit Schießpulver und eine sehr kurze, brennende Lunte. Morgan stürzte sich auf die Lunte und rettete all seinen Kameraden das Leben. Sein Mut war bereits Stoff für Legenden, und durch diese Tat wuchs die Treue seiner Männer noch. Das Pulver wurde auf die Schiffe gebracht, die Mauern teilweise eingerissen, die Lafetten wurden zerstört und die Kanonen vernagelt. 80 Musketen und andere Gerätschaften wurden an Bord gebracht.

Am nächsten Tag durchquerte die Flotte die Meerenge zwischen dem Golf von Venezuela und dem Maracaibo-See. Die Sandbank am Eingang des Sees, der „Tablazo", war nur schwer passierbar. Einige Schiffe liefen auf Grund, doch die Flotte erreichte am nächsten Mittag die Hafenstadt Maracaibo. Morgan segelte dicht ans Ufer heran, um seinen Männern bei der Landung Feuerschutz zu geben. Sie mussten direkt vor dem Fort De La Barra in Kanus und kleine Boote steigen, doch das Glück war auf Morgans Seite. Die spanischen Verteidiger und alle Bewohner der Stadt waren in den Wald geflohen. Die Piraten

Morgan stürzte sich auf die Lunte und rettete all seinen Kameraden das Leben. Sein Mut war bereits Stoff für Legenden, und durch diese Tat wuchs die Treue seiner Männer noch.

durchsuchten die Stadt, wo sie einen Hinterhalt oder Leute in Verstecken vermuteten, fanden jedoch nichts. Da verließen sie ihre Schiffe und bezogen die schönsten Häuser. Die Kirche wurde zum Wachlokal gemacht, vom Turm aus hielt man Ausschau nach Feinden. Am nächsten Tag wurden 100 Mann ausgesandt, um Beute und Gefangene zu machen. Einen Tag darauf kehrten sie mit 30 Männern, Frauen, Kindern und Sklaven sowie 50 beladenen Mauleseln zurück.

Die Folterung der Gefangenen

Um herauszufinden, wo sich die anderen Bürger versteckt hielten, wurden all diese armen Gefangenen gefoltert. Unter anderem wandte man die sogenannte Strappado-Methode an: Man band ihnen hinter dem Rücken die Hände zusammen und zog sie mit einem Strick an diesen empor. Dann ließ man sie fallen und zog das Seil kurz vor dem Aufprall abrupt an. Sie wurden mit Stöcken geschlagen, anderen wurden die Gliedmaßen gestreckt. Einigen steckte man Lunten zwischen Finger und Zehen und fügte ihnen schwere Verbrennungen zu. Wieder anderen wurden dünne, starke Seile um den Kopf gelegt und festgezogen, bis die Augen hervorquollen. Die armen Gefangenen wurden so lange gefoltert, bis sie gestanden, und wenn sie dies nicht konnten, mussten sie warten, bis der Tod sie erlöste. Volle drei Wochen dauerten die Folterungen, und täglich zogen Piratengruppen aus, um in den Wäldern neue Gefangene zu machen. Und stets kehrten sie mit Beute zurück.

Der Überfall auf Gibraltar

Da er nun 100 Angehörige der wichtigsten Familien Maracaibos in seiner Gewalt hatte, beschloss Morgan, nach Gibraltar zu segeln und in die Fußstapfen des berüchtigten L'Olonnais zu treten. Er machte seine Schiffe seeklar und brachte alle Gefangenen an Bord. Einige hatte er nach Gibraltar geschickt, um die Bürger zur Übergabe der Stadt aufzufordern, sonst würde er keine Gnade walten lassen. Trotzdem wurde die Flotte unter Dauerbeschuss genommen. Dies schreckte die Seeräuber aber nicht ab. Sie ermunterten einander und sagten, «Erst müssen wir eine bittere Mahlzeit essen, bevor wir die Süße schmecken, die dieser Ort zu bieten hat.»

Früh am nächsten Morgen gingen die Piraten an Land und folgten dem französischen Kapitän, der unter L'Olonnais gedient hatte. Sie liefen durch den Wald zur Stadt, statt den Weg zu nehmen, auf dem sie die Spanier erwarteten. Auf diesem ließ Morgan nur eine Handvoll Männer marschieren, damit die Spanier sie für eine Vorhut hielten. Derweil überraschte der Franzose mit dem Rest von Morgans Truppe die Stadt von hinten. Solche Vorsicht war indes gar nicht geboten. Die Spanier hatten sich an ihre Erfahrung mit L'Olonnais erinnert, waren geflohen und hatten nur ein paar Heckenschützen zurückgelassen, um den Rückzug zu sichern. Sie hatten das ganze Schießpulver aus dem Fort mitgenommen, die Kanonen vernagelt und nur einen Verrückten in der Stadt zurückgelassen.

Dieser unglückliche Mann erzählte den Piraten, dass er nichts wisse. Trotzdem wurde er auf die Folterbank gespannt, wo er ihnen versprach, sie zu seinen Reichtümern zu führen. Er zeigte ihnen seine Hütte, wo er einige Tonkrüge und drei Silbermünzen vergraben hatte. Nach seinem Namen gefragt, sagte er, er sei Don Sebastian Sanchez, der Bruder des Gouverneurs von Maracaibo. Daraufhin folterten sie ihn erneut. Sie fesselten ihn und schlugen ihn, bis er blutüberströmt war.

Schließlich schrie er, er werde sie zu seiner Zuckerfabrik führen, wo sich sein ganzer Besitz und seine Sklaven befänden. Als sie ihn losbanden, konnte er nicht gehen, also banden sie ihn auf ein Pferd. Im Wald gestand er, dass er gar nichts besitze, sondern von der Mildtätigkeit des Hospitals lebte. Dies traf zu, wie sich später herausstellte. Seine Peiniger gerieten in Wut. Abermals folterten sie ihn, zogen ihn an Seilen in die Höhe und banden schwere Gewichte an seine Füße und um seinen Hals. Zudem legten sie brennende Palmblätter auf sein Gesicht. Nach einer halben Stunde solcher Torturen starb er. Sie schleiften ihn in den Wald, wo ihn die wilden Tiere fraßen.

Weitere ruchlose Taten der Piraten

Am selben Tag nahm ein Spähtrupp einen Bauern und dessen zwei Töchter gefangen. Sie folterten ihn, um andere, reichere Bürger zu finden. Der arme Mann sagte, er kenne einige ihrer Verstecke, doch seien die Spanier tief in die Wälder geflohen, wo sie auf den Abzug der Piraten warteten. Die Bukaniere glaubten, er belüge sie, und hängten ihn, so sehr er seine Unschuld auch beteuerte.

Nun schwärmten sie aus und versteckten sich nahe den Pflanzungen um Gibraltar. Sie wussten, dass den Spaniern bald der Proviant ausgehen würde und sie sich zu ihren Landhäusern schleichen müssten, um nicht zu verhungern. Außerdem fanden sie einen Sklaven, dem sie Berge von Gold und die Freiheit versprachen, wenn er ihnen die Verstecke der Bürger zeigte. Diese Aussicht passte dem Neger recht gut,

Rechts: Morgan verspricht einem Sklaven die Freiheit, wenn ihm dieser das Versteck der Spanier verrät. Im Hintergrund bedrohen seine Männer gefangene Bürger mit dem Tode, falls sie ihre verborgene Habe nicht herausgeben.

Links: Diese Folterszenen aus dem Jahre 1637 werden den Barbaresken der nordafrikanischen Küste zugeschrieben. Gefoltert wurde, um Informationen über verborgene Schätze zu erpressen, aber oft wurden auch Menschen anderen Glaubens gepeinigt.

und er führte die Piraten zu manchem Versteck. Sie gestatteten ihm, einige Gefangene zu töten, was er sehr genoss. Die Piraten wussten, dass der Sklave nach einem Mord an Spaniern unbedingt bei ihnen bleiben musste. Nach acht Tagen kehrten die Piraten mit vielen Geiseln und mit Reichtümern bepackten Mauleseln nach Gibraltar zurück. Sie befragten alle 250 Gefangenen nach weiteren Verstecken von Bürgern oder Schätzen. Wer nicht gestand, wurde grässlich gefoltert.

Das grausame Schicksal des armen Wirtes

Besonders schlimm erging es einem alten Portugiesen in seinen Sechzigern, den der Neger fälschlich als sehr reich bezeichnet hatte. Der Portugiese schwor, dass sein ganzer Besitz aus 100 Silberpesos bestehe, die zudem ein junger Mann aus der Nachbarschaft gestohlen habe. Man glaubte ihm nicht und kugelte ihm bei der Strappado-Folter beide Arme aus, aber er hatte nichts zu bekennen. Nun banden die Piraten lange Seile an seine Daumen und großen Zehen und spannten ihn zwischen vier Pflöcke. Sein gesamtes Körpergewicht hing an seinen Daumen und Zehen. Dann schlugen die Piraten mit großen Stöcken auf die Seile, dass sein Körper zuckte und seine Sehnen sich dehnten. Er war schon halb tot, doch sie legten ihm noch einen zwei Zentner schweren Stein auf den Bauch, als wenn sie ihn zerquetschen wollten. Dann pressten sie brennende Palmblätter auf sein Gesicht, sein Haar und seinen Bart. Schließlich waren sie ihres Tuns überdrüssig und schnitten ihn los. In ihrem Wachlokal, der Kirche, fesselten sie ihn aufrecht an eine Säule und gaben ihm gerade so viel zu essen und zu trinken, dass er am Leben blieb. Nach vier oder fünf Tagen wurde ein anderer Gefangener zu ihm gebracht, den er bat, 500 spanische Silberpesos für sein Leben zu bieten. Man schlug ihn abermals, weil er eine so geringe Summe verlangt hatte. Als 1000 Silberstücke versprochen und in wenigen Tagen gesammelt wurden, schenkte man dem Mann die Freiheit wieder. Er war nur ein armer Wirt und so entsetzlich verstümmelt, dass er nach dieser Marter wohl nur noch wenige Wochen lebte.

Doch hatte selbst dieser Mann nicht die volle Grausamkeit der Folter erlitten, die in Gibraltar praktiziert wurde. Wenn sie gnädig gestimmt waren, zerfleischten die Piraten die armen Kerle mit dem Schwert und gaben ihnen dann den Todesstoß. Andere verwundeten sie mit drei oder vier Stichen und ließen sie dann unter schrecklichen Schmerzen krepieren, was oft mehrere Tage dauerte. Und es gab noch schlimmere Foltern.

Andere wurden mit brennenden Lunten zwischen Zehen und Fingern gekreuzigt. Wieder andere wurden gefesselt, mit Fett eingeschmiert und zu Tode geröstet.

ZUCKER UND ZUCKERHERSTELLUNG

Zuckerrohr war seit dem 17. Jahrhundert das wichtigste Agrarprodukt der Westindischen Inseln. Auf den meisten Inseln wurde Zuckerrohr zur Zuckerherstellung angebaut. Zucker fand Verwendung in Kuchen, zum Süßen von Tee sowie beim Destillieren und Brauen, wo er den chemisch trägeren und teureren Honig ersetzte. Die Einführung von Plantagensystem, Sklaverei und Windmühlen zur Massenproduktion wurde zum Antrieb für die europäische Expansion, Kolonisation und Beherrschung der Neuen Welt. Im 17. Jahrhundert wurde Zucker auch erstmals in großen Rumbrennereien eingesetzt. Ursprünglich ließ man den Zucker in Tonkrügen aushärten. Bei der Kristallisation wurde die braune Melasse von der zurückbleibenden Suchrose getrennt, auf natürliche Weise fermentiert und dann zu einer klaren Flüssigkeit destilliert, die in Holzfässern nachdunkelte.

Stich einer Mühle auf den Westindischen Inseln im 17. Jahrhundert. Die Sklaven zum Antreiben des Rades wurden durch Ochsen ersetzt. Rohes Zuckerrohr wurde mit hohem Profit zum Raffinieren nach Europa exportiert.

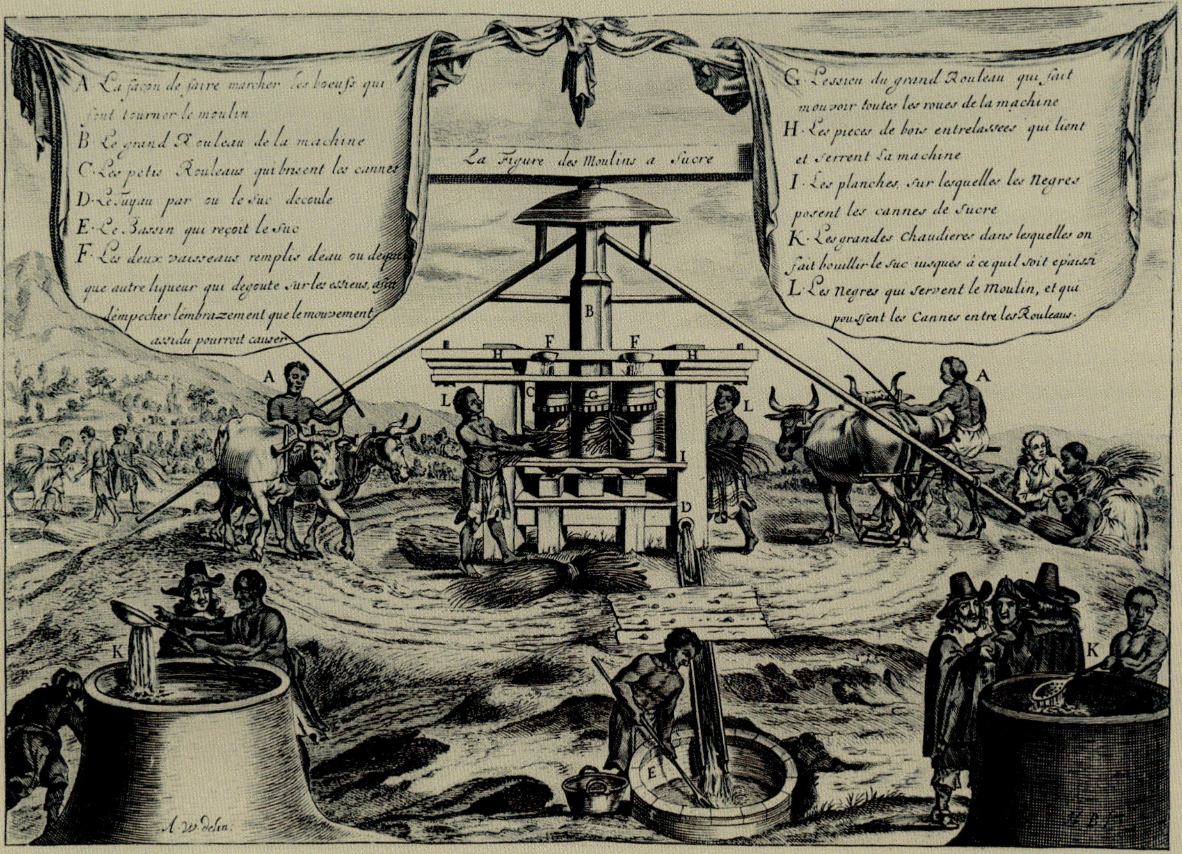

Männer wurden an ihren Genitalien aufgehängt, bis diese durch das Körpergewicht abrissen. Andere wurden mit brennenden Lunten zwischen Zehen und Fingern gekreuzigt. Wieder andere wurden gefesselt, mit Fett eingeschmiert und zu Tode geröstet. Solche Grausamkeiten verübten die Piraten nicht nur an den Weißen, auch den Sklaven erging es nicht besser.

Ein Sklave versprach, Morgan zu einem Fluss zu führen, der in den See mündete. Dort befänden sich ein Schiff und vier Barken mit den Schätzen der Bürger Maracaibos. Ein Sklave behauptete, dass ein anderer Sklave den Aufenthaltsort des Gouverneurs und vieler Frauen kenne, doch jener bestritt dies.

Mit dem Tod durch den Strang bedroht, versprach er jedoch, die Bukaniere zum Gouverneur zu führen. Morgan teilte seine Männer in zwei Gruppen. 100 wurden in großen, wendigen Booten flussaufwärts geschickt, um das Schiff und die Barken zu finden, während Morgan mit 350 Mann den Gouverneur selbst suchte. Der hatte sich auf einer kleinen Insel in der Mitte eines Flusses versteckt, wo er ein kleines Fort errichtet hatte. Seine Spione warnten ihn vor den herannahenden Piraten, also zog er sich auf einen nahen Berg zurück, dessen Gipfel nur über einen schmalen Grat zu erreichen war. Die Verteidiger hatten zudem Brandbomben vorbereitet.

Nach zwei Tagen erreichte Morgan die Insel. Heftiger Regen ließ jedoch den Fluss anschwellen, und er verlor mehrere Männer bei dem Versuch einer Überquerung. Das Pulver der Piraten war feucht, zudem hatten sie im Fluss die Maulesel mit ihrem Gepäck und vielen Waffen verloren, ebenso wie einen Teil der Beute, die sie auf dem Weg zur Insel gemacht hatten. Der Pfad zum Berggipfel war abschüssig, und ein heftiger Kugelhagel empfing sie und warf sie zurück. Morgans Männer waren so geschwächt, dass 50 gut bewaffnete Landsknechte mit Piken und Lanzen sie alle hätten töten können. Die Spanier indes hatten solche Angst, dass selbst ein Rascheln der Blätter an den Bäumen sie aufschreckte. Da seine Männer jedoch nicht kampfbereit waren, befahl Morgan die Rückkehr nach Gibraltar. Das Land liegt sehr tief, die Flüsse waren über die Ufer getreten und hatten die Waldwege überflutet. Manchmal mussten sie bis zu einer Meile weit durchs Wasser waten, und sie verloren mehrere Gefangene durch Ertrinken und Hitzschlag.

Zwölf Tage nach ihrer Abreise kehrte Morgan mit einer großen Zahl Gefangener nach Gibraltar zurück. Seine Leute aber waren stark geschwächt. Zwei Tage später traf die andere Gruppe mit dem spanischen Schiff, den vier Barken und weiteren Gefangenen ein. Sie brachten nicht die ganze Fracht mit, denn die Spanier waren gewarnt worden und hatten bereits den größten Teil der Güter entladen, als die Piraten ankamen. Die Spanier hatten die Schiffe in Brand setzen wollen, doch die Piraten kamen ihnen zuvor und fanden noch Leinen, Seide und andere Güter an Bord.

Rückkehr nach Maracaibo

Admiral Morgan war nun seit fünf Wochen in Gibraltar ohne Hoffnung auf weitere Beute. Er wollte prüfen, ob Maracaibo immer noch einen sicheren Fluchtweg zur Karibik darstellte, und entsandte zwei Gefangene mit einer Lösegeldforderung und der Drohung, die Stadt niederzubrennen. Die Spanier ließen jedoch ausrichten, ihre Leute seien verstreut und könnten daher kein Geld auftreiben. Morgan glaubte ihnen und gab den Gefangenen fünf Tage, um 5000 Silberpesos zu sammeln. Er nahm einige Geiseln mit, um sicherzustellen, dass ihm das Geld in Maracaibo ausgehändigt wurde, und verließ Gibraltar. Die Spanier boten ein Lösegeld für seinen schwarzen Führer, doch Morgan lehnte ab, weil er wusste, dass sie ihn lebendig verbrennen würden. Vier Tage später erreichte er Maracaibo. Die gefangenen Sklaven wollte er mit nach Jamaika nehmen.

In Maracaibo war alles unverändert, doch Morgan wusste, dass die Spanier die Zeit genutzt hatten, um eine Entsatztruppe aufzustellen. In einem Hospital traf er einen alten, kranken Mann, der ihm berichtete, dass an der Flussmündung drei spanische Kriegsschiffe auf ihn warteten. Fort Palomas, das die Mündung überblickte, war neu bemannt und mit Kanonen bestückt worden. Morgan und seine Flotte saßen nun im Maracaibo-See in der Falle. Eine wendige Schaluppe wurde ausgesandt, um die Lage zu erkunden. Sie näherte sich den spanischen Schiffen bis auf Schussweite und wurde unter Feuer genommen. Die Kriegsschiffe waren mit 36, 26 und 16 Kanonen bestückt, was die Feuerkraft Morgans kleiner Schiffe und Boote deutlich übertraf. Sein Flaggschiff trug nur 14 Geschütze. Auch über Land bot sich keine Fluchtmöglichkeit. Im Inland waren sie von spanischen Ländereien umgeben. Morgan wünschte, die spanischen Kriegsschiffe wären auf den See gesegelt, dessen seichte Gewässer seinen Schiffen ausreichend Platz zum Manövrieren boten.

MEDIZIN UND KRANKHEIT

Im 17. Jahrhundert wusste man sehr wenig über Hygiene. So kam es den Menschen auch nicht in den Sinn, die Hände zu waschen, bevor sie aßen oder eine Wunde verbanden. Die Ärzte glaubten an die Kraft von Pulvern, die angeblich aus Einhornmehl bestanden, und verwendeten lebendige Würmer, Fuchslungen, Spinnweben, Schwalbennester und die Schädel hingerichteter Krimineller für ihre Prozeduren. Zur Senkung des Blutdrucks, Verhinderung der Blutgerinnung und Reinigung des Blutes wurden Blutegel angelegt. Außerdem stellte man fest, dass heißes Öl zur Wundbehandlung ungeeignet war, und trug stattdessen eine kalte Lotion aus Eigelb, Rosenöl und Terpentin auf. William Harvey entdeckte, dass das Blut durch den Körper zirkuliert und das Herz dabei als Pumpe fungiert. Robert Boyle erkannte, dass der Körper bei der Atmung Sauerstoff aufnimmt.

WUNDÄRZTE UND IHRE ARZTKISTEN

John Woodalls 1617 erschienenes Handbuch „Der Wundarztbegleiter" listete alle Instrumente und Arzneien auf, die in die Kiste eines Schiffsarztes gehörten, und erklärte ihren Gebrauch. Für Notmaßnahmen wie Amputationen gab es spezielle Anweisungen, auch wurden verschiedene Leiden beschrieben wie der Skorbut. Zu den Werkzeugen und Heilmitteln eines Schiffsarztes gehörten Kopfsägen, Brenneisen, Sonden und Spachtel zur Entfernung von Splittern und Geschossen, Spritzen, Pinzetten, Zangen zum Zähneziehen, Schröpfgläser, Blutauffangbecher, Speisenwärmer und Zunderbüchsen. Als Blackbeard den Hafen von Charleston in South Carolina belagerte, verlangte er für die Herausgabe von bedeutenden Bürgern der Stadt eine Arztkiste – wohl wegen des Quecksilbers zur Behandlung der Syphilis, an der er und seine Männer litten.

Oben: *Eine tragbare Wundarztausrüstung mit Messern und Sonden. Eine Wundarztkiste war reichhaltiger ausgestattet.*

BEDINGUNGEN AN BORD

An Bord der Schiffe gab es nicht nur Ratten, Käfer, Läuse und Kakerlaken, sondern oft auch lebendes Vieh, das manchmal freien Auslauf an Deck hatte und dort seinen Kot hinterließ. Die Kleidung der Piraten war häufig feucht und voller Läuse. Die Piraten litten an Sonnenbränden, hitzebedingter Erschöpfung, Sonnenstich und Hypothermie. Manchmal verloren die Matrosen beim Klettern in der Takelage durch die Bewegung des Schiffes und der Masten das Gleichgewicht und stürzten. Prellungen, Brüche, Schnitt- und Schürfwunden waren an der Tagesordnung.

Oben: *Stürme auf See verursachten viele Verletzungen, von gebrochenen Beinen bis hin zu Schädelfrakturen.*

SYPHILIS

Die am weitesten verbreitete und am meisten gefürchtete Krankheit war die Syphilis – wer auf einem Schiff anheuerte, bat häufig den Schiffsarzt um Quecksilber zur Behandlung. Es war bekannt, dass die Krankheit durch Sexualkontakt übertragen wird, doch wurde zuerst angenommen, sie sei durch den Geschlechtsverkehr einer Prostituierten mit einem Leprakranken entstanden. Syphilis ist der Lepra sehr ähnlich und war bis zum 15. Jahrhundert völlig unbekannt. Das Harz des Lebensbaumes verursacht Schweißausbrüche und Speichelfluss, denen man einen Heilerfolg zuschrieb. Ein anderes weitverbreitetes Heilmittel war Quecksilber, das (wegen seiner toxischen Eigenschaften) ebenfalls die Speicheldrüsen anregt.

Oben und rechts: *Pharmazeutische Gefäße für Quecksilber und Gayac, spätes 17. oder frühes 18. Jahrhundert.*

SKORBUT

1593 entdeckte Kapitän Richard Hawkins, dass Zitronen und Orangen die besten Mittel gegen Skorbut waren, doch erst ab 1795 hatten die Schiffe der Royal Navy Zitronensaft an Bord, um die Krankheit zu bekämpfen. Bis zu diesem Zeitpunkt waren etwa 800 000 britische Seeleute an Skorbut gestorben. Handelsschiffe folgten dem Beispiel sogar erst ab 1854. Limonensaft ersetzte später in der königlichen Marine die Zitronen, woraus der Begriff *limeys* für die Briten in der amerikanischen Umgangssprache entstand. Auf langen Reisen ohne frische Früchte oder Gemüse war der Skorbut endemisch gewesen. Er war auch für viele Schiffbrüche verantwortlich: Durch Mangel an Vitamin C verfielen die Mannschaften oft in eine dumpfe Lethargie. Die ersten Symptome waren geschwollenes Zahnfleisch, Zahnausfall, Herzschwäche und schwarze Flecken unter der Haut. Später versank der erschöpfte Seemann in eine finale Starre. Die Augen waren glänzend, die Gliedmaßen geschwollen, Wunden heilten nicht mehr und Blutungen in Muskeln und Gelenken verursachten starke Schmerzen. Schließlich brachen die Blutgefäße um das Gehirn, was zum Tod führte.

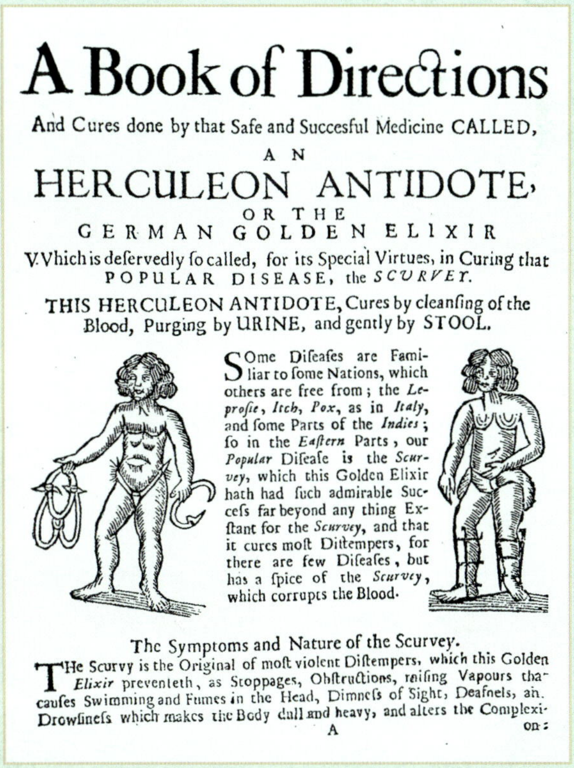

A Book of Directions

And Cures done by that Safe and Succesful Medicine CALLED,

AN

HERCULEON ANTIDOTE,

OR THE

GERMAN GOLDEN ELIXIR

VVhich is defervedly fo called, for its Special Virtues, in Curing that POPULAR DISEASE, the *SCURVEY*.

THIS HERCULEON ANTIDOTE, Cures by cleanfing of the Blood, Purging by URINE, and gently by STOOL.

SOme Difeafes are Familiar to fome Nations, which others are free from; the *Leprofie*, *Itch*, *Pox*, as in *Italy*, and fome Parts of the *Indies*; fo in the *Eaftern* Parts, our *Popular* Difeafe is the *Scurvey*, which this Golden Elixir hath had fuch admirable Succefs far beyond any thing Extant for the *Scurvey*, and that it cures moft Diftempers, for there are few Difeafes, but has a fpice of the *Scurvey*, which corrupts the Blood.

The Symptoms and Nature of the Scurvey.

THe Scurvy is the Original of moft violent Diftempers, which this Golden *Elixir* preventeth, as Stoppages, Obftructions, raifing Vapours that caufes Swimming and Fumes in the Head, Dimnefs of Sight, Deafnefs, and Drowfinefs which makes the Body dull and heavy, and alters the Complexion:

A

Rechts: *Anzeige aus dem 17. Jahrhundert für „Ein herkulisches Gegenmittel" gegen Skorbut.*

Von ihrer Position aus konnten die Spanier Morgans Schiffe versenken, wenn sie sich der Meerenge zum Golf von Venezuela näherten. Um seinen Männern zu beweisen, dass er keine Furcht hatte, schickte Morgan einen spanischen Gefangenen aus und forderte ein Lösegeld für die Stadt Maracaibo. Zwei Tage später kehrte dieser mit einem Brief des spanischen Admirals zurück:

Brief von Don Alonso del Campo y Espinosa, Admiral der spanischen Flotte, an Kapitän Morgan, Kommandeur der Piraten.

Wie uns unsere Freunde und Nachbarn mitteilten, habt Ihr es gewagt, in den Ländern, Städten und Dörfern seiner Katholischen Majestät, meines obersten Herrn Gräueltaten zu verüben; mit diesen Zeilen lasse ich Euch wissen, dass ich meiner Pflicht gemäß hierhergekommen bin, zu jener Festung, die Ihr den Händen von Feiglingen entrissen habt; dort habe ich alles zur Verteidigung Notwendige veranlasst und die Geschütze, die Ihr vernagelt und demontiert habt, wiederhergestellt. Es ist meine Absicht, Euch an der Ausfahrt aus dem See zu hindern und Euch überallhin zu folgen, damit Ihr seht, wie getreulich ich meine Pflicht erfülle.

Solltet Ihr Euch jedoch demütig ergeben und sämtliche Beute, Gefangenen und Sklaven herausgeben, werde ich Euch unbehelligt und in Freiheit ziehen lassen, unter der Bedingung, dass Ihr unverzüglich in Euer Heimatland zurückkehrt. Solltet Ihr hingegen mein Angebot zurückweisen und Widerstand leisten, versichere ich Euch, dass ich Schiffe aus Caracas anfordern und mit meinen Truppen nach Maracaibo segeln werde. Dort werde ich Euch vernichten und jeden einzelnen Mann mit dem Schwerte töten.

Dies ist mein letztes und endgültiges Wort. Handelt daher mit Bedacht und erwidert meinen Großmut nicht mit Undank. Mir unterstehen sehr gute Soldaten, die sich nichts glühender wünschen, als all die Grausamkeiten und Missetaten zu rächen, die Ihr an der spanischen Nation in Amerika verübt habt.

Geschrieben am 24. April 1669 an Bord des königlichen Schiffes Magdalena, vor Anker liegend an der Mündung des Maracaibo-Sees – Don Alonso del Campo y Espinosa.

Morgan rief seine Männer auf dem Marktplatz zusammen und verlas den Brief auf Englisch und Französisch. Er traute den Spaniern nicht. Vielmehr glaubte er, dass er und seine Mannschaft nach Übergabe der Beute und der Sklaven trotzdem getötet oder, schlimmer noch, der Inquisition übergeben würden. Also fragte er seine Männer, ob sie ihre Beute herausgeben oder um ihre Freiheit kämpfen wollten. Sie wollten alle bis zum letzten Atemzug um ihre Beute kämpfen.

Rechts: Gemälde von Francisco Rizi, 1680. Zu Morgans Zeit wurden Andersgläubige von der spanischen Inquisition verfolgt und hingerichtet, meist durch den Tod auf dem Scheiterhaufen.

Gegenüberliegende Seite: „Ein amerikanischer Freibeuter kapert ein britisches Schiff", 1908. Howard Pyle war ein bekannter Autor und Künstler. Er malte eine Reihe von Piratenszenen, unter anderem für sein 1903 erschienenes „Piratenbuch".

BEUTEZÜGE DER PIRATEN UND BUKANIERE

Die erfolgreichsten Überfälle und Kaperungen:

Jahr, Kapitän, Schiff	Schiff oder Stadt, Position, Lage	Zeitwert der Beute
1579, Sir Francis Drake, *Golden Hind*	*Cacafuego,* Schatzschiff von Peru nach Panama, gekapert vor Ecuador	etwa 450 000 Pfund
1587, Thomas Cavendish, *Desire*	*Santa Ana,* Galeone aus Manila, gekapert vor Kalifornien	125 000 Pfund
1587, Sir Francis Drake, *Golden Hind*	*San Felipe,* ostindische Karacke, gekapert vor den Azoren	über 114 000 Pfund
1592, Captain Crosse, *Foresight,* sowie acht weitere englische Freibeuter	*Madre de Dios,* portugiesische Karacke unterwegs von Indien nach Lissabon, gekapert vor den Azoren	500 000 Pfund, davon gingen 140 000 an die Krone
1607, John Ward auf der *Gift*	*Reniera y Soderina,* venezianisches Schiff, gekapert vor Zypern	über 100 000 Pfund
1612–13, Peter Easton und vier Schiffe	holländische, englische und afrikanische Schiffe, gekapert im Atlantik und im Mittelmeer	etwa 100 000 Goldkronen
1613, Sir Henry Mainwaring	spanische Schiffe im Mittelmeer	etwa 500 000 spanische Kronen
1628, Hendrick Lucifer	spanisches Schatzschiff vor Kuba	1,2 Millionen holländische Gulden
1628, Piet Heyn mit 31 Schiffen	spanische Schatzflotte aus Mexiko, vor Kuba	14 Millionen holländische Gulden
1658, Sir Christopher Myngs, *Marston Moor*	venezolanische Hafenstädte	375 000 Pfund
1663–65, Sir Henry Morgan mit den Kapitänen Morris und Jackman	Villa de Mosa (Honduras) und Granada (Nicaragua)	über 100 000 Pfund
1668, Sir Henry Morgan auf der *Oxford,* mit John Morris und sechs kleineren Schiffen	Überfall auf den Schatzhafen Portobelo, Panama	etwa 500 000 Silberpesos sowie 300 Sklaven, Gold und Silber

Jahr, Kapitän, Schiff	Schiff oder Stadt, Position, Lage	Zeitwert der Beute
1669, Sir Henry Morgan, acht kleine Schiffe	Überfall auf Maracaibo und Gibraltar; in Venezuela Kaperung der Galeone *La Marquesa,* Zerstörung der *San Luis* und der *Magdalena*	etwa 250 000 Silberpesos, inklusive Sklaven und Barren
1671, Sir Henry Morgan auf der *Satisfaction,* mit John Morris und Bledri Morgan sowie 1400 Mann	Eroberung von Old Providence (1670) und der Festung Chagres, Überfall auf Panama-Stadt, größter Beutezug der Geschichte	750 000 Silberpesos sowie 30 000 Pfund in Lösegeldforderungen
1683, De Graff, Van Horn und de Gammont, sowie fünf weitere Schiffe	Überfall auf die Hafenstadt San Juan de Ulua und die Stadt Vera Cruz, Mexiko	etwa 200 000 Pfund
1695, Henry (Long Ben) Avery auf der *Fancy,* mit fünf weiteren Schiffen	Kaperung der indischen Schatzschiffe *Fatch Mohamed* und *Gang-i-Sawai* im Roten Meer	etwa 400 000 Pfund
1698, Dirk Chivers, *Soldado,* Robert Culliford, *Mocha*	*Great Mohamed,* indisches Schiff, gekapert im Roten Meer	etwa 130 000 Pfund
1717, Black Sam Bellamy, *Sulatana,* mit Paulsgrave Williams	Sklavenschiff *Whydah,* gekapert vor Long Island, Bahamas	25 000 Pfund aus dem Verkauf der Sklaven, 30 000 Pfund aus dem Verkauf der Ladung
1719, Black Bart Roberts, *Royal Rover*	*Sagrada Familia* und zwei weitere portugiesische Schatzschiffe, gekapert in der Allerheiligenbucht, Brasilien	40 000 Moidores (portugiesische Währung) sowie ein Vermögen in Diamanten und Gold
1721, John Taylor, *Cassandra,* und Olivier la Bouche, *Victory*	*Nostra Senhora de Cabo,* portugiesisches Schiff, gekapert bei Réunion	etwa 500 000 Pfund in Diamanten und 375 000 Pfund in anderer Ladung

Gegenüber: Henry Morgan beobachtet auf dem Maracaibo-See seine Kanoniere. Die Batterien befehligte der Schiffskanonier, der auf den Wellengang achten musste, um sein Ziel zu treffen. Die Piraten wollten feindliche Schiffe kampfunfähig machen und entern.

Unten: Piraten setzten häufig kleine Boote ein, um nachts ankernde Schiffe anzugreifen. In der Karibik, wo es viele Riffe und Untiefen gibt, war es extrem gefährlich, bei Nacht zu segeln.

Die Schlacht auf dem Maracaibo-See

Einer von Morgans Männern schlug vor, aus dem Schiff, das sie flussaufwärts in Gibraltar erobert hatten, ein *brûlot* (Brander) zu machen. Der Pirat versprach, das Flaggschiff „Magdalena" mit nur einem Dutzend Männer zu zerstören. Er könne das erbeutete Schiff wie ein Kriegsschiff unter Morgans Flagge ausstatten. Auf die Decks wollte er Holzfiguren stellen, die wie Männer mit Helmen und Hüten aussahen. Aus den Luken sollten als Kanonen schwarz gestrichene, hohle Stämme ragen.

Der Rat nahm seinen Vorschlag an, da ohnehin keine andere Wahl blieb. Morgan versuchte nun, Zeit zu gewinnen. Er sandte einen Boten mit dem Vorschlag, dass er Maracaibo allein verlassen, keine Lösegeldforderung stellen und die Hälfte der Sklaven sowie die anderen Gefangenen freilassen wolle. Außerdem versprach er, auf das für Gibraltar geforderte Lösegeld zu verzichten und die Geiseln freizulassen. Espinosa erwiderte Morgans Angebot mit den Worten, dass die in seinem Brief aufgeführten Bedingungen nicht verhandelbar seien. Er gab Morgan zwei Tage, danach werde er ihn mit Feuer und Schwert vernichten.

Die Piraten sperrten die Gefangenen und Sklaven ein und bewachten sie streng, damit niemand entwischen und den Plan verraten konnte. Fieberhaft machten die Piraten ihre Schiffe kampfbereit und arbeiteten an dem Brander. In der Stadt fanden sie Teer, Pech und Schwefel und trugen alles Brennbare zusammen. Sie vermischten Schießpulver und Schwefel und legten sorgfältig mit Teer überzogene Palmblätter aus. Neue Luken wurden gezimmert, um den Eindruck zu erwecken, das Schiff wäre mit vielen Kanonen bestückt. Die hölzernen Rohre waren mit Teer und Schwefel überzogen, darunter standen jeweils sechs Töpfe Schießpulver mit Lunten. Das Deck wurde mit Puppen bevölkert, die Männer mit Hüten, Schultergurten, Degen und Musketen vortäuschten.Das Schiff war nun eine schwimmende Bombe.

Alle männlichen Gefangenen wurden auf eine in Gibraltar erbeutete Barke gebracht. Die kostbarsten Beutestücke brachte man mit den weiblichen Gefangenen auf eine andere. An Bord befanden sich je

W.H.O

Die Mannschaft des Branders entzündete die Lunten und sprang in die Boote, um sich in Sicherheit zu bringen. Die auflodernden Flammen ergriffen das spanische Schiff, das bald lichterloh brannte.

zwölf Bewaffnete. Die weniger wertvolle Beute wurde auf die kleineren Boote verteilt. Am 30. April 1669 segelte die Flotte auf die Hafeneinfahrt zu, das Feuerschiff voran, gefolgt von Morgans Flaggschiff. Die spanische Flotte lag in der Mitte des Seezugangs vor Anker. Es dämmerte bereits, und Morgan ließ seine Schiffe außerhalb der Reichweite des Feindes ankern. Die Männer wurden zur Wachsamkeit ermahnt, falls die Spanier einen nächtlichen Angriff versuchten.

Im Morgengrauen ließ sich die Flotte von der Ebbe aus dem See ziehen. Die Spanier kappten die Leinen und machten sich kampfbereit. Der Brander näherte sich dem Flaggschiff und wurde mit Enterhaken daran festgemacht. Die Spanier hatten die Kriegslist zu spät durchschaut. Die Mannschaft des Branders entzündete die Lunten und sprang in die Boote, um sich in Sicherheit zu bringen. Die auflodernden Flammen ergriffen das spanische Schiff, das bald lichterloh brannte. Hastig gab man das große Flaggschiff auf. Das zweite spanische Schiff hielt Morgans Schiff ebenfalls für einen Brander und versuchte, in Richtung der Festung zu entkommen, doch es lief auf Grund. Die Spanier legten an Bord Feuer und schwammen ans Ufer. Das dritte Schiff flüchtete, wurde jedoch geentert. Die Piraten wollten die Besatzung des sinkenden Flaggschiffs auffischen, doch viele ertranken lieber, als den Piraten in die Hände zu fallen.

Innerhalb weniger Stunden war die spanische Flotte zerstört. Morgans Männer waren in Hochstimmung und griffen nun die Festung an, wurden jedoch unter heftiges Artilleriefeuer genommen. Die Piraten waren nur mit Musketen und Handgranaten bewaffnet, und die leichten Schiffskanonen konnten den Mauern nichts anhaben. Zwar fügten sie den Spaniern mit ihren präzisen Musketen fürchterliche Verluste zu, doch alle Versuche, sich den Mauern zu nähern und Granaten zu werfen, scheiterten. Die Spanier warfen Brandbomben und Töpfe voll Schießpulver mit brennenden Lunten. Als sie sich bei Einbruch der Dunkelheit zurückzogen, hatten die Piraten 30 Tote und 30 Verwundete zu beklagen.

Der Fluchtweg bleibt versperrt

Morgan wusste, dass er die Festung Palomas einnehmen musste, um aus dem See zu entkommen. Die Spanier erwarteten, dass die Piraten ihre Kanonen nahe der Mauern in Stellung bringen würden, und hatten über Nacht das Terrain eingeebnet, damit die Angreifer keine Deckung fanden. Sie waren zuversichtlich, die Piraten in Schach halten zu können, bis Verstärkung aus Caracas eintraf. Das spanische Flaggschiff brach an jenem Abend auseinander, und einige Spanier versuchten, es schwimmend zu erreichen, wurden jedoch gefangen. Unter ihnen war der Steuermann des kleinsten der drei spanischen Kriegsschiffe. Morgan fragte ihn, wie viel Mann an Bord wären, wie viele Schiffe noch erwartet würden, wann sie einträfen und aus welcher Richtung.

Der Mann entgegnete, er sei kein Spanier, antwortete jedoch auf Spanisch. Er sagte, nach Morgans Überfall auf Portobelo seien sechs Schiffe aus Spanien gegen die Korsaren gesandt worden. Der spanische Botschafter habe sich bei König Charles II. beschwert, welcher geantwortet habe, es seien keinerlei Kaperbriefe für Angriffe auf die Spanier erteilt worden. Folglich hatte der oberste Rat Spaniens diese sechs Schiffe unter dem Kommando von Don Augustin de Bustos ausgesandt. Er fuhr fort:

«Er kommandierte das größte Schiff, die ‹Nuestra Señora de Soledad›, ausgestattet mit 48 großen und acht kleinen Kanonen. Vizeadmiral war Don Alonso del Campo y Espinosa, der die ‹La Concepción› mit 44 großen und acht kleinen Kanonen kommandierte. Es gab vier weitere Schiffe. Die ‹Magdalena› war mit 36 großen und zwölf kleinen Kanonen bestückt und hatte 250 Mann an Bord. Auf der ‹San Luiz› waren 26 große und zwölf kleine Kanonen sowie 200 Mann. Die ‹La Marquesa› verfügte über 16 große und acht kleine Kanonen sowie 150 Mann. Auf der ‹Nuestra Señora del Carmen› schließlich befanden sich 18 große und acht kleine Kanonen, dazu 250 Mann.

Als wir Cartagena erreichten, erhielten die zwei größten Schiffe Befehl, nach Spanien zurückzukehren, da sie für diese Gewässer zu groß waren. Mit den vier verbleibenden Schiffen segelte Don Alonso nach Campeche. Dort überraschte uns ein gewaltiger Sturm, in dem wir die ‹Nuestra Señora del Carmen› verloren. Darauf setzten wir Segel gen Hispaniola. Nach einigen Tagen erreichten wir den Hafen von San Domingo, wo wir erfuhren, dass eine Flotte aus Jamaika durchgekommen war und einige Männer in Alta Gracia an Land gegangen waren. Einer wurde gefangen und gestand, dass sie planten, Caracas zu überfallen. Don Alonso brach sofort auf. In Caracas berichtete man uns, die Piraten seien mit einer Flotte von sieben Schiffen und einem Boot auf dem Maracaibo-See eingeschlossen.

Unten: Morgans Angriff auf die drei Schiffe auf dem Maracaibo-See. Das Flaggschiff vorn rechts explodiert nach dem Angriff des Feuerschiffs; Morgan attackiert ein Schiff in der Ferne; das dritte Schiff ist auf Grund gelaufen und von der eigenen Mannschaft in Brand gesetzt worden.

So gelangten wir hierher; als wir uns der Hafeneinfahrt näherten, feuerten wir einen Schuss ab, um einen Lotsen anzufordern. Als sie sahen, dass wir Spanier waren, kamen sie mit einem Lotsen. Sie sagten, die Engländer hätten Maracaibo eingenommen und plünderten gerade Gibraltar. Als Don Alonso dies erfuhr, hielt er vor seinen Soldaten und Seeleuten eine glühende Rede. Er erinnerte sie an ihre Pflicht und versprach, alles aufzuteilen, was sie den Engländern abnahmen. Danach gab er Befehl, die Kanonen des verlorenen Schiffs sowie einen 18-Pfünder seines Schiffes in der Festung in Stellung zu bringen.

Die Lotsen manövrierten uns in den Hafen. Don Alonso erteilte den Leuten an Land Befehl, die Festung wieder in Besitz zu nehmen, und verstärkte sie zusätzlich mit 100 Mann. Kurz darauf erfuhren wir von Eurer Rückkehr nach Maracaibo. Dorthin sandte Euch Don Alonso einen Brief, in dem er Euch aufforderte, alles geraubte Gut herauszugeben. Dies indes lehntet Ihr ab, woraufhin er das Versprechen seinen Seeleuten und Soldaten gegenüber erneuerte. Er gab all seinen Männern ein reiches Mahl und beschwor sie, den Engländern keine Gnade zu gewähren.

Daher ertranken so viele, da sie in Kenntnis ihrer eigenen Absichten nicht wagten, um Gnade für ihr Leben zu bitten. Zwei Tage, bevor Ihr gegen uns segeltet, kam ein Neger an Bord von Don Alonsos Schiff, der ihm erzählte: ‹Sir, seid auf der Hut und wappnet Euch, denn die Engländer wollen Eure Flotte mit einem Feuerschiff verbrennen.› Don Alonso wollte ihm jedoch keinen Glauben schenken und antwortete: ‹Wie kann das sein? Verstehen sie es denn überhaupt, ein Feuerschiff zu bauen? Welche Gerätschaften haben sie, um solches zu tun?›»

Diese Information war überaus wertvoll, da Morgan nun wusste, dass keine weiteren Kriegsschiffe aus Spanien nahten. Er bot dem Steuermann sogar einen Anteil an der Beute, wenn er bei den Bukanieren bliebe. Der nahm an und sagte, dass sich wenigstens 30 000 oder 40 000 Silberpesos in dem gesunkenen Flaggschiff befänden, was der Grund dafür war, warum die Spanier den Hulk hatten erreichen wollen. Morgan ließ ein Schiff zurück, um das Silber zu bergen, mit dem Rest seiner Flotte segelte er nach Maracaibo. Das gekaperte Kriegsschiff machte er zu seinem Flaggschiff. Dann schickte er Don Alonso eine weitere Nachricht, in der er erneut ein Lösegeld für die Schonung von Maracaibo forderte. Dieser wollte ablehnen, wurde jedoch von seinen Ratgebern umgestimmt. Morgan versprach, die Gefangenen freizulassen, und verlangte 30 000 Silberpesos und 500 Stück Vieh als Proviant, begnügte sich dann aber mit 20 000 und dem Vieh.

Am nächsten Tag brachte man Morgan das Vieh und einen Teil des Geldes. Die Piraten schlachteten das Vieh, pökelten und verluden das Fleisch. Tags darauf traf das restliche Geld ein. Dennoch verweigerte Morgan die Herausgabe der Gefangenen, da er fürchtete, beim Verlassen des Sees beschossen zu werden. Daher sagte er den Spaniern, er wolle die Gefangenen erst freilassen, wenn er außer Gefahr sei, und hoffte, sie würden ihn ungehindert passieren lassen. Dann segelte er mit seiner Flotte an den Punkt, wo der verbrannte Hulk lag.

Die Piraten schlachteten das Vieh, pökelten und verluden das Fleisch. Tags darauf traf das restliche Geld ein. Dennoch verweigerte Morgan die Herausgabe der Gefangenen.

HENRY MORGANS SCHATZ

Obwohl er sechs erfolgreiche Beutezüge gegen die Spanier geführt hatte, hinterließ Morgan neben seinen Plantagen auf Jamaika nur 5263 Pfund. Seitdem kursieren Gerüchte, er hätte einen Schatz vergraben, als er seiner restlichen Flotte vorausgesegelnd aus Panama zurückkehrte. Die Isla de la Vaca vor Haiti war Morgans bevorzugter Stützpunkt und faszinierte seit jeher die Schatzsucher. Nach seiner Haft in England segelte Morgan direkt dorthin und lief mit der „Jamaica Merchant" auf ein Riff. Sein Flaggschiff, die „Oxford", wurde vor Haiti entdeckt und geborgen. Anderen Gerüchten zufolge soll er sein Vermögen auf Jamaika, auf Cayo Largo (vor Havanna) auf Utila (Kolumbien) oder auf den Bahamas vergraben haben.

Die Abacos-Inselkette der Bahamas ist einer der vielen Orte, wo Henry Morgan seinen Schatz aus Panama vergraben haben soll.

Der Sturm wurde so stark, dass Morgan Anker lichten und vor ihm hersegeln musste. Er fürchtete, dass er sonst entweder zu den Spaniern auf der einen oder zu den Indianern auf der anderen Seite abgetrieben würde. Beide hätten keine Gnade gekannt.

Seine Mannschaft barg 15 000 Silberpesos, dazu Tafelsilber, Schwertgriffe und andere Wertsachen. Sie fanden auch Silbermünzen, die durch das Feuer zu Klumpen geschmolzen waren. Einige wogen über 30 Pfund.

Morgan wollte in die Karibik flüchten. Er ließ Don Alonso durch Boten ausrichten, dass er alle Gefangenen aufknüpfen werde, sollte er kein freies Geleit bekommen. Der Gouverneur antwortete, die Gefangenen – darunter viele Frauen und Kinder – seien Feiglinge. Hätten sie die Festung verteidigt, wie er es nun beabsichtige, hätten die Piraten gar nichts erreicht. Seine Absicht sei es, alle Räuber auf den Meeresgrund zu schicken. Er wolle seine Pflicht seinem König gegenüber tun und seine eigene Ehre retten. Bedrückt kehrten die Boten zurück und erstatteten Bericht. Morgan sagte seinen Leuten, er werde es schaffen, den Spaniern zu entkommen. Um die Stimmung zu heben, ließ er die Beute verteilen.

Es waren 250 000 Silberpesos, Gold, Silber, Edelsteine, Perlen, Waren und Sklaven. Alle Männer wurden versammelt und mussten schwören, nichts vor ihren Kameraden verborgen zu haben. Morgan verteilte die Beute auf mehrere Schiffe, um einen vollständigen Verlust zu vermeiden. Danach schmiedete Morgan Pläne, wie er die Beute nach Jamaika bringen könnte.

Die Flucht gelingt

Morgan hatte eine Strategie: Er wartete auf einen günstigen Wind, dann ließ er seine Männer in die Boote gehen und zum nahe der Festung gelegenen Wald rudern, wo sie im Schutz der Bäume an Land gingen. Den ganzen Tag über gingen Männer von Bord. Die Spanier dachten, Morgan wolle seine Männer für einen Angriff mit Leitern auf die Festung sammeln, da sie immer nur zwei oder drei Männer zurückrudern sahen. Morgans Männer kehrten jedoch am Boden der Kanus versteckt auf ihre Schiffe zurück. Die Spanier holten fast alle großen Kanonen aus den Stellungen, die Morgans Weg zur offenen See blockierten. Sie erwarteten einen nächtlichen Angriff auf der Landseite der Festung und verlegten zur Abwehr ihre Männer und Kanonen dorthin.

In der Nacht lichtete Morgans Flotte Anker, ohne jedoch Segel zu setzen, und ließ sich mit der Ebbe flussabwärts treiben, bis sie auf Höhe der Festung waren. Die Spanier hatten nichts bemerkt. Plötzlich hissten die Männer alle Segel. Die Spanier versuchten, einige Kanonen auf die andere Seite der Festung zu bringen, fürchteten aber immer noch einen Angriff aus dem Wald und hielten dies für eine weitere List Morgans. Der war dank der Ebbe und dem guten Wind nun mit seinen Männern fast außer Reichweite. Trotz heftigen Beschusses waren der materielle Schaden und die Verluste bei den Piraten gering. Aus sicherer Entfernung entsandte Morgan ein Kanu mit einigen Gefangenen, nicht jedoch jenen aus Gibraltar, weil er das Lösegeld für die Stadt nicht bekommen hatte. Zum Abschied ließ er sieben große Kanonen auf die Festung abfeuern, was die Spanier jedoch nicht erwiderten. Ein gewaltiger Sturm am nächsten Tage zwang die Flotte in fünf oder sechs Faden tiefem Wasser zum Ankern. Der Sturm wurde so stark, dass Morgan Anker lichten und vor ihm hersegeln musste. Er fürchtete, dass er sonst entweder zu den Spaniern auf der einen oder zu den Indianern auf der anderen Seite abgetrieben würde. Beide hätten keine Gnade gekannt. Doch der Sturm legte sich, und alle Schiffe blieben seeklar.

Die verschollene Freibeuterflotte

Die Bukaniere, die am Kap von Lobos von der Flotte getrennt worden waren, hatten die Insel Saona wie verabredet angesteuert, Morgan jedoch verpasst. Den Brief in einem Krug, den er hinterlassen hatte, um ihnen den nächsten Treffpunkt zu nennen, fanden sie nicht. Die 400 oder 500 Männer dieser Flotte aus fünf Schiffen und einer Bark wählten Kapitän Hansel zu ihrem neuen Admiral, der bei der Eroberung von Portobelo großen Mut bewiesen hatte. Sie segelten nach Cumana, 60 Leagues westlich von Trinidad. An der Küste töteten sie einige Indianer, doch als sie sich der Stadt näherten, wurden sie von einer Streitmacht aus Spaniern und Indianern in die Flucht geschlagen. Es gelang ihnen, ihre Schiffe zu erreichen und mit 100 Toten und 50 Verwundeten zu entkommen. Als sie Jamaika erreichten, trafen sie auf Morgans Männer, die sie mit den Worten empfingen, «Lasst uns sehen, wie viel Geld ihr aus Cumana bringt, und ob es so gutes Silber ist wie jenes, das wir aus Maracaibo mitbringen.»

Unten: Die Fassade der fünfschiffigen Kathedrale in Caracas. Mit dem Bau wurde 1660 begonnen. Die Reichtümer dieses venezolanischen Küstenstreifens wurden nicht geplündert, weil nach der Einnahme Maracaibos viele Piraten Morgans Flotte verlassen hatten.

KAPITEL V

Kapitän Morgan segelt zur Insel Hispaniola und rüstet eine neue Flotte aus, um die Westindischen Inseln zu plündern

Vorbereitungen für die neue Fahrt

Henry Morgan vertraute darauf, dass ihm das Glück hold bliebe. Auf Jamaika stellte er fest, dass viele seiner ehemaligen Offiziere und Seeleute durch ihr lasterhaftes Leben in erbärmliche Umstände geraten waren. Unablässig flehten sie ihn an, wieder auf Fahrt zu gehen, weil sie Geld für Schnaps und Huren brauchten. Er wusste, dass ihm diese Männer folgen würden. Also ersuchte er ihre Gläubiger, sie nicht weiter zu bedrängen, da sie bald mehr Geld als je zuvor erbeuten würden. Auf den gesamten Westindischen Inseln lief das Gerücht um, dass Morgan einen Raubzug plante. Bald trafen viele Bukaniere ein, um sich dem erfolgreichen Admiral anzuschließen. Er schrieb Jägern in Tortuga und Hispaniola, sie mögen sich auf der Südseite von Tortuga zu einem Beutezug sammeln, der sie reich machen würde.

Unten: Henry Morgan ruht in einer Hängematte, während er die Mannschaft für seine nächste Reise rekrutiert. Seinen Kapitänen und Matrosen verriet er aus Furcht vor spanischen Spionen das Ziel immer erst auf See.

Sein Gönner, der Gouverneur von Tortuga, nutzte seinen Einfluss, um die Nachricht zu verbreiten. So waren die Franzosen bereit, abermals dem kühnen Morgan zu folgen.

Am 24. Oktober 1670 arrangierte Morgan ein Treffen in Port Couillon, nahe der Isla de la Vaca. Viele Männer überquerten die Insel Hispaniola, andere kamen in Kanus, Booten und Schiffen. Morgan musterte seine Gefolgsleute und plante mit großer Sorgfalt die Ausrüstung seiner Flotte. Er sandte vier Schiffe und ein Boot zu dem am Fluss Rancheria auf dem Festland gelegenen Dorf Riohacha, das als größter Maislieferant der Region bekannt war. Daneben bot sich die Chance, Barken von Perlentauchern aus Cartagena zu kapern. Eine Gruppe wurde in die Wälder geschickt, um Schweine und Rinder zu schießen und Fleisch zu pökeln. Andere machten die Schiffe seeklar. Wenn der Proviant verladen war, wollten sie Anker lichten.

Oben: Die bewaldeten Ebenen an der Westküste von Haiti wurden von französischen Siedlern abgeholzt, was zu Verkarstung führte. Im Hintergrund ist das bergige Gelände zu sehen, das die Insel prägt.

Unablässig flehten sie ihn an, wieder auf Fahrt zu gehen, weil sie Geld für Schnaps und Huren brauchten. Er wusste, dass diese Männer ihm folgen würden.

PIRATENTAKTIKEN

Die Bukaniere waren hervorragende Seeleute. Sie segelten in schnellen Schaluppen bis auf Musketenschussweite an schwere Handelsschiffe heran. Die meisten Matrosen lagen flach auf dem Deck, um den schrecklichen Verletzungen durch die Graupenmunition zu entgehen. Derweil schossen die Musketiere gezielt auf den Steuermann und die Seeleute in der Takelage. Sobald das Handelsschiff manövrierunfähig war, begaben sich die Piraten ans Heck, oft in einer Pinasse oder Piroge (kleine Segel- oder Ruderboote), um das Ruder zu blockieren. Schiffe auf dem Heimweg waren bevorzugte Beute, da sie statt Sklaven, Wein oder Weizen Güter wie Silber und Juwelen geladen hatten. Insbesondere vor Tortuga griffen sie bevorzugt nachts an: Die Gewässer in der Karibik waren so gefährlich, dass die Schiffe normalerweise über Nacht ankerten und so zu leichten Angriffszielen wurden.

SCHONUNG

Einer Mannschaft, die sich ergab oder geschlagen war, wurde oft Schonung angeboten. Piraten zogen es vor, nicht zu kämpfen, ebenso wie die Besatzungen der Handelsschiffe. Lehnte das angegriffene Schiff ein solches Angebot jedoch ab, holten die Piraten ihre schwarze Flagge ein und hissten eine rote, was bedeutete, dass es nun keine Gnade mehr gab.

***Unten:** „Ein Piratenkampf" (1895) – Lithografie von Howard Pyle.*

ENTERN

Wenn die Piraten ein feindliches Schiff enterten, wurde meist abgestimmt, wer zur ersten Gruppe gehören sollte, die an Bord ging. Jeder in dieser Gruppe erhielt den gleichen Anteil an der Beute. Freilich war es äußerst riskant, an Bord eines Schiffes zu gehen, das seine Flagge noch nicht gestrichen hatte. Das Leben von Fachleuten wie Zimmerern und Wundärzten riskierte man in der Regel nicht.

***Oben:** „Die Bukaniere" von Frederick Judd Waugh (1861 – 1940).*

Oben: Ein Schiff feuert eine Breitseite, holländisches Gemälde aus dem 16. Jahrhundert.

KANONEN

Kanonen hatten keine Visiere, konnten nicht nach links oder rechts gedreht werden und ließen sich auch vertikal nur minimal justieren, was ohnehin oft durch den Seegang wieder ausgeglichen wurde. Die einzelnen Kugeln unterschieden sich leicht, und die Schießpulvermenge wurde variiert, um die Reichweite zu verändern. Wenn eine Kanonenkugel traf, richtete sie meist schwere Schäden an.

Unten: „Matrosen im Kampf" (1798) von Thomas Stothard.

BREITSEITE

Bei einer Breitseite wurden alle Kanonen auf einer Seite des Schiffes gleichzeitig abgefeuert. Abhängig von Angriffsziel und Ladung waren sie dabei auf die Wasserlinie, die Männer an Deck, die Kanonendocks oder auf die Takelage gerichtet.

KAPPEN UND FLÜCHTEN

Um im Notfall schnell zu entrinnen, wurde das Ankertau aus Hanf mit einer Axt gekappt und der Anker zurückgelassen. Rahsegler ankerte man oft mit aufgerollten und von dünnen Seilen gehaltenen Segeln in einer offenen „Straße". Im Notfall zerschnitt man rasch die Seile, so dass die Segel fielen und das Schiff fahrbereit war. Diese Praxis wird auch „Losschneiden" oder „Ausbrechen" genannt.

FEUERBEREITSCHAFT

Die Piratenkapitäne achteten darauf, dass ihre Kanoniere immer feuerbereit waren. Sie wussten schließlich nie, ob hinter einer Klippe die nächste Beute segelte oder ob dort eine Fregatte lauerte. Die Mündungen der Kanonen wurden mit einem Holzpfropfen, dem „tompion", verschlossen, damit kein Salzwasser eindrang und das Pulver verdarb.

Links: „Angriff auf eine Galeone" (1905) von Howard Pyle.

KAPITEL VI

Was in Riohacha geschah

Die erwähnten vier Schiffe waren bereits in Sichtweite von Riohacha, als sie für einige Tage in eine Flaute gerieten. Die Spanier bemerkten sie und errieten, dass sie Freibeuter waren. Sie verbargen ihre Güter und Vorräte und bereiteten sich auf die Verteidigung vor. Im Fluss befand sich ein mit Mais beladenes Schiff, das von den Bukanieren gekapert wurde.

Bei Tagesanbruch gingen die Piraten an Land. Sie gerieten unter heftiges Feuer einer spanischen Batterie, drängten die Spanier jedoch zum Dorf zurück. Die Schlacht dauerte bis zum Einbruch der Nacht. Dann zogen sich die Spanier mit hohen Verlusten in die Wälder zurück. Doch auch die Piraten hatten eine ähnlich große Anzahl Männer verloren. Am nächsten Morgen fanden die Piraten das Dorf verlassen vor und folgten den Spaniern in die Wälder. Sie überwältigten eine Gruppe Dorfbewohner und folterten sie, um herauszufinden, wo sie ihre Güter versteckt hatten. Regelmäßig wurden weitere Gruppen von Bukanieren ausgeschickt, um mehr Spanier zu fangen, die man ebenfalls folterte. Die Spanier hatten Hinterhalte gelegt, was die Piraten noch grausamer gegen ihre Feinde machte.

Dies ging 15 Tage lang so, dann gab es nichts mehr zu plündern, und die Bukaniere beschlossen, zur Isla de la Vaca zurückzukehren. Von ihren Gefangenen forderten sie ein Lösegeld, sonst würden sie das Dorf niederbrennen. Die Gefangenen sagten, sie hätten kein Geld mehr. Die Seeräuber wollten sich indes auch mit Mais begnügen, der ohnehin der eigentliche Grund ihrer Fahrt gewesen war. Als sie sahen, dass es den Piraten ernst war, willigten die Spanier ein, etwa 200 Tonnen Mais heranzuschaffen. Zwei Tage später wurde der Mais auf die Piratenschiffe verladen, die nun zu Morgans Flotte zurückkehrten.

Die Schiffe waren jedoch inzwischen fünf Wochen lang fort. Morgan sorgte sich, sie könnten aufgebracht worden sein, weil sie den spanischen Festungen von Cartagena und Santa Maria sehr nahe gekommen waren. Er hielt es aber auch für möglich, dass sie ein reiches Schiff gekapert hatten und mit der Beute desertiert waren. Morgan ersann bereits neue Pläne für seine geschrumpfte Flotte. Umso größer war seine Freude, als sie mit reicher Beute und genug Mais für die ganze Flotte zurückkehrten.

Die Flotte ist seeklar

Morgans Jäger wurden herbeigerufen und das Pökelfleisch und der Mais auf die Schiffe verladen. Die Flotte nahm Kurs auf Kap Tiberon, den westlichsten Punkt Hispaniolas. Dort schlossen sich Morgan weitere jamaikanische Freibeuter an, die bereits nach der Flotte Ausschau gehalten hatten. Er verfügte nun über 37 Schiffe und einige kleinere Boote mit insgesamt 2000 gut bewaffneten Männern, dazu Seeleute und Schiffsjungen. Alle hatten Musketen, Pistolen und Entermesser und reichlich Pulver und Kugeln. Er ließ jedes Schiff mit Artillerie bestücken. Sein Flaggschiff hatte 22 Kanonen und sechs kleinere Messinggeschütze. Der Rest seiner Flotte hatte je 20, 18, 16 oder auch nur vier Geschütze. Alle waren mit Munition, Brandbomben, Handgranaten und anderen Geschossen ausgerüstet.

Der Admiral teilte seine Flotte in zwei Geschwader auf. Das zweite hatte einen eigenen Vizeadmiral und einen Konteradmiral. Morgans Geschwader führte die englische Flagge, die anderen Schiffe hissten die weiße Flagge. Jedes Schiff erhielt die schriftliche Erlaubnis zu gewaltsamen Handlungen gegen spanische Ländereien oder Schiffe. Dies wurde vorab als Vergeltungsmaßnahme gerechtfertigt, da die

Spanier englische Schiffe beschlagnahmt hatten, die zur Aufnahme von Wasser oder Proviant angelegt hatten. Die Spanier waren laut Morgan erklärte Feinde des Königs von England.

Die Verträge der Piraten

Als all dies getan war, rief Morgan die Kapitäne und Offiziere zu einem Rat zusammen und Verträge wurden unterzeichnet. Die Offiziere willigten ein, dass Morgan ein Hundertstel der gesamten Beute erhalten sollte. Dies wurde auch allen Mannschaften übermittelt, die ebenfalls zustimmten. Danach willigten die Leutnante und Bootsleute ein, dass die Kapitäne zu ihrem persönlichen Anteil je acht Teile für ihre Schiffe erhalten sollten.

Wundärzte erhielten denselben Anteil wie jedermann an Bord plus 200 Silberpesos für ihre Ausrüstung. Zimmerleute erhielten zusätzlich 100 Silberpesos.

Oben: Diese Darstellung französischer Grenadiere aus dem späten 17. Jahrhundert zeigt, wie gefährlich der Umgang mit Granaten und Brandbomben war. Die Grenadiere mussten sich Mauern und Gräben so weit nähern, dass sie ihre Granaten mit brennender Lunte werfen konnten. Morgan gab seinen Grenadieren für jeden erfolgreichen Wurf einen Bonus.

CHARLES II VON ENGLAND (1630–1685)

Nach seiner Niederlage in der Schlacht von Worcester im Jahre 1651 floh Prinz Charles II. aus England und verbrachte die nächsten neun Jahre im Exil. Im Zuge der sogenannten Restauration wurde er 1661 in Westminster Abbey zum König von England und Irland gekrönt. Wegen seiner Lebensfreude und der lockeren Sitten bei Hofe, die einen scharfen Kontrast zur puritanischen Herrschaft Oliver Cromwells darstellten, nannte ihn der Volksmund den „fidelen Monarchen". In die Zeit seiner Herrschaft fielen 1665 die Große Pest von London, 1666 der Große Stadtbrand und schließlich der Überraschungsangriff der Holländer, die 1667 die Themse hinaufsegelten. Der größte Teil der englischen Marine wurde versenkt – außer dem Flaggschiff, der HMS „Royal Charles", welches die Holländer als Trophäe mit in die Niederlande nahmen. In diesem historischen Kontext wurde Henry Morgan, dem „Schwert von England", 1672 der Prozess gemacht. Morgan und seine Leute hatten für die einzigen guten Nachrichten während beinahe der gesamten Regierungszeit von Charles gesorgt. Im Volk und bei Hofe wurde er gleichermaßen geliebt und verehrt. Anstatt dem Druck der Spanier nachzugeben und Morgan zu exekutieren, schlug ihn Charles zum Ritter und schickte ihn als Vizegouverneur zurück nach Jamaika.

Porträt von Charles II. (ca. 1675) von Sir Peter Levy, der 1661 zum Hofmaler des englischen Königshauses ernannt wurde.

Entschädigungen und Belohnungen

Dann wurden die Entschädigungen festgelegt: Wahlweise 1500 Silberpesos oder 15 Sklaven bei Verlust beider Beine; 1800 Silberpesos oder 18 Sklaven bei Verlust beider Hände; für den Verlust eines Beines oder einer Hand 600 Silberpesos oder sechs Sklaven; und bei Verlust eines Auges oder eines Fingers 100 Silberpesos oder ein Sklave.

Eine erhebliche Verwundung am Körper wurde mit 500 Silberpesos oder fünf Sklaven abgegolten. Für dauerhaft steife Gliedmaßen war der Ausgleich derselbe wie bei Verlust.

Als Belohnung für besonderen Mut erhielt der Erste, der in eine Festung eindrang oder eine feindliche Flagge herunterriss und die englischen Farben hisste, zusätzlich 50 Silberpesos. Wer einen Gefangenen nahm, der Informationen für Morgan hatte, bekam 200 Silberpesos.

Die Grenadiere erhielten für jede Granate, die sie in eine Festung warfen, fünf Silberpesos, da sie sich den Mauern unter Beschuss nähern mussten.

Diese Zahlungen – Belohnungen, Entschädigungen und Extrazahlungen wie etwa für die Wundärzte – sollten vor der allgemeinen Verteilung der Beute erfolgen. Die Artikel des Vertrags wurden einstimmig anerkannt und zunächst von Morgan, dann von den Offizieren unterzeichnet. Danach hielten die Offiziere Kriegsrat und einigten sich auf drei mögliche Ziele: Vera Cruz, Cartagena oder Panama. Die Wahl fiel auf Panama, die reichste der drei Städte.

Panama war jedoch noch nie eingenommen worden und lag an der Pazifikküste, was den Zug über Land notwendig machte. Da die Freibeuter keine Ortskenntnis hatten, beschlossen sie, zuerst Santa Catalina anzugreifen. Die Stadt war zuvor von Mansveldt genommen, jedoch zurückerobert worden.

Dann wurden die Entschädigungen festgelegt: Wahlweise 1500 Silberpesos oder 15 Sklaven bei Verlust beider Beine.

Sie wussten, dass dort entweder die Spanier oder deren Gefangene wussten, wie sie Panama angreifen könnten.

Auf der Insel waren viele Verbrecher eingekerkert oder zur Zwangsarbeit verurteilt. Morgans Männer würden also willige Helfer finden. Dann einigten sie sich auf einen weiteren Punkt: Schiffe, die auf See oder im Hafen gekapert wurden, sollten Teil der Beute sein. Einem Freibeuter, der als Erster an Bord eines feindlichen Schiffes stürmte, sollten 1000 Silberpesos zustehen. Wenn das gekaperte Schiff mehr als 10 000 Silberpesos wert war, sollten diese Freibeuter zehn Prozent erhalten. Außerdem wurde vereinbart, ausschließlich spanische Schiffe anzugreifen, damit sich die Kunde von dem Beutezug nicht allzu rasch verbreitete.

Unten: Die Festung San Jose de Barachica in Cartagena, Kolumbien. Morgan wollte den Hafen angreifen, doch seine Flotte war nach Abreise der Franzosen dezimiert, und seine Kapitäne hielten das Fort für uneinnehmbar.

KAPITEL VII

Kapitän Morgan verlässt Hispaniola und erobert Santa Catalina

Morgans Flotte setzt Segel

Am 16. Dezember 1670 lichtete die Flotte vor dem Kap Tiberon Anker und erreichte vier Tage später die Insel Santa Catalina. Diese ist drei Leagues lang und drei Leagues breit und hat einen Umfang von etwa sieben Leagues. Sie liegt auf demselben Längengrad wie der Chagres-Fluss, rund 100 Leagues von Cartagena und 62 Leagues von Portobelo entfernt. Außer großen Taubenschwärmen, die dort zuweilen auftreten, gibt es auf der Insel kein Wild, und von den vier Flüssen trocknen zwei im Sommer aus. Es gibt keinerlei Handel oder Wirtschaft. Die Bewohner pflanzen für ihren eigenen Bedarf an, obgleich ein kommerzieller Tabakanbau durchaus möglich wäre.

Als Morgan sich Santa Catalina näherte, sandte er ein schnelles Schiff mit 14 Geschützen, um die Hafeneinfahrt zu bewachen, damit niemand entkam und die Spanier auf dem Festland warnte. Vor Morgengrauen des nächsten Tages ankerte die gesamte Flotte in der Bucht von Aguada Grande, wo die Spanier eine Batterie mit vier Kanonen aufgestellt hatten. Der Admiral ließ 1000 Mann an Land gehen, die geordnet durch die Wälder marschierten. Ihre Führer waren Matrosen, die früher mit Mansveldt gesegelt waren. Sie erreichten die ehemalige Gouverneursresidenz, wo eine verlassene Batterie namens Plataforma St. Jago lag. Die Spanier hatten sich auf die kleinere Insel zurückgezogen, die mit Santa Catalina durch eine Brücke verbunden war. Mit ihren Festungen und Geschützen schien diese Insel uneinnehmbar.

Das Feuer der Verteidiger machte ein Vorrücken unmöglich, also zogen sich die Piraten für die Nacht auf ein offenes Feld zurück. Um etwa ein Uhr wurden die hungrigen Bukaniere durch heftigen

Rechts: Die Insel Santa Catalina vor Panama im 18. Jahrhundert. Santa Catalina war mit der Insel Old Providence durch eine Brücke verbunden.

Links: Neben wilden Rindern waren Wildschweine die Lebensgrundlage der frühen Siedler und Kolonisten der Westindischen Inseln. Man trieb mit Schiffen aller Nationen Handel mit Pökelfleisch und Häuten.

Dauerregen geweckt. Sie versuchten, ein Feuer zu machen, denn der Regen war extrem kalt, und sie trugen nur Hemden und Kniehosen, keine Schuhe und Strümpfe. Da ihr Pulver nass war, hätten 100 Mann sie überwältigen können. Als es für eine Weile zu regnen aufhörte, trockneten sie ihr Pulver und griffen erneut an, doch unter dem Dauerfeuer der Spanier mussten sie abermals weichen.

Sie bauten Hütten und Unterstände und fanden ein mageres altes Pferd, das die Spanier losgelassen hatten. Sein Rücken war blutig gescheuert. Die hungrigen Piraten schlachteten es und zerlegten es in kleine Stücke, die sie ohne Salz und Brot aßen wie gierige Wölfe. Der Regen hielt an, und viele wollten zu den Schiffen zurückkehren. Morgan wusste, dass er schnell handeln musste, um die Stimmung zu heben. Daher schickte er ein Kanu unter weißer Flagge zu den Spaniern und teilte ihnen mit, er wolle Gnade walten lassen, wenn sie sich ergäben. Um die Mittagsstunde antwortete der Gouverneur, er bitte um zwei Stunden Aufschub, um sich mit seinen Offizieren zu beraten.

Oben: Vor allem in Süd- und Mittelamerika ist vielerorts die spanische koloniale Architektur erhalten geblieben. Kirchen wie diese in Guatemala waren reich mit Gold- und Silberornamenten geschmückt, was sie zum Objekt der Begierde für die Piraten machte.

Der Gouverneur will das Gesicht wahren

Morgans Ruf war ihm vorausgeeilt. Nach zwei Stunden sandte der Gouverneur zwei Kanus unter weißer Flagge mit einem Major und einem Fähnrich. Bevor sie anlegten, baten sie um zwei Geiseln für den Major und den Fähnrich. Als Beweis seiner redlichen Absichten gab ihnen Morgan zwei seiner Kapitäne. Die Spanier sagten, sie seien gewillt, die Insel aufzugeben, doch wollten der Gouverneur und die Offiziere gegenüber ihren Vorgesetzten nicht das Gesicht verlieren. Sie baten Morgan, die Festung San Jeronimo in der Nähe der Brücke anzugreifen. Gleichzeitig sollten seine Schiffe die Festung Santa Maria angreifen und bei der Batterie San Mateo weitere Truppen in Kanus an Land setzen. Diese sollten den Gouverneur auf seinem Weg zur Festung St. Teresa stellen und gefangen nehmen. Er würde dann die englischen Truppen führen, als wären es seine eigenen Männer. Auf beiden Seiten sollte geschossen werden, aber nur über die Köpfe hinweg. Die Engländer sollten beide Forts erobern und die spanischen Gefangenen unversehrt aufs Festland bringen.

MORGANS FLOTTE FÜR PANAMA

Englische Staatspapiere führen 28 englische und französische Schiffe auf, die unter Henry Morgan nach Panama segelten. Schiffsnamen wie „Fortune" oder „Endeavour" waren sehr beliebt:

Schiff	**Kapitän**	**Tonnen**	**Geschütze**	**Mannschaften**
Satisfaction, Fregatte	Henry Morgan	120	22	140
Mary, Fregatte	Thomas Harris	50	12	70
May-Flower	Joseph Bradley	70	14	100
Pearle	Lawrence Prince	50	12	70
Civillian	John Erasmus	80	12	75
Dolphin, Fregatte	John Morris	60	10	60
Lily	Richard Norman	50	10	50
Port Royal	James Delliatt	50	12	55
Gift	Thomas Rogers	40	12	60
John of Vaughall	John Pyne	70	6	60
Thomas	Humphrey Thurston	50	8	45
Fortune (1)	Richard Ludbury	40	6	40
Constant Thomas	Coone Leloramell	60	6	40
Fortune (2)	Richard Dobson	25	6	35
Prosperous	Richard Wills	16	4	35
Abraham Oferenda	Richard Taylor	60	4	30
Virgin Queen	John Barnett	50	–	30
Recovery	John Shepherd	18	3	30
William, Schaluppe	Thomas Woodriffe	12	–	30
Betty, Schaluppe	William Curson	12	–	25
Fortune, Ketsch (3)	Clement Symons	40	4	40
Endeavour (1)	John Harmanson	23	4	35
Bonadventure	Roger Taylor	20	–	23
Prosperous	Patrick Dunbar	10	–	16
Endeavour (2)	Charles Swan	16	2	30
Lambe, Schaluppe	Richard Powell	30	4	30
Fortune (4)	John Reekes	16	3	30
Free Gift	Roger Kelly	15	4	40
Ste. Catherine (französisch)	Tribetor	100	14	110
Galliardena (französisch)	Gascoine	80	10	80
Ste. John (französisch)	Diego	80	10	80
Ste. Peter (französisch)	Pearse Hantol	80	10	90
Le Diable Volante (französisch)	Desnangla	40	6	50
Le Serfe, Schaluppe (französisch)	Joseph	25	2	40
Le Lyon, Schaluppe (französisch)	Charles	30	3	40
Le Ste. Marie (französisch)	John Linaux	30	4	30
		1585	239	1846

Die beiden anderen waren Indianer. Er hatte sie davon überzeugt, dass sie lebendig verbrannt würden, wenn sie Morgan nicht als Führer dienten, denn er brauchte sie, da sie die Gegend besser kannten als er.

All dies wurde auf beiden Seiten ohne Verluste ausgetragen. Die nächsten Tage über führten die Freibeuter Krieg gegen jedes Huhn, Schwein oder sonstige Tier, das ihnen unterkam, so hungrig waren sie. Am Morgen nach dem Scheingefecht zählte Morgan 450 Gefangene, darunter 190 aus der Garnison, 40 Ehepaare mit 43 Kindern, 31 Sklaven des Königs mit acht Kindern, acht Sträflinge, 39 Neger im Privateigentum und 27 weibliche Neger mit 34 Kindern. Die Männer schickte man auf die Pflanzungen, um Nahrung für Morgans Männer zu beschaffen, die Frauen und Kinder wurden in der Kirche eingesperrt.

Sichtung der Verteidigungsanlagen

Morgan inspizierte die Verteidigungsanlagen der Insel. Es gab zehn Bastionen oder Batterien. San Jeronimo verfügte über acht große Zwölf-, Acht- und Sechspfünder, dazu sechs Bündel mit je zehn Musketenläufen, weitere 60 Musketen sowie reichlich Pulver und Geschosse. Plataforma San Mateo hatte drei Achtpfünder. Das dritte Fort, St. Teresa, hatte zwanzig große Achtzehn-, Zwölf-, Acht- und Sechspfünder, zehn Bündel mit je zehn Musketenläufen und weitere 90 Musketen. Die dicken Steinmauern waren von einem 20 Fuß breiten Graben umgeben, über den eine Zugbrücke führte. In der Mitte der Festung befand sich eine weitere Bastion mit vier Kanonen, die den Hafen und die Landseite überblickte. Die Seeseite war von Wellen umtost und somit unzugänglich. Auf der Landseite gab es nur einen Pfad von gut einem Meter Breite, der zu beiden Seiten schroff abfiel. Die vierte Batterie, die Plataforma de San Augustin, hatte drei Acht- und Sechspfünder-Kanonen, die Plataforma de la Concepción zwei Achtpfünder und die Plataforma de Nuestra Señora de Guadeloupe zwei Zwölfpfünder. San Salvador hatte zwei Achtpfünder, die Plataforma de los Artilleros zwei Sechspfünder und Santa Cruz drei Acht- und Sechspfünder. Die letzte Bastion, das Fort San José, hatte sechs Acht- und Zwölfpfünder, dazu zwei Bündel mit je zehn Musketenläufen, 20 weitere Musketen und reichlich Munition.

Oben: Die Brücke, die heute die Inseln Old Providence und Santa Catalina verbindet. Die erste Brücke zwischen den zwei Inseln wurde von Freibeutern erbaut

In den Speichern lagerten 30 000 Pfund Schießpulver. Dieser Vorrat wurde mit den anderen Waffen auf Morgans Schiffe verladen. Die Festen von San José wurden teilweise zerstört, die Geschütze vernagelt und die Lafetten verbrannt. Auf St. Teresa und San Jeronimo wurde eine Piratenbesatzung zurückgelassen. Morgan ließ nun nach Sträflingen aus Panama oder Portobelo suchen. Es fanden sich drei Ortskundige, die anboten, Morgan zu führen, wenn er ihnen die Freiheit und einen vollen Anteil an der Beute versprach. Einer von ihnen war ein Schwerverbrecher, der am meisten zu gewinnen hatte. Die beiden anderen waren Indianer. Er hatte sie davon überzeugt, dass sie lebendig verbrannt würden, wenn sie Morgan nicht als Führer dienten, denn er brauchte sie, da sie die Gegend besser kannten als er.

Morgan schickte eine kleine Truppe zum Angriff auf die Festung an der Mündung des Chagres-Flusses, die seine Flotte auf dem Weg nach Panama passieren musste. Es waren nur 400 Mann in vier Schiffen und einer Bark, da der Anblick seiner ganzen Flotte die Spanier an der gesamten Küste und im Inland alarmiert hätte. Er blieb mit seiner Flotte auf Santa Catalina und wartete auf Nachricht.

KAPITEL VIII

Mit 400 von Santa Catalina geschickten Männern erobert Kapitän Morgan die Festung Chagres

Bradleys Angriff auf Castillo San Lorenzo

Das Kommando wurde Kapitän Joseph Bradley übergeben, einem erfahrenen Piraten, der bereits unter Admiral Mansveldt auf Santa Catalina gewesen war. Bei Freibeutern wie Spaniern war er als mutiger Mann bekannt. Nach drei Tagen erreichte seine Flottille die Mündung des Chagres-Flusses. Von den Spaniern wird die Festung Chagres auch Castillo San Lorenzo genannt. Sie lag auf einer Bergspitze und war umgeben von einem über zehn Meter tiefen Graben mit nur einer Zugbrücke. Die Wände bestanden aus zwei Palisaden mit Erde dazwischen – so gut wie die besten Mauern aus Stein oder Ziegeln. Im Süden war die Festung durch einen Steilhang geschützt, im Norden lag ein breiter Fluss. Auf der Seeseite hatte sie zwei Bastionen und landwärts vier.

Am Fuß der Festung befand sich ein großer Turm mit acht Kanonen, die den Zugang zum Fluss schützten. Etwas unterhalb an der Böschung lagen zwei weitere Batterien mit je sechs Kanonen zum Schutz der Flussufer. Auf einer Seite der Festung befanden sich zwei große Speicher mit Munition und Handelsgütern, daneben führte eine Treppe den Berg hinauf bis zur Festung. Westlich dieser Befestigungen lag ein nützlicher Hafen für kleinere Schiffe mit drei bis acht Faden tiefem Wasser. Vor der Festung lag ein guter Ankerplatz, doch es gab auch ein Riff, das nur bei Ebbe sichtbar war. Als sie Kapitän Bradley erblickten, begannen die Spanier aus allen Rohren zu feuern, also ankerte er in

Rechts: Diese Fotografie zeigt mit Palmblättern gedeckte Hütten im Tal des Chagres-Flusses, um 1900. Baumaterialien und Konstruktionsmethode hatten sich seit dem 17. Jahrhundert kaum verändert.

Gegenüber: Diese rostige Kanone in der Festung San Lorenzo wacht noch heute über die Mündung des Chagres-Flusses.

einem kleinen Hafen etwa eine League von der Festung entfernt. Im Morgengrauen des nächsten Tages gingen die Freibeuter von Bord. Sie wollten sich durch den Wald schlagen, die Festung einnehmen und dann ihre Schiffe flussaufwärts bringen. Die Pfade waren jedoch durch Schlamm und Felsbrocken beinahe unpassierbar. Sie mussten sich ihren Weg durch Lianen und Unterholz schlagen und erreichten San Lorenzo erst um zwei Uhr. Die Führer hatten sie nahe der Festung auf offenes Terrain geleitet, und sie erlitten hohe Verluste. Sie hatten keinerlei Deckung und konnten die Verteidiger nicht sehen. Trotzdem waren sie fest entschlossen, nicht in Schande nach Jamaika zurückzukehren wie jene glücklosen Seelen, die in Cumana versagt hatten.

Wieder und wieder griffen sie mit Musketen und Granaten an, doch sie wurden zurückgeschlagen und zweifelten schon am Erfolg ihrer Unternehmung. Die Spanier wussten, dass ihre Festung praktisch uneinnehmbar war. Als sie die hohen Verluste der Piraten sahen, riefen sie ihnen zu: «Lasst auch die anderen kommen, ihr englischen Hunde, Feinde von Gott und König! Ihr sollt nicht nach Panama gelangen!» Abends formierten sich die Bukaniere zu einem Angriff. Im Schutze der Dunkelheit wollten

SIR FRANCIS DRAKE

Sir Francis Drake (1540–1596) wurde von seinen Landsleuten als kühner Abenteurer verehrt. In Mittelamerika eroberte er Venta Cruz in Panama mit der Hilfe von Indianern und *cimarróns,* entflohenen Sklaven der Spanier.

Sein berühmtestes Abenteuer an der karibischen Küste war jedoch die Eroberung des spanischen „Silberzuges", einer mit Silber beladenen Mauleselkolonne, im März 1573. Mit einer Truppe, zu der auch französische Freibeuter und entflohene Sklaven gehörten, machte Drake die Gewässer um Darién unsicher und verfolgte den Silberzug bis zum nahe gelegenen Hafen Nombre de Dios.

Er erbeutete ein Vermögen in Gold, musste jedoch eines in Silber zurücklassen, da er beide zusammen nicht auf sein Schiff verladen konnte. Bei diesem Beutezug sah er im Zentralgebirge des panamaischen Isthmus als erster Engländer den pazifischen Ozean.

Er äußerte die Hoffnung, dass ihn eines Tages ein Engländer befahren werde, was er selbst später bei seiner Weltumseglung tat. Drake führte auch eine englische Flotte an, um „den Bart des spanischen Königs zu versengen", und vernichtete 1587 die spanische Flotte bei Cadiz.

1588 kämpfte er gegen die Armada. Er starb bei einer Schatzsuche in der Karibik. Die Spanier nannten ihn *El Draque* – den Drachen.

Romantisierende Darstellungen von Sir Francis Drake. Links: verwundet in Nombre de Dios; Mitte: Drake erhält Kunde vom Versteck des Schatzes von Panama; rechts: Ritterschlag durch Queen Elizabeth I. im Jahre 1581

sie Granaten und Brandbomben werfen und die Palisaden überwinden. Abermals wurden sie zurückgeschlagen, dabei traf einen der Männer ein Pfeil in die Schulter. Wütend zog er ihn heraus, wickelte Baumwolle um die Spitze, zündete sie an und schoss den Pfeil zurück in die Festung. Der Brandpfeil entzündete Palmblätter, mit denen die Häuser in der Festung gedeckt waren, und bald stieg Rauch auf. Seine Kameraden folgten seinem Beispiel. Ein Pfeil zündete sogar eine Ladung Schießpulver, als ein brennendes Dach einstürzte.

Während die Spanier versuchten, den Brand zu löschen, erneuerten die Bukaniere ihren Angriff. Rasch breiteten sich die Flammen auf die anderen Holzhütten und gedeckten Dächer aus, angefacht von einem starken Wind. Außerdem hatten die Verteidiger zu wenig Wasser, um das Feuer zu löschen. Die Freibeuter nutzten die Verwirrung dazu, die hölzernen Palisaden in Brand zu setzen. Die Spanier warfen jedoch Töpfe mit Schießpulver und brennenden Lunten hinab, und viele Männer starben. Bis Mitternacht waren die Brände so stark, dass die Piraten ans Fort herankriechen und durch die Flammen auf die Männer feuern konnten, die sie zu löschen versuchten. Bei Tagesanbruch waren die Palisaden an einer Stelle niedergebrannt, so dass Männer, Kanonen und große Mengen Erde in den trockenen Festungsgraben stürzten. Der Gouverneur sah die Gefahr, dass sich die Piraten über den Erdhügel einen Weg in die Festung bahnen könnten, und positionierte mehr Geschütze in der Lücke, doch deren Mannschaften waren leichte Ziele für die Scharfschützen. Im Laufe des Vormittags stiegen die spanischen Verluste stark, sowohl durch die Feuersbrunst als auch durch die tödlichen Musketenkugeln.

Oben: William Ambrosia Cowley bei der Beschaffung von Proviant. Dieser englische Bukanier veröffentlichte im 17. Jahrhundert die erste Karte der Galápagos-Inseln.

Er ergab sich nicht und wurde durch eine Musketenkugel in den Kopf getötet. Danach streckten die Soldaten in dem Wachhaus die Waffen.

Um die Mittagszeit gelang es den Piraten, durch die Bresche zu drängen, die nur noch von 25 Mann und dem Gouverneur selbst verteidigt wurde. Schließlich ging ihnen die Munition aus. Die Freibeuter eroberten die Festung. Die überlebenden Verteidiger stürzten sich lieber in den Abgrund, als in Gefangenschaft zu geraten. Dem Gouverneur gelang es, sich in einem Wachhaus mit zwei Kanonen zu verbarrikadieren. Er wollte seine Haut teuer verkaufen. Er ergab sich nicht und wurde durch eine Musketenkugel in den Kopf getötet. Danach streckten die Soldaten in dem Wachhaus die Waffen. Von den 314 Verteidigern waren alle Offiziere getötet worden, und unter den 30 Überlebenden waren weniger als zehn, die nicht verwundet waren. Die Freibeuter löschten nun die Brände.

Der Präsident ist gewarnt

Die Gefangenen wurden verhört, und es stellte sich heraus, dass der Präsident von Panama Kenntnis von Morgans Plan erhalten hatte. Er hatte diese Information drei Wochen zuvor von einem Iren aus Cartagena bekommen, der in Riohacha von den Freibeutern desertiert war. Daher hatte der Präsident 164 Männer mit Verpflegung und Munition zur Verstärkung der Festung in Chagres gesandt. Außerdem hatte er entlang des Chagres-Flusses mehrere Hinterhalte legen und seine Truppen vor Panama aufmarschieren lassen. Seine Streitmacht umfasste 2400 Spanier, 600 Halbblute und 600 Indianer.

Bradley versuchte nicht, den unteren Turm und die Batterien zu stürmen, weil man ihn dabei von den darüber liegenden Bastionen aus beschossen hätte. Am nächsten Tag entdeckten seine Männer, dass die Spanier aus den unteren Bastionen verschwunden waren. Die Bukaniere, die ohnehin kaum 400 Mann stark gewesen waren, weil man Wachtposten auf den Schiffen zurückgelassen hatte, zählten nach der Schlacht 100 Tote und 70 Verwundete. Sie ließen die spanischen Überlebenden die englischen Toten begraben, die Leichen der Spanier wurden über die Mauern ins Meer geworfen. Die Verwundeten versorgte man in der Kirche. Captain Bradley hatte beide Beine verloren. Er starb nach mehrtägigem Todeskampf.

Morgan segelt zur Festung Chagres

Als er die Nachricht erhielt, stach Morgan sofort in See. Er ließ alle Kanonen Santa Catalinas ins Meer werfen, jedoch an einem Ort, wo er sie wieder bergen konnte, da er die Insel dauerhaft in Besitz nehmen wollte. Alle Gebäude außer der Festung St. Teresa wurden niedergebrannt. Seine Gefangenen nahm er mit. Acht Tage nach Einnahme der Festung erreichte er den Chagres-Fluss. Sein Flaggschiff und drei andere Schiffe jedoch liefen am Riff auf Grund. Weder Männer noch Ladung gingen verloren, aber wegen eines starken Nordwinds musste er die Schiffe aufgeben.

Morgan setzte die Festung in Stand und lagerte Mais und Maniok. Er ließ die Gefangenen die Palisaden reparieren und um die tiefer gelegenen Anlagen neue errichten. Er nahm einige *chatas,* flache Lastkähne, die wie holländische Prahme mit Staken bewegt werden. Die Boote waren mit zwei Kanonen und vier kleineren Messinggeschützen bestückt. Neben den Kanus der Schiffe setzte er noch weitere vier Ruderboote ein, um seine Männer flussaufwärts zu bringen. 500 Mann, die Verwundeten eingerechnet, blieben als Besatzung im Fort. Morgan war in Maracaibo in die Falle getappt, doch nun ließ er vorsichtshalber 150 Mann auf den ankernden Schiffen. Insgesamt segelten, ruderten oder stakten nun 1200 Mann flussaufwärts nach Panama. Da sie Pulver und Munition laden mussten und ansonsten kein Platz war, nahmen sie keine Vorräte an Bord. Morgan rechnete damit, dort Vorräte zu finden, wo die Spanier ihre Hinterhalte gelegt hatten, was ihn in Bedrängnis bringen sollte.

Gegenüber: Französische Zeichnung einer Maniokpflanze aus dem Jahre 1688, in Mittel- und Südamerika ein wichtiges Nahrungsmittel. Die Wurzel ist reich an Kohlenhydraten. Sie wird zu Mehl verarbeitet, aus dem eine Art Brot gebacken wird.

Le Manyoc
Le Manyoc est la plante dont on fait le pain — que les habitans des Isles Antilles apellent Cassaue, et dont —
ils font aussi une boisson qu'ils nomment Oüycou . C'est un Arbrisseau fort tortu, remply de noeuds qui viennent aux —
endroits d'ou les feuilles sont tombées, car il ne se depouille pas de ses feuilles tout a la fois, mais a mesure qu'il croist, et que les feuilles
d'enbas, tombent, il en croist d'autres en haut qui le rendent tousiours vert, il jette plusieurs branches chargées de feuilles qui ressemblent
a celles de l'agnus castus, et qui sont mal designées dans Alechamps, et dans les autres Autheurs. Il croist ordinairement de trois
ou quatre coudées de haut, plus ou moins, selon la diversit du terroir, ou des saisons, Il est fort tendre, et d'un coup de baston on brise
ses branches; il porte de la graine qui produit du bois qui es tres bon pour estre planté et qui pousse de belles racines, mais la plante
qui vient directement de la graine ne uaut rien parce qu'ell ne produit que de foibles racines. il y en a de six, ou de sept sortes que les
habitans distinguent par la couleur des queües, des costes de feuilles, ou de l'escorce de la racine. Le Violet a une escorce sur sa racine
de l'epaisseur d'un quart d'escu d'un violet fort brun, mai le dedans est blanc comme neige, Il fait le pain de meilleur goust, et dure
d'auantage en terre que les autres. Le gris a l'escorce du bois et de la racine grise et est fort inegal, car quelques fois il raporte
beaucoup, et quelques fois fort peu, Le pain n'en est pas mauuais. Le vert a les feuilles plus vertes et plus dures que les autres,
il n'est que dix mois en terre, il raporte beaucoup et fai d'excellent pain, mais lors qu'il est mur, il ne se conserue pas longtemps
dans la terre. Le blanc a l'escorce du bois blanchastre, mais celle de la racine, et le dedans est jaune, il vient en six ou sept mois,
et raporte beaucoup de racines, mais elles se resoluent toutes en eau de sorte que quoy que le pain en soit jaune comme de l'or,
et de tres bon goust, on n'y trouue pas son compte, et peu de gens en font, il n'y a que ceux qui sont pressés et qui n'ont point de Manyoc
planté, qui plantent de celuy cy pour en auoir bien to il y en a d'une autre sorte qu'on apelle Kamanyoc qui ressemble si fort au
blanc qu'on ne le scauroit distinguer qu'auec peine. on le fait cuire tout entier comme des patates et on le mange sans exprimer
son suc, et sans qu'il face aucun mal comme feroient — indubitablement tous les autres Manyocs qui feroient mourir dans
l'instant ceux qui en auroient mangé. Vn Arpent de ter planté en Manyoc nourrit plus de gens que six arpens des meilleures
terres semées en bled n'en nourriroient en Europe, et lor que la cassaue est fraische et bien faite et qu'on y est accoustumé elle
est pour le moins aussi bonne, et aussy nourrissante qu le pain. Pour faire de la Cassaue auec la racine de Manyoc on en tire
tout le suc qui est un poison, mais qui ne laisse aucun mauuaise qualité a la farine que les Negres mangent souuent
toute crue sans la conuertir en Cassaue sans qu'elle leur face aucun mal ./.

KAPITEL IX

Kapitän Morgan verlässt die Festung Chagres mit 1200 Mann, um die Stadt Panama zu erobern

Die Reise der Piraten flussaufwärts

Am 18. August 1670 begannen die Seeräuber in fünf Booten mit Geschützen und 32 Kanus den Chagres-Fluss hinaufzupaddeln. An jenem Tag legten sie nur sechs Leagues zurück und rasteten in einem verlassenen Dorf namens Rio de los Brazos. Die Männer streckten sich zum Schlafen aus. Ihre Glieder schmerzten, weil sie in übervolle Boote gezwängt gewesen waren. Sie konnten nichts Essbares finden, da die Pflanzer geflohen waren und ihre Vorräte mitgenommen hatten. Nach einem harten Tag des Ruderns gegen den Strom hatten die Bukaniere nur Tabak, den sie rauchten oder kauten.

Im Morgengrauen brachen sie wieder auf und erreichten um die Mittagszeit La Cruz de San Juan Gallego (nahe Gatun). Der Fluss führte so wenig Wasser, dass sie ihre fünf Boote zurücklassen mussten. Zudem waren einige große Bäume gefällt worden, die quer über dem Fluss lagen, was die Durchfahrt von größeren Booten verhinderte. Die Führer berichteten Morgan, dass zwei Leagues weiter das Land für eine Durchquerung mit einem Teil der Gruppe geeignet sei. Also ließ Morgan 160 Mann zum Schutz der Boote zurück. Sollte etwas schiefgehen, würden sie den Rückzug mit ihren Kanonen decken. Die Mann-

Unten: Blick über den Chagres-Fluss nahe der Festung San Lorenzo. Morgans Route über die Landenge von Panama wurde vermutlich von solchen Positionen aus festgelegt.

Links: Die Überreste des Camino de Cruces, des alten spanischen Pfades über den Isthmus von Panama, sind heute noch zu sehen.

schaften erhielten strikte Weisung, nicht an Land zu gehen, es sei denn, einer von ihnen würde gefangen genommen und den Spaniern berichten, dass Morgans Streitmacht nur noch aus 1040 hungernden Männern bestand.

Am dritten Tag wurden einige Männer und ein Führer ausgesandt, um einen Weg durch den Regenwald zu den spanischen Hinterhalten zu suchen, doch sie fanden nur unpassierbare Sümpfe. Morgan musste seine Truppe nun teilen. Er schickte einige Kanus nach Cedro Bueno, die unter großen Schwierigkeiten dorthin gelangten. Dann kehrten die Kanus zurück, um noch am selben Abend die restlichen Männer flussaufwärts zu bringen. Die Männer waren nun vom Hunger stark geschwächt und brannten darauf, gegen Spanier oder Indianer zu kämpfen, um an deren Vorräte zu kommen.

Weit und breit keine Nahrung

Am vierten Tag bahnte sich ein Großteil der Freibeuter mit einem Führer einen Weg durch den Dschungel. Ein weiterer Führer begleitete zwei Kanus, die den anderen drei Musketenschüsse vorausfuhren, falls man ihnen an den Flussufern auflauerte. Die Spanier ließen sie jedoch auf Schritt und Tritt von Spionen überwachen, die alle Verteidiger frühzeitig warnten oder den Bürgern und Eingeborenen rieten, sich zu verstecken und alle Vorräte mitzunehmen. Morgans Männer waren mittlerweile vom Hunger gezeichnet und zu schwach zum Kampf. In Torno Caballos trafen sich die Männer in den Kanus mit der Gruppe, die den Landweg genommen hatte. Der Führer der Vorhut hatte die Landgruppe gewarnt, dass man ihnen unweit von dort auflauerte. Die Bukaniere hatten die Nachricht freudig begrüßt, hofften sie doch auf Nahrung, nachdem sie vier Tage lang nichts gegessen hatten. In Torno Caballos gab es jedoch keine

Die Männer waren nun vom Hunger stark geschwächt und brannten darauf, gegen Spanier oder Indianer zu kämpfen, um an deren Vorräte zu kommen.

DIE SPEISEN DER PIRATEN

Hölzerne Schiffe waren «feuchte, dunkle, freudlose Orte, wo es nach Brackwasser und verfaultem Fleisch stank». Sie leckten und waren schwer trocken zu halten, daher litten die Piraten oft an Krankheiten, die durch Feuchtigkeit hervorgerufen werden. Abgesehen von der Notwendigkeit, Platz für den Transport der Beute zu bieten, musste ein Piratenschiff auch mehr Geschütze und kampffähige Männer an Bord nehmen als ein Handelsschiff.

Die Männer waren eng zusammengepfercht. Sie hielten das Deck sauber, indem sie es mit Branntwein reinigten. Unter Deck desinfizierte man die Räume mit brennendem Pech und Schwefel. Dennoch waren die Schiffe voller Kakerlaken, Flöhe und Ratten. Ratten waren eine willkommene Abwechslung in der eintönigen Kost aus gepökeltem Rind- und Schweinefleisch.

Mehl und getrocknete Bohnen verdarben schnell in den feuchten Schiffsrümpfen, nur gepökeltes Fleisch und Salzfisch waren haltbar. Wasser verdarb in den Holzfässern rasch, daher bevorzugte man Alkohol. Die Männer aßen von viereckigen Holztellern, die sie beidseitig benutzten und mit Brot „säuberten". Messer und Gabel gab es nicht.

Fleisch wurde in Salzlake in Holzfässern eingelagert. Das vom Salz gehärtete Fett setzte sich an der Innenwand der Fässer ab. Der Schiffskoch kratzte es ab und gab es den Männern, wenn sie auf eine Mahlzeit warteten und ein wenig plauderten. Meist versuchte er, ein wenig davon für seine „Schmiergeldkasse" zu behalten. Mit dem Fett konnte man Masten einschmieren, Leder konservieren, kochen und Kerzen herstellen, so dass es im nächsten Hafen Geld einbrachte.

Rindstorso (1655) von Rembrandt van Rijn (1606–1669). Frischfleisch war für Seeleute Luxus. Sie mussten es rasch verzehren, bevor sich Fliegen und Ratten darauf stürzten oder es in der tropischen Hitze verdarb.

Vorräte, abgesehen von 150 Ledersäcken, in denen Fleisch und Brot aufbewahrt worden war. Die Verteidiger hatten nichts zurückgelassen. Die Piraten aßen die Säcke und schlugen sich um die Lederfetzen.

Nachdem sie sich ausgeruht hatten, zog die Gruppe weiter nach Torno Muni, wo man abermals mit einem Hinterhalt rechnete. Auch dort fanden sie keine Vorräte, so dass sie in den Dschungel ausschwärmten, um Nahrung zu suchen, aber sie fanden nichts. Jene, die noch Leder aus Torno Caballos übrig hatten, aßen es zum Abendbrot. Sie schnitten es in dünne Streifen, dann bearbeiteten sie es zwischen zwei Steinen und tauchten es dabei regelmäßig ins Flusswasser, um es weich zu machen. Dann schabten sie die Haare ab und rösteten oder kochten es über dem Feuer. Sie aßen es in kleinen Stückchen, die sie mit großen Schlucken Wasser hinunterspülten. So bezwangen sie den Hunger für eine Weile.

Am Mittag des fünften Tages fanden sie in Barbacoa abermals Spuren eines spanischen Lagers, doch mit demselben traurigen Resultat. Auch diesmal waren nahe gelegene Pflanzungen und Häuser leer, weil die Spanier die Angreifer aushungern wollten. Durch Zufall wurde eine frische Grube entdeckt, in der sich zwei Sack Mehl, ein wenig Weizen, zwei große Krüge Wein und ein paar Kochbananen fanden. Morgan ließ den Fund augenblicklich verteilen, da einige seiner Männer inzwischen extrem schwach waren. Die Schwächsten wurden mit Proviant versorgt. Jene, die nicht mehr marschieren konnten, wurden

> *Zwei oder drei Bukaniere wurden durch Pfeile getötet, und die Indianer verhöhnten sie aus der Tiefe des Dschungels. «Ha! Ihr Hunde! Ins Flachland mit euch!»*

in Kanus gesetzt und deren Besatzungen der Landtruppe zugeteilt. Den ganzen Tag lang kamen sie nur langsam voran. In der Dämmerung erreichten sie eine weitere ausgeräumte Pflanzung. Die Männer fanden vor Hunger keinen Schlaf. Am sechsten Tag kamen sie immer langsamer voran. Sie mussten nicht nur ihre Waffen durch den Dschungel tragen und sich den Weg frei schlagen, sie wurden auch von Insekten gepeinigt und waren gezwungen in der tropischen Hitze immer längere Pausen einzulegen, da sie durch Mangel an Nahrung erschöpft waren. Sie aßen Blätter, Samen, Beeren und Gras und trotteten weiter. Mittags jedoch fanden sie eine Pflanzung mit einer Scheune voll Mais. Sie waren so überglücklich, dass sie die trockenen Körner verschlangen.

Vom Feind verhöhnt

Jeder Mann erhielt seinen Anteil. Nach einer weiteren Stunde Weges erblickten die Freibeuter einige Indianer und befürchteten einen Hinterhalt. Sie griffen zu den Waffen und warfen den Mais fort, weil er ihnen beim Kampf hinderlich gewesen wäre. Sie hofften, bei den Indianern neuen Proviant zu finden, aber sie entdeckten nur 100 Indianer, die sie vom anderen Flussufer aus beobachteten. Einige Piraten sprangen ins Wasser und versuchten, zu ihnen hinüberzuschwimmen. Sie waren entschlossen, die Feinde zu essen, wenn sie keine Nahrung fänden, doch die Eingeborenen verschwanden im Wald. Zwei oder drei Bukaniere wurden durch Pfeile getötet, und die Indianer verhöhnten sie aus der Tiefe des Dschungels: «Ha! Ihr Hunde! Ins Flachland mit euch!»

In jener Nacht schliefen sie, wo sie waren, da sie, um nach Panama zu gelangen, den Fluss überqueren mussten. Einige Männer klagten nun, Morgan habe das Glück verlassen. Andere konterten, sie wollten lieber sterben, als wieder in Armut zu leben. Die Mutigeren lachten und verspotteten die Verzagten. Einer der Führer brachte Trost, als er von einem nahe gelegenen Dorf berichtete. Er sagte, es werde bestimmt verteidigt, biete den verhungernden Männern aber reichlich Proviant.

So verbrachten sie die Nacht und bereiteten sich auf den Kampf vor. Aus jeder Pistole und Muskete wurde ein Schuss abgefeuert, um sicherzustellen, dass sie funktionierten. Dann überquerten sie den

Links: Zeitgenössischer Stich, der einen spanischen Kavalleristen in „Neuspanien" zeigt. Die meisten europäischen Kolonien in Amerika waren unter spanischer Herrschaft.

Urplötzlich ging ein Hagel aus 3000 oder 4000 Pfeilen auf sie nieder, doch sie konnten nicht ausmachen, wer sie beschoss und wo sich die Feinde versteckten.

Fluss in den Kanus und verließen Santa Cruz am siebten Tag. Sie marschierten bis zum Mittag, dann entdeckten sie in der Ferne den Rauch aus den Kaminen des Dorfes Venta de Cruz. Dort waren Menschen, also musste es auch Vorräte geben! Die Leute bereiteten bestimmt gerade ihr Abendbrot zu! Als sie voller Erwartung ankamen, mussten sie entdecken, dass die Spanier die Feuer entzündet hatten. Alle Häuser brannten bis auf den königlichen Speicher und Marstall.

Alle Tiere waren verschwunden außer ein paar streunenden Hunden und Katzen, welche die Bukaniere schossen, brieten und aßen. Vielleicht hatte man den königlichen Besitz unangetastet gelassen, weil es ein Verbrechen war, ihn anzuzünden, vielleicht war auch einfach nicht genug Zeit geblieben. Im Marstall fanden sie 15 oder 16 Krüge peruanischen Wein und einen Ledersack voll Brot. Als sie von dem Wein tranken, wurde fast allen übel, weil ihre Mägen voll mit Gras und Samen waren. Morgan begriff dies, sagte ihnen jedoch, der Wein sei vergiftet, denn er wusste, dass Wein den geschwächten Männern nicht bekommen würde. In den verkohlten Ruinen von Venta Cruz, 26 Leagues vom Chagres-Fluss und nur 24 von Panama entfernt, verbrachten sie eine weitere freudlose Nacht. Venta Cruz war der letzte Punkt flussaufwärts, der noch mit Schiffen oder Booten erreichbar war. Morgan musste seine Kanus zurücklassen und schickte sie zu seinen Booten zurück. Nur eines ließ er am Flussufer verbergen, da es vielleicht auf dem Rückweg für Erkundungsfahrten benötigt wurde.

Die Männer müssen im Lager bleiben

Morgans Männer hatten in nahe gelegenen Plantagen Spanier und Indianer gesehen, also befahl Morgan, dass niemand das Lager verlassen dürfe und jeder Erkundungstrupp mindestens 100 Mann stark sein müsse. Er wollte vermeiden, dass Piraten in Feindeshand fielen, die über den erbärmlichen Zustand seiner knapp 1000 Männer hätten berichten können. Der Hunger war jedoch stärker, und einige verzweifelte Freibeuter verließen auf der Suche nach Essbarem zu fünft oder zu sechst das Lager. Eine solche Gruppe wurde von einem Trupp aus Spaniern und Indianern überrascht, ein Freibeuter wurde gefangen genommen, sehr zu Morgans Verdruss. Er strafte die anderen Ungehorsamen nur mit Stillschweigen, weil die Moral seiner Truppe sonst noch tiefer gesunken wäre, falls dies überhaupt möglich war.

Am nächsten Tag, dem achten ihres Marsches, sandte Morgan eine 200 Mann starke Vorhut aus, die nach Hinterhalten auf den letzten acht Leagues des Weges Ausschau halten sollte. Die Straße war besser, so dass bis zu zwölf Mann nebeneinander marschieren konnten, doch regelmäßig verengte sie sich zu wahren Fallen. Nach zehn Stunden Marsch erreichte die Vorhut Quebrada Obscura, ohne Feinde gesehen zu haben. Urplötzlich ging ein Hagel aus 3000 oder 4000 Pfeilen auf sie nieder, doch sie konnten nicht ausmachen, wer sie beschoss und wo sich die Feinde versteckten. Sie feuerten auf Schatten im Wald, da sie hinter den ersten Baumreihen Indianer erspäht hatten. Die Freibeuter stürmten in den Wald, und die Indianer ergriffen die Flucht.

Eine Gruppe Indianer indes gab keinen Fuß Boden preis, was ihren Brüdern Gelegenheit gab, zu fliehen und sich zu sammeln. Schließlich fiel ihr Häuptling neben drei oder vier toten Stammesbrüdern schwer verwundet zu Boden. Die Bukaniere wollten ihn gefangen nehmen, doch er wollte keine Gnade und versuchte sich aufzurichten. Er schleuderte seinen Assagai und verletzte einen Piraten, daraufhin

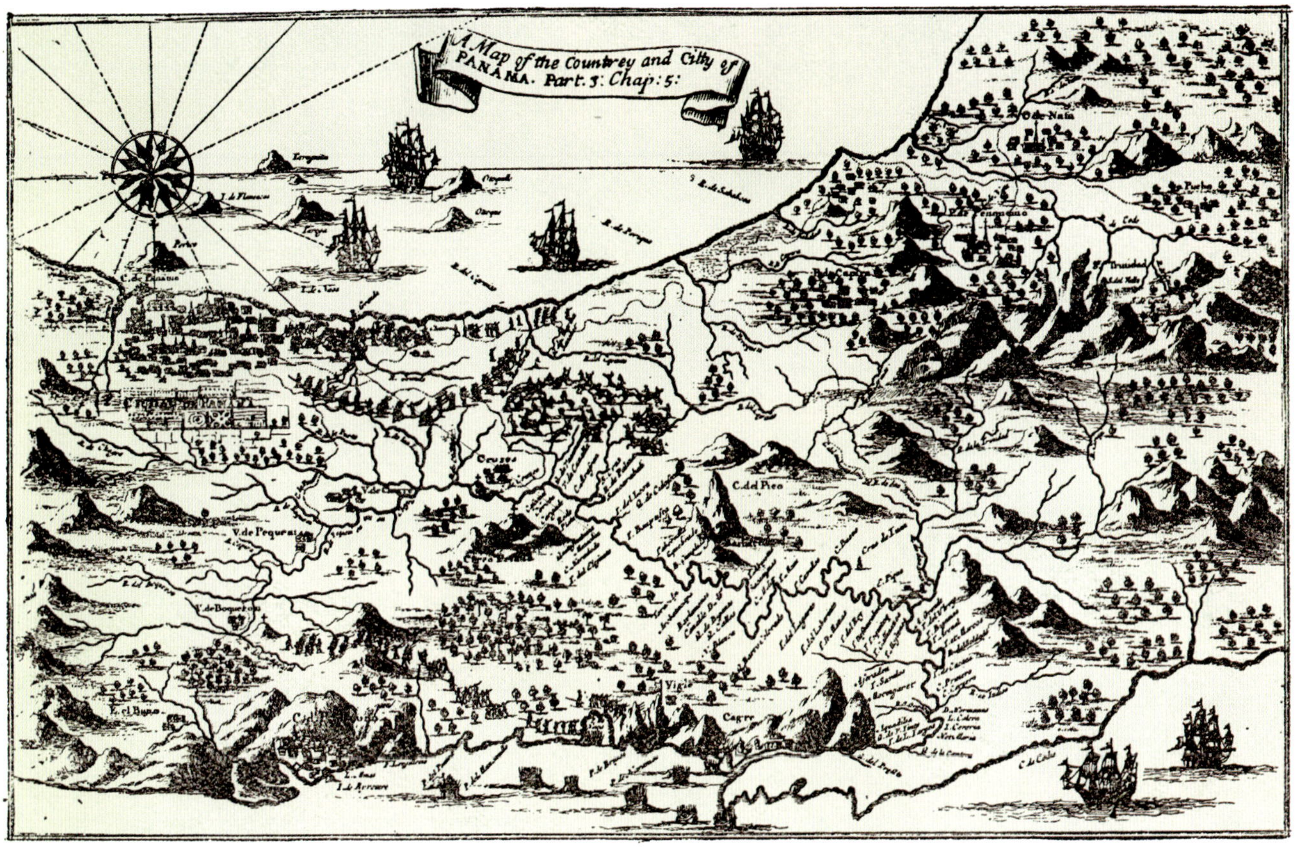

Oben: Panama war eine Stadt voller Schätze. Um sie zu erreichen, mussten Morgans Männer durch den Regenwald sowie den „Isthmus" überqueren, dargestellt auf dieser Karte von 1668.

streckte man ihn mit einem Pistolenschuss nieder. Die Indianer bewegten sich in den undurchsichtigen Wäldern so behände, dass keiner gefangen wurde. Alle Überlebenden entkamen und beschossen ihre Verfolger weiter mit Pfeilen. Die Vorhut hatte acht Tote und zehn Verwundete zu beklagen. Für den Angriff auf die reiche Stadt Panama blieben Morgan nun weit weniger als 1000 kampffähige Männer.

Als sie eine weite Savanne erreichten, sahen die Piraten einige Indianer auf einem Berg, von wo aus man ihren Vormarsch beobachten konnte. 50 von Morgans schnellsten und kräftigsten Männern versuchten, einen Gefangenen zu machen, doch die Indianer waren zu flink und zeigten sich danach an einem anderen Ort und riefen: «Ins Flachland mit euch, ihr Hahnreie, ihr englischen Hunde!» Während die verwundeten Bukaniere versorgt wurden, entdeckte Morgan, dass zwischen dem Hügel, wo sich seine Männer befanden, und dem Hügel der Spanier und Indianer ein bewaldetes Tal lag. Er vermutete einen weiteren Hinterhalt und entsandte erneut eine Vorhut von 200 seiner besten Männer. Als sie den Hügel hinab auf den Wald zugingen, taten dies auch die Feinde, als wollten sie dort kämpfen. Doch sie verschwanden und gaben den Weg frei.

In jener Nacht regnete es in Strömen. Die Piraten suchten Schutz, doch alle Hütten und Dörfer der Indianer waren niedergebrannt und Tiere und Vorräte weggeschafft worden. Die Freibeuter benötigten einen Unterschlupf, damit Waffen und Pulver nicht feucht und nutzlos wurden. Schließlich fanden sie ein paar kleine Schäferhütten. Morgan platzierte in jeder eine kleine Gruppe mit allen Waffen ihrer Kameraden. Die Gewehre wurden zusammengestellt, damit sie griffbereit waren. Um das Lager herum wurden Wachen aufgestellt. Die meisten verbrachten eine elende Nacht auf offenem Feld im strömenden Regen, der erst am Morgen nachließ.

Rechts: Ein Engel wacht über Casco Viejo, das alte Viertel von Panama-Stadt, das nach Morgans Überfall an neuem Ort wieder aufgebaut wurde.

Das Ziel kommt in Sicht!

Am frühen Morgen des neunten Tages war der Himmel bewölkt. Morgan versuchte, bis zur Gluthitze des Mittags ein möglichst großes Stück Wegs zurückzulegen, doch die schlammigen Pfade vereitelten dies. Nach etwa einer Stunde kamen rund 20 Spanier in Sicht, die den Marsch der Piraten beobachteten. Morgan versuchte, Gefangene zu machen, doch die Spanier versteckten sich in Höhlen. Schließlich schleppten sich die Piraten auf einen weiteren Berggipfel und sahen den Pazifischen Ozean!

Endlich war ihr Ziel in Sichtweite. Sie konnten eine Galeone und sechs Küstenschiffe auf dem Weg von Panama nach Taboga und Taboquilla sehen. Beim Abstieg kamen sie zu einer weiten Ebene, wo ganze Viehherden grasten. Überglücklich begannen sie, Kühe, Bullen, Pferde und Esel zu töten und zu häuten, während andere Feuer entfachten, um das Fleisch zu braten. Die Tiere wurden rasch in Stücke gehackt und das Fleisch ins Feuer geworfen. Die Männer warteten kaum, bis es heiß war, bevor sie es gierig in ihre Münder stopften. Ihre Wangen und Oberkörper waren voller Blut. Sie ähnelten bei ihrem Mahl mehr Kannibalen als Europäern.

Morgan unterbrach das Festmahl mit dem Befehl zum Aufbruch. Jeder hielt noch ein Stück Fleisch umklammert, doch die Männer traten hurtig in einer Reihe an. Der Marsch nach Panama wurde fortgesetzt und 50 Mann vorausgeschickt, um Gefangene zu machen. Morgan war in einer misslichen Lage, da er nichts über Stärke und Aufstellung seiner Feinde wusste. Hatten sie in den letzten zwei Wochen

Die Tiere wurden rasch in Stücke gehackt und das Fleisch ins Feuer geworfen. Die Männer warteten kaum, bis es heiß war, bevor sie es gierig in ihre Münder stopften. Ihre Wangen und Oberkörper waren voller Blut. Sie ähnelten bei ihrem Mahl mehr Kannibalen als Europäern.

Verstärkung bekommen, seit ihm berichtet worden war, dass 3600 Mann sie erwarteten? Gegen Abend traf die Vorhut auf 200 spanische Kavalleristen, die sie anbrüllten und dann davonritten. Die Piraten verstanden ihre Schmährufe jedoch nicht.

Kurz darauf kam der höchste Dachfirst der Stadt Panama in Sicht. Die Bukaniere warfen vor Freude ihre Hüte in die Luft, hüpften und ließen ihre Trompeten und Trommeln erklingen. Sie hatten das scheinbar Unmögliche geschafft und die Landenge von Panama gegen den Widerstand überlegener Kräfte passiert. Mit Morgan als Anführer und mit Fleisch im Bauch hielten sie die Schlacht für so gut wie gewonnen.

Morgan ließ ein Nachtlager aufschlagen, als sich von der Stadt ein Trupp aus 50 spanischen Reitern näherte, die vermutlich durch den Lärm gewarnt worden waren. Sie bliesen ebenfalls die Trompete, blieben aber außer Schussweite der jubelnden Freibeuter und riefen: «Hunde! Wir werden's euch zeigen!»

Dann kehrten die meisten in die Stadt zurück und stellten nur sieben oder acht Männer zur Beobachtung der Piraten ab. Kurz darauf begannen die Spanier, ihre größten Kanonen abzufeuern. Dies dauerte die ganze Nacht an, doch Morgans Leute ließen sich nicht bange machen, da sie außer Reichweite waren. Sie sammelten Stroh und füllten es in Säcke, auf denen sie vor der Schlacht ruhten.

Die 200 Kavalleristen, die sie früher am Abend gesehen hatten, tauchten hinter den Piraten wieder auf und schnitten ihnen den Rückweg ab, so dass sie umzingelt waren. Die Piraten stellten Wachposten auf, dann öffneten sie ihre Beutel und zogen ihr Bullen- oder Pferdefleisch zum Abendbrot hervor, bevor sie sich in ihren neuen Betten schlafen legten und ungeduldig den nächsten Tag erwarteten.

Unten: Morgans tollkühner Angriff auf Panama-Stadt, hier dargestellt in einer nicht datierten Illustration, wurde zum Stoff für Legenden.

Golddublonen, Escudos, Silberpesos und Dollars wurden häufig „geschält". Dabei wurden Streifen des kostbaren Metalls vom Rand der Münze geschnitten.

SILBERPESOS („ACHTERSTÜCKE")

Der Silberpeso war eine spanische Silbermünze, die vier Dollar oder acht Reales wert war. Im 17. und 18. Jahrhundert waren so viele dieser Münzen in Umlauf, dass sie fast auf der ganzen Welt akzeptiert wurden. Das amerikanische Dollarzeichen ($) wurde aus der Zahl 8 abgeleitet, die seitlich eingeprägt war. Der moderne amerikanische Ausdruck «not worth two bits» (wörtl. «keine zwei Stücke wert») stammt aus der Zeit, als Dollars spanischer Prägung in acht gleiche Stücke geschnitten wurden. Zwei solche *bits* waren zwei Achtel, also ein Vierteldollar. Silberpesos wurden in Mexiko, Peru und Kolumbien etwa 300 Jahre lang geprägt und waren die gängige Währung im Handel zwischen Europa und China. Sie waren in allen englischen Kolonien in Umlauf. Auch in den USA waren sie bis 1857 legales Zahlungsmittel. Für Escudos, die denselben Wert wie Silberpesos hatten, nahm man Gold. Eine Golddublone war acht Escudos wert. Bevor die Spanier mit der Ausbeutung Potosis (Bolivien) begannen, war Silber in der Alten Welt beinahe ebenso viel wert wie Gold. Die in der Neuen Welt geförderte Menge – die Spanier exportierten zwischen 1492 und 1830 vier Milliarden Pesos in Silber und Gold – drückte den Silberpreis jedoch auf ein Fünfzehntel des Goldpreises.

Die Piraten greifen Panama an

Bei Sonnenaufgang des zehnten Tages ließ Morgan seine Männer mit wehenden Fahnen und Trommeln in Schlachtordnung auf Panama marschieren. Ein Führer schlug Morgan vor, einen Weg durch den Wald zu nehmen, da er entlang der normalen Straße gefährliche Hinterhalte vermutete. Morgan stimmte zu, obwohl der neue Pfad nur schwer begehbar war. So aber konnten die Spanier überrascht werden, weil sie mit diesem schwierigen Umweg nicht gerechnet hatten. Um die Piraten zu bekämpfen, wenn diese aus dem Wald traten, mussten sie ihre Männer aus den Hinterhalten und Batterien abziehen und auf offenem Feld vor der Stadt neu aufstellen. Der Präsident formierte seine Streitmacht, die aus zwei Kavallerieschwadronen, vier Infanterieregimentern und einer riesigen Anzahl wilder Rinder bestand, die von Indianern und ein paar Negern getrieben wurden. Die Bukaniere überwanden einen Hügel, von dem aus Morgan die Stadt, die Streitmacht des Präsidenten und die spanische Schlachtaufstellung auf der Ebene unter ihnen beobachten konnte. Er sah, dass sie etwa vier zu eins unterlegen waren, und zweifelte am Ausgang der Schlacht. Es blieb jedoch nichts übrig, als zu kämpfen, so dass hohe Verluste zu befürchten waren. Die Freibeuter wollten bis zum Tod kämpfen, weil sie keine Gnade erwarten durften. Sie ermutigten sich gegenseitig mit Gerede über große Reichtümer und das schöne Leben auf Jamaika und Tortuga.

Morgan hatte weniger als 1000 gesunde Männer und wandte seine „Rautentaktik" an. In zwei Flügeln, mit einem Bataillon als Nachhut und einem Stoßtrupp von 200 französischen Scharfschützen mit den besten Musketen marschierte er den Hügel hinab und dem Feind in der Savanne entgegen. Als sie sich näherten, riefen die Spanier: «Es lebe der König!» Dann griff die Kavallerie Morgans Männer an.

Der Angriff beginnt

Die Ebene war durch den heftigen Regen stark aufgeweicht, und die Reiter sanken im Morast ein. Während die spanische Kavallerie nur langsam vorankam, luden die französischen Scharfschützen ihre Musketen und feuerten. Eine Reihe kniete und feuerte, während eine andere dahinter die Waffen lud. Dann feuerte die zweite Reihe, derweil die erste nachlud. Auf diese Weise wurde die Kavallerie unter Dauerbeschuss genommen. Die Spanier feuerten eine Salve vom Pferd aus und versuchten, den Angriff fortzusetzen. Zugleich versuchte die spanische Infanterie, ihren Reitern zu Hilfe zu eilen, wurde jedoch auf beiden Seiten von Morgans Männern angegriffen. In der Hoffnung, so die Formation der Piraten aufzubrechen, trieb man die wilden Bullen auf das hintere Bataillon zu. Die Scharfschützen im exponierten letzten Glied wandten sich jedoch um, schwenkten Fahnen und erschossen die Leitbullen, worauf die Herde kehrt machte und ihre Treiber niedertrampelte. Derweil fuhren Morgans Vorhut und die Flügel fort, die spanische Infanterie und Kavallerie mit schnellen, gezielten Schüssen niederzustrecken.

Unten: Die spanische Kavallerie weicht vor Morgans Scharfschützen zurück.

Unten: Der Stich eines Unbekannten zeigt Morgan mit Franziskanermönchen.

Gegenüber: Kostbare Seide und Wandteppiche waren eine begehrte Beute. Diese spanische Seidenstickerei aus dem 16. Jahrhundert zeigt Christoph Kolumbus.

Nach zwei Stunden erbitterten Kampfes lagen viele Spanier tot auf dem Schlachtfeld. Unter den Gefallenen waren die meisten Kavalleristen und ihre Pferde, die wenigen Überlebenden flohen. Als die Infanterie sah, dass sich ihre Reiter zurückzogen, erkannten sie, dass der Sieg verloren war. Sie feuerten einen letzten Schuss ab und rannten in alle Richtungen davon. Die Freibeuter, ermattet von der Reise und der Schlacht, folgten ihnen nicht. Als sie im Schilf eines nahe gelegenen Flusses jedoch einige Feinde aufstöberten, erschossen sie diese sofort. Eine Gruppe Franziskaner wurde gefangen genommen und zu Morgan gebracht. Obwohl sie um Gnade flehten, ließ er sie mit Pistolen erschießen.

Morgan befragte einen Kavalleriehauptmann, den sie verwundet auf dem Schlachtfeld gefunden hatten. Dieser sagte, die Spanier hätten 400 Mann Kavallerie, 24 Kompanien Fußvolk, 600 Indianer und einige Neger und Halbblute, die die 2000 Bullen trieben. Außerdem erfuhr Morgan, dass es in der Stadt mit Mehlsäcken befestigte und von Gräben umgebene Geschützstellungen gab. Zudem gab es ein Fort mit acht Messingkanonen und 50 Soldaten. Dieses Fort müssten Morgans Männer passieren. Um dies zu vermeiden, änderte Morgan seine Marschroute, musterte zuvor jedoch seine Streitmacht. Er hatte einige Männer verloren, stellte aber fest, dass er mehr Spanier getötet und verwundet hatte als ursprünglich angenommen. Insgesamt waren es 600 Tote, dazu kamen die Verwundeten und Gefangenen. Die Bukaniere waren ermutigt darüber, dass sie ihren Feinden solche Verluste beigebracht hatten. Die nächste Schlacht, sollte es denn eine geben, würde sicher leichter sein als jene, die sie gerade durchlitten hatten. Nach einer Ruhepause schworen sie sich gegenseitig Treue und machten sich wieder auf den Weg. Ihre Gefangenen nahmen sie mit.

Die Wucht der Verteidigung überraschte sie. Die Spanier waren trotz ihrer schweren Verluste nicht aus der Stadt geflohen, sondern empfingen sie mit heftigem Kanonenfeuer, Kartätschen und Musketensalven. Auf den Hauptstraßen hatte man aus gefüllten Mehlsäcken Feldschanzen errichtet, jede verteidigt von Kanonenbatterien. Der Kampf – Straße um Straße – war blutig, und die Piraten verloren mehr Männer als auf der Ebene. Sie kämpften jedoch so erbittert, dass sie die Verteidiger langsam zurückdrängten, und nach drei Stunden heftigen Gefechts verließen die Spanier die Stadt.

Die Bukaniere suchten nach Beute, doch die längst gewarnten Bürger hatten ihre Habe versteckt. Trotzdem fanden sie einige Warenhäuser, in denen reichlich Seide, Leinen und andere Güter lagerten. Morgan gab Befehl, dass niemand Wein trinken solle, weil dieser angeblich vergiftet sei. Viele glaubten, er habe dies nur befohlen, damit seine Männer nüchtern blieben, für den Fall eines Überraschungsangriffs seitens der Spanier.

SUFF UND GELAGE

Piraten waren oft betrunken, nicht zuletzt, weil ihnen kaum etwas anderes übrig blieb, als Alkohol zu trinken. Wasser wurde in den Fässern schnell schleimig und war voller Krankheitserreger. Auf See wie an Land bevorzugte man daher Cidre, Bier und Wein. Vom 17. Jahrhundert an war der karibische Rum auf See beliebter als Bier, welches rasch sauer wurde. Den Männern, die Tag und Nacht feuchte Kleidung trugen und schlecht ernährt wurden, lieferte der Alkohol zudem dringend benötigte Kalorien zur Aufrechterhaltung der Körpertemperatur. Wein wurde auf den Westindischen Inseln in „Röhren" aus Blei aufbewahrt, was bei vielen Trinkern zu Krankheiten wie der „trockenen Kolik" führte. Glas war zu zerbrechlich für den Gebrauch an Bord, also trank die Mannschaft aus Lederkrügen, die mit Pech behandelt waren, damit sie ihre Form behielten.

EXZESSIVES TRINKEN

Wenn es um Alkohol ging, bedienten sich die Piraten einer sehr bildhaften Sprache. „Vollgesaugt" etwa bedeutete volltrunken. Ein „Flaschensauger" war ein Säufer. „Saugstoff" war starker Alkohol und „Saugrum" qualitativ hochwertiger Rum. „Sich das Gesicht wegsaugen" bedeutete, dass man ein schwerer Trinker war. Ebenso viele Ausdrücke gab es für die Folgen extremen Alkoholgenusses. Zu den bildhaftesten zählt vielleicht «die Katze hat in meinem Mund geworfen».

Links: *Lederner „blackjack", ein Trinkgefäß von 1712.*

Rechts: *Trinken war die Freude der Piraten. Dieses flämische Gemälde „Der bittere Schluck" stammt aus dem 17. Jahrhundert.*

RUMFUSTIAN UND PUNSCH

Rumfustian war ein beliebtes Heißgetränk der Piraten, das aus rohen Eiern, Zucker, Sherry, Bier und Gin zusammengemischt wurde. Stärker war die sogenannte Rumbullion – «der dämonische Sprössling des Rumfustian». Für einen Punsch wurde hochprozentiger Alkohol oder Wein mit Tee, Fruchtsaft, Zucker, Gewürzen und Limonensaft gemischt. Die Piraten tranken ihn häufig mit einem Schöpfer aus dem Kessel. Tavernen bezeichnete man oft als Punschhäuser.

Oben: *Die Windmühle der Rumdestillerie Trois-Rivières auf Martinique.*

RUM

Rum wurde „Grog", „Piratentrunk", „Teufelstöter", „Barbadoswasser", „Dämonenwasser" oder „Nelsons Blut" genannt. Da er aus Zuckerrohr leicht herzustellen war, war er in der Karibik überall verfügbar. Ab 1740 begann man mit der Destillation in großem Stil, was Rum zu einer der beliebtesten Spirituosen jener Zeit machte.

DAS «SODOM DER NEUEN WELT»

Port Royal war neben Boston die größte englische bzw. französische Ansiedlung in der Neuen Welt. 1680 gab es dort für 3000 Einwohner über 100 lizenzierte Tavernen. 1690 waren ein Viertel der Gebäude «Bordelle, Spielhöllen, Tavernen und Grog-Kneipen». Ein englischer Geistlicher machte im 17. Jahrhundert auf dem Absatz kehrt und segelte auf demselben Schiff zurück in die Heimat. Er schrieb: «Diese Stadt ist das Sodom der Neuen Welt. Der Großteil ihrer Einwohner besteht aus Piraten, Halsabschneidern, Huren und einigen der widerwärtigsten Personen der Welt. Ich hielt meine Anwesenheit daher für sinnlos.»

Oben: *Piraten in einer Taverne (amerikanischer Stich). An Land verbrachten sie ihre Zeit in Spelunken und verprassten dort ihre Beute.*

DREI SCHOTEN ZUM WIND

Eine Schot ist eine Leine, mit der ein Segel nach dem Wind ausgerichtet wird. An Schratsegeln befindet sich nur eine Schot, an einem Rahsegel zwei. Bei einer Hochtakelung verwendet man zwei Schoten für das Haupt- und eine für das Focksegel. Ein Betrunkener hätte also immer noch Mühe, einen geraden Kurs zu halten, selbst wenn er drei Schoten hätte, um seine Segel zu trimmen. Wenn alle drei Schoten losgelassen wurden, sagte man «sie sind im Wind», wodurch das Schiff ins Schlingern geriet. Wenn das Boot «drei Schoten zum Wind» hat, füllen sich die Segel nicht mit Wind und das Schiff bewegt sich nicht voran, sondern treibt leewärts.

Links: *Henry Morgan beim Feiern, kolorierter Stich aus dem 19. Jahrhundert.*

KAPITEL X

Kapitän Morgan entsendet Kanus und Boote in die Südsee – Er brennt Panama nieder – Die Grausamkeiten der Piraten – Ihre Rückkehr in die Festung Chagres

Unten: Die Catedral Metropolitana in Panamas Casco Viejo (altem Viertel) wurde im Laufe von über 100 Jahren erbaut und 1798 geweiht.

Ganz unten: Dieser Kirchturm, wo Morgan Gefangene hielt, gehört zu den wenigen Überresten des alten Panama.

Gegenüber: Porträt Henry Morgans beim Überfall auf Panama, 1671.

Die Stadt wird niedergebrannt

Admiral Morgan ließ Panama rasch absichern, indem er in und vor der Stadt Wachen aufstellen ließ. Danach befahl er 25 Männern, eine Bark in Besitz zu nehmen, die bei Ebbe im Schlick auf Grund gelaufen war und nun im Hafen festsaß. Bei Flut konnte eine Galeone einlaufen, doch bei Ebbe ging die See eine Meile zurück. Um die Mittagszeit schickte er Männer aus, die einige große Gebäude anzündeten, er streute jedoch das Gerücht, die Spanier hätten die Feuer gelegt. Bei Einbruch der Nacht brannte die Stadt lichterloh. Die Piraten versuchten den Brand einzudämmen, indem sie Häuser sprengten, die von den Flammen als Nächste ergriffen würden, doch ohne Erfolg. Die meisten Häuser waren aus Zedernholz gebaut, und in vielen befanden sich noch zurückgelassene Stickereien und herrliche Gemälde.

Es gab sieben Klöster, einen Konvent, ein Hospital, eine Kathedrale und eine Pfarrkirche, die alle verbrannten. In diesen Kirchen hätten sich kostbarer Altarschmuck, Juwelen, Silber und Gold befunden, doch die Mönche hatten alles fortgeschafft. Ungefähr 2000 Häuser gehörten reichen Kaufleuten und weitere 3000 Händlern und Handwerkern. Ebenso wurden viele Stallungen zerstört, in denen die Pferde und Maultiere des Königs eingestellt waren. Sie wurden gebraucht, um Silber zur *flota* in der Karibik zu transportieren. In den Vorstädten gab es fruchtbare Pflanzungen, Obsthaine und Gärten.

Die Genuesen unterhielten für den Handel mit Negersklaven ein stattliches Haus in Panama. Dieses Gebäude wurde auf Morgans Geheiß bis auf die Grundfesten niedergebrannt. Über 5000 Gebäude und 200 Lagerhäuser wurden ein Raub der Flammen. Einige dienten als Mehlspeicher, in vielen versteckten sich Sklaven vor den Piraten, doch alle Gebäude wurden zerstört. Die Brände schwelten vier Wochen lang, während die Piraten vor der Stadt kampierten, weil sie fürchteten, die Spanier könnten sich sammeln und abermals angreifen.

Morgan hatte viele Männer verloren. Seine Verwundeten wurden in der einzigen Kirche untergebracht, die man verschonte. Trotz seiner dezimierten Streitmacht und der Gefahr eines Angriffs der Spanier entsandte er 150 Männer zur Festung Chagres, um die Siegesbotschaft zu überbringen. Unter den Augen einiger Spanier eskortierten die Bukaniere die Gruppe einen Teil des Weges aus der Stadt hinaus. Einige Male versuchten Morgans Männer, die versprengten Spanier anzugreifen, aber sie flohen bei der geringsten Bedrohung. Am selben Nachmittag verlegte Morgan seine Männer in die Stadt, doch nur wenige Gebäude waren noch bewohnbar. In der Asche stöberten sie nach geschmolzenem Gold und Silber und fanden in Brunnen und Zisternen noch manche Kostbarkeit.

Die Schatzgaleone entkommt

Unter den Augen der Spanier stellte Morgan am nächsten Tag zwei Gruppen zu je 150 Mann unter dem Kommando von John Davis auf. Sie sollten die Verstecke der Einwohner ausfindig machen. Nach zweitägiger Suche brachten sie über 200 Gefangene zurück – Männer, Frauen und Sklaven. Am selben Tag

kehrte die eroberte Barke mit drei vor Taboga und Taboquilla gekaperten Booten zurück. Eine Galeone, beladen mit den Schätzen des Königs und der reichsten Kaufleute Panamas, war ihnen jedoch knapp entkommen. Das Schiff wäre leicht zu kapern gewesen, da es nur mit sieben Kanonen und zwölf Musketen bewaffnet war. Es hatte den Hafen so schnell verlassen, dass es nur Toppsegel für den Hauptmast besaß und zu wenig Wasser für seine lange Reise an Bord war.

Die Piraten erfuhren davon, als sie sieben Männer gefangen nahmen, die man mit einem Boot zum Wasserholen an Land geschickt hatte. Davis vergnügte sich jedoch mit Trinken und gefangenen spanischen Damen, weshalb die Galeone entkommen konnte. Am nächsten Tag erkannte er sein Versäumnis und nahm die Verfolgung auf, doch die Spanier waren bereits gewarnt, weil das von den Bukanieren aufgebrachte Boot verschwunden war. Als Morgan von der entwischten Beute erfuhr, tobte er und entsandte alle vier im Hafen liegenden Barken mit 120 Mann, um nach der Galeone zu suchen. Gefangene hatten ihm erzählt, wo das Schiff womöglich Zuflucht suchen könnte. Nach acht erfolglosen Tagen kehrten sie nach Taboga und Taboquilla zurück. Dort stießen sie auf ein gutes Schiff aus Payta, beladen mit Zucker, Backwaren, Stoffen und Seife sowie 20 000 Silberpesos. Es gab keinen Widerstand. Ein weiteres Schiff mit Gefangenen von den Inseln wurde ebenfalls mit nach Panama genommen.

Der nach Chagres entsandte Konvoi kehrte mit guten Nachrichten für den Admiral zurück. Zwei Schiffe, die er dort zurückgelassen hatte, kreuzten kampfbereit vor der Flussmündung, um seine Flotte

JOHN DAVIS UND DIE SCHATZGALEONE

Der in Port Royal auf Jamaika lebende John Davis hieß mit richtigem Namen wahrscheinlich Robert Searle. Unter Christopher Myngs befehligte er die mit acht Geschützen bestückte „Cagway" bei Überfällen auf Santa Maria, Santiago de Cuba und in Kolumbien. Danach nahm er an Beutezügen in der Karibik teil.

Bei Morgans Überfall auf Panama erhielt Davis den Auftrag, keine spanischen Schiffe aus dem Hafen entkommen zu lassen. Davis entdeckte und reparierte eine Bark, die die Spanier hatten verbrennen wollen, und kaperte mit ihr drei Schiffe. Danach suchten er und seine Mannschaft die Küste weiter nach versteckten Schiffen ab. Auf den Inseln, wo sie anlegten, machten sie Gefangene.

Auf Taboga entdeckten seine Männer einen verborgenen Vorrat an peruanischem Wein. Bis zum Abend waren die meisten so betrunken, dass sie sich nicht mehr rühren, geschweige denn Wachen aufstellen konnten. So bemerkte niemand, dass sich eine spanische Galeone von See näherte und vor Anker ging. Dieses Schiff setzte ein Boot mit leeren Fässern aus, um frisches Wasser zu holen. Durch Zufall gelang es den Piraten, die Besatzung zu überrumpeln und sieben Männer gefangen zu nehmen. Davis drohte ihnen mit Folter und fand heraus, dass es sich bei dem Schiff um die „Santissima Trinidad" mit 400 Tonnen handelte, beladen mit spanischem Silber und riesigen Mengen an Gold, Perlen, Juwelen und anderen kostbaren Gütern der reichsten Kaufleute Panamas.

Davis befahl seinen Männern, die Galeone zu entern, doch sie waren zu betrunken. Als das Boot nicht zurückkehrte, wurde der Kapitän des Schatzschiffes unruhig, und da ihm die in der Nähe vertäute Bark verdächtig erschien, lichtete er Anker und floh. Bis Tagesanbruch war er außer Sichtweite. Nach diesem Vorfall fiel Davis bei Morgan für immer in Ungnade. Jahre später geriet der spanische Kapitän der „Santissima Trinidad" im Pazifik in Gefangenschaft des englischen Freibeuters William Dampier, dem er die Geschichte seiner Flucht erzählte.

Dieser Silberkelch wurde im 17. Jahrhundert in Südamerika gefertigt. Kapitän Morgan und seine Gefährten riskierten für solche Schätze ihr Leben.

Oben: Morgans Männer bei der Rückkehr von einem Streifzug nach Panama (Howard Pyle). Der Pirat rechts hat ein blutiges Souvenir mitgebracht.

zu schützen. Sie könnten den anderen Schiffen genug Zeit verschaffen, um das offene Meer zu erreichen. Sie entdeckten ein spanisches Schiff in Sichtweite der Festung und nahmen die Verfolgung auf. Die Piraten in der Festung hissten sofort die spanische Flagge. In der Hoffnung auf Rettung lief der spanische Kapitän in den Hafen von Chagres ein. Dort jedoch wurden er und all seine Männer gefangen genommen. Das Schiff hatte hauptsächlich Lebensmittel an Bord. Da Morgans Männern der Proviant ausging, war die Fracht für sie wertvoller als Silber.

Die Piraten foltern

Nach dieser Nachricht beschloss Morgan, so lange in der Provinz Panama zu bleiben, bis er alle Wertsachen geplündert hätte. Täglich entsandte er Gruppen von 200 Piraten auf Beutezug. Wenn diese zurückkehrten, wurde eine weitere Gruppe ausgerüstet und losgeschickt. So trugen sie viele Reichtümer zusammen und machten Gefangene, die man folterte, um herauszufinden, wo sie ihren Besitz versteckt hatten. Derweil nahmen Morgans Schiffe in Chagres ihre räuberische Tätigkeit wieder auf. Kampfbereit auf offener See oder im Mündungsgebiet waren sie sicherer als vor Anker liegend in der Bucht.

Ein Gefangener in Panama war der Diener eines reichen Herrn. Er selbst war ein armer Mann, doch er hatte ein gutes Hemd und seidene Kniehosen gestohlen, die er nun statt seiner Lumpen trug. In einer Hosentasche hatte er einen silbernen Schlüssel, und man folterte ihn, um herauszubekommen, zu

Da er immer noch nicht gestand, zurrten sie ein Seil um seinen Kopf, bis die Augen groß wie Eier erschienen und beinahe aus dem Schädel quollen.

Rechts: Die Kaufmannsfrau, für die Morgan entflammt war, war vermutlich ähnlich gekleidet wie die Komtess von Valencia auf dem Gemälde von Claudio Coello (1642 – 1693).

welchem Schrank oder zu welcher Truhe er gehörte. Er gab an, den Schlüssel im Haus eines reichen Mannes gefunden zu haben, doch seine Peiniger glaubten ihm nicht und spannten ihn auf die Streckbank. Da er immer noch nicht gestand, zurrten sie ein Seil um seinen Kopf, bis die Augen groß wie Eier erschienen und beinahe aus dem Schädel quollen. Dann hängten sie ihn an seinen Genitalien auf, schlugen ihn und schnitten ihm Nase und Ohren ab, bevor sie sein Gesicht mit brennendem Stroh versengten, so dass er nicht mehr sprechen oder schreien konnte. Als er dem Tode nahe war und immer noch nichts zu verraten hatte, befahlen sie einem Neger, ihn mit einem Speer zu durchbohren.

Die schöne Gefangene

Die Piraten wüteten gegen alle. Vertreter der Kirche wurden besonders grausam behandelt, es sei denn, sie konnten hohe Summen als Lösegeld bieten. Auch die Frauen wurden schlecht behandelt, vor allem von Kapitän Morgan. Sobald er sich eine schöne Frau zuführen ließ, brach er ihren Willen mit allen Mitteln. Da war zum Beispiel die junge Ehefrau eines Herrn von den Inseln Taboga und Taboquilla, die europäische Frauen an Schönheit bei Weitem übertraf. Ihr Ehemann, ein reicher Kaufmann, war auf Geschäftsreise in Peru. Morgan befahl, sie solle ein eigenes Zimmer und eine Negerin als Dienstmagd haben und mit größtem Respekt behandelt werden. Die Dame flehte, bei ihrer Verwandtschaft bleiben zu dürfen, da sie um ihre Tugend fürchtete, doch Morgan erklärte ihr, sie stehe unter seinem Schutz. Sie erhielt sogar Speisen von Morgans Tafel.

Morgan geriet in Wut und ordnete Einzelhaft für sie an. Man nahm ihr die Kleider weg und setzte sie auf eine Hungerration.

Schließlich glaubte die Frau tatsächlich, Morgan wäre ein Ehrenmann und die Piraten wären nicht gar so böse, wie sie geglaubt hatte. Sie hatte sogar gehört, sie glaubten nicht an Jesus Christus oder die Heilige Dreifaltigkeit. Als die spanische Armee die Stadt zum Kampf gegen die Bukaniere verlassen hatte, hatten die Frauen die Soldaten gebeten, Souvenirs von den *ladrones*, den Räubern, mitzubringen. Einige hatten sogar zusehen wollen, wie die Piraten abgeschlachtet würden. Ihre Ehemänner hatten dies jedoch verweigert und gesagt, die Piraten seien allesamt scheußliche Untiere. Als diese Frauen nun die Piraten sahen, riefen sie: «Jesus, die Piraten sehen ja aus wie die Spanier!» Die Frau des Kaufmanns, die Morgan für einen Ehrenmann hielt, sagte: «Die Räuber sind so galant wie die Spanier.»

Morgans Avancen scheitern

Jeden Tag besuchte Morgan die Kirche, wo die Gefangenen eingekerkert waren, und insbesondere das Zimmer der edlen Dame. Er beobachtete sie durch die Gittertür, sprach mit ihr auf Spanisch und erlaubte den Besuch ihrer Freunde. Nach drei Tagen voller Galanterie sandte er der Dame eine Botschaft, in der er sie aufforderte, ihm zu Willen zu sein. Nachdem er darauf keine Antwort erhalten hatte, bat er sie am vierten Tag unter vier Augen um ihre Gunst und schenkte ihr Gold und Juwelen. Die Dame wies ihn jedoch zurück. Nun begann Morgan zu drohen und verhieß ihr tausend Qualen und Foltern. Sie aber blieb standhaft und sagte: «Sir, mein Leben ist in Euren Händen; was jedoch meinen Körper betrifft hinsichtlich dessen, wozu Ihr mich überreden wollt, so wird meine Seele eher durch die Gewalt Eurer Arme von meinem Leib getrennt werden, als dass ich mich Eurem Wunsch füge.» Morgan geriet in Wut und ordnete Einzelhaft für sie an. Man nahm ihr die Kleider weg und setzte sie auf eine Hungerration.

Unten: Diese Karte zeigt Morgans Route nach Panama. Die Spanier rechneten nicht mit einem Angriff auf dem Landweg über die Landenge.

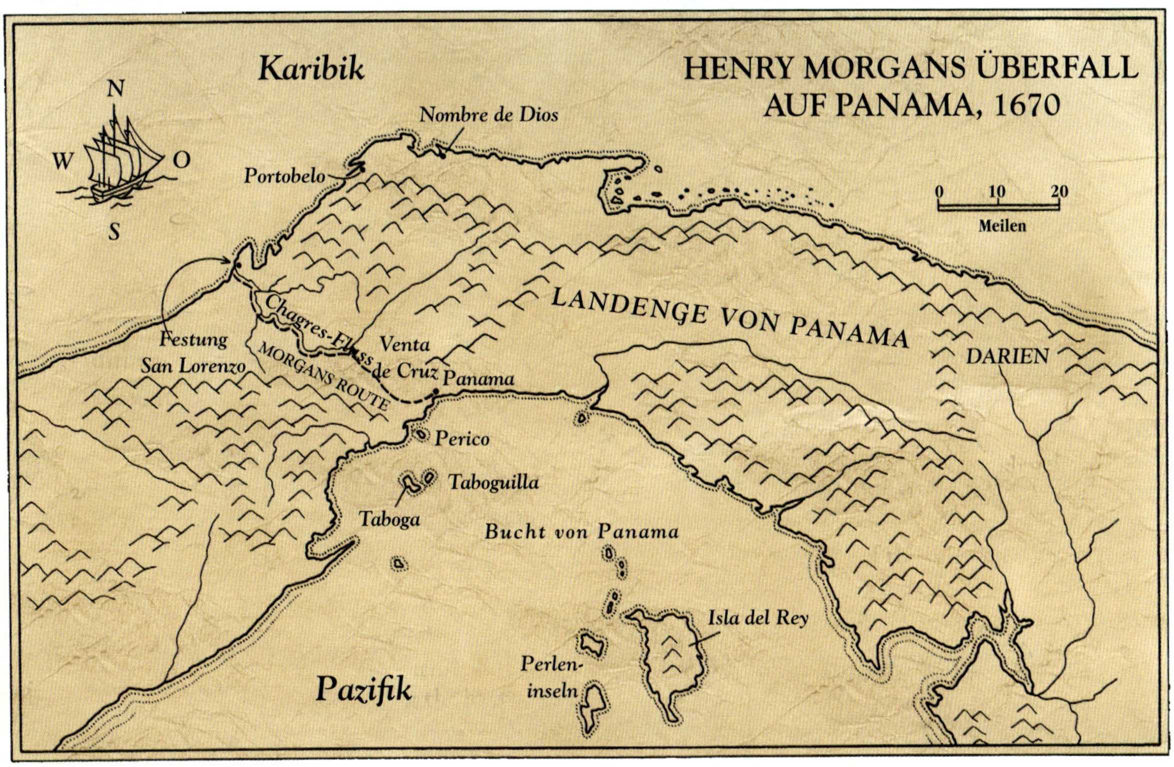

Rechts: Franziskanische Märtyrer, Gemälde von Don Juan Carreno de Miranda (1614–1685). Im Zeitalter der Inquisition waren spanische Priester den Piraten in der Karibik verhasst.

Sie blieb jedoch standhaft und betete zu Gott, er möge ihr die Kraft geben, Morgan zu widerstehen. Morgan rechtfertigte diese Behandlung damit, dass sie einen Negersklaven mit Briefen zu den Spaniern geschickt hätte.

Rückzug aus Panama

Nach drei Wochen in Panama beschloss Morgan, die niedergebrannte Stadt zu verlassen. Er befahl seinen Männern, Maulesel zu suchen, um die Beute zu dem acht Leagues entfernt gelegenen Fluss zu transportieren, wo die Kanus lagen. Zur selben Zeit verabredeten 100 Piraten, das größte Schiff im Hafen zu stehlen, um in der Südsee auf Raubzug zu gehen und dann über die Ostindischen Inseln nach Europa zurückzukehren. Sie trugen zuvor beiseitegeschaffte Ausrüstung zusammen: Musketen, Pulver und Kanonen. Doch Morgan erfuhr von ihrem Plan und befahl, den Hauptmast des Schiffes abzusägen und zu verbrennen, was auch bei den anderen Booten im Hafen getan wurde.

Alle Geschütze wurden vernagelt. Für Männer, Frauen, Sklaven und sogar Mönche forderte Morgan Lösegeld und schickte zu diesem Zweck Gefangene und einige Mönche aus. Er hatte erfahren, dass der Präsident von Panama den Piraten beim Rückzug aus Panama auflauern lassen wollte, also wurden Späher entsandt. Sie kehrten mit neuen Gefangenen zurück, die sagten, der Präsident habe diese Pläne

Um nicht zu verhungern, hatten die Verteidiger Bussarde geschossen, die sich von den Leichen der Spanier ernährten.

zwar durchführen wollen, habe jedoch nicht genug Soldaten für die Ausführung seiner Befehle, und seine Männer seien desertiert.

Am 14. Februar 1671 verließ Morgan Panama mit 600 Gefangenen und 175 Mulis, beladen mit Gold, Silber und anderen Kostbarkeiten. Eine League vor der Stadt schlugen sie ein kreisförmiges Lager an einem Fluss auf und nahmen die Gefangenen in ihre Mitte. Diese schrien die ganze Nacht, weil sie ihre Stadt nicht verlassen wollten. Die Frauen flehten Morgan auf Knien an, wenigstens ihre verhungernden Kinder ziehen zu lassen. Dieser entgegnete kalt, ihr Wehgeschrei interessiere ihn nicht, nur ihr Geld. Wenn Lösegeld gezahlt werde, lasse er sie gehen. Er hatte die Essensrationen sehr knapp gehalten, um ihren Willen zu brechen.

Am nächsten Tag setzten sie den Marsch fort. Eine Vorhut ging voran, die Gefangenen in der Mitte, gefolgt von einer Nachhut aus Piraten, welche die Gefangenen andauernd stießen und antrieben, schneller zu gehen. Die Sonne stand bald hoch am Himmel, und der Marsch wurde zur Qual. Die schöne Frau, die Morgan hatte verführen wollen, wurde von zwei Piraten geführt. Sie sagte ihnen weinend, sie habe zwei Mönche gebeten, Geld herbeizuschaffen, das sie versteckt hatte, doch sie hätten damit einige ihrer Brüder freigekauft. Die Piraten glaubten ihr nicht, doch dann brachte ein Sklave einen Brief, der dies bestätigte. Morgan ließ sie gehen und nahm an ihrer statt die Mönche als Geiseln. Diese wurden drei Tage später von ihren Brüdern freigekauft. Dann erreichte die Gruppe Venta de Cruz am Chagres-Fluss, wo Morgan den Gefangenen eine dreitägige Frist setzte, Lösegeld aufzutreiben, sonst würden sie nach Jamaika verschleppt. Einige Gefangene wurden ausgelöst. Als Proviant für die Schiffe wurde Reis und Mais beschafft. Die Bukaniere verließen Venta de Cruz zu Fuß und in Kanus und nahmen so viel Beute mit, wie sie tragen konnten.

Unten: Truthahngeier (fälschlicherweise Bussarde genannt) ernähren sich von Aas. Sie steigen in große Flughöhen auf und haben einen ausgezeichneten Geruchssinn, mit dem sie Kadaver rasch orten können.

Die Suche nach den Freibeutern

Auf halbem Weg nach Chagres ließ Morgan seine Männer in Kompanien antreten. Jeder Einzelne musste schwören, dass er keinerlei Gold, Silber, Perlen oder Edelsteine beiseitegeschafft hatte. Morgan wusste, dass einige Schurken logen, und ließ alle durchsuchen und ihre Tornister inspizieren. Dies habe er vorab mit seinen Kapitänen und Vertrauten so vereinbart. Ein Mann aus jeder Kompanie durchsuchte die anderen, bevor er sich derselben Prozedur unterziehen musste. Auch Morgan und seine Kapitäne wurden durchsucht.

Die Boote, Kanus, Maulesel und Männer erreichten am 19. März die Festung Chagres. Dort waren die meisten Verwundeten an ihren Verletzungen, Hunger oder Fieber gestorben. Um nicht zu verhungern, hatten die Verteidiger Bussarde geschossen, die sich von den Leichen der Spanier ernährten. Diese Vögel sind so groß wie Truthähne. Als ich sie zum ersten Mal sah, schoss ich daher aus Versehen zwei. Vier von ihnen fressen an einem einzigen Tag einen ganzen Ochsen oder ein Pferd. So schnell sie fressen, so schnell scheiden sie das Verdaute am anderen Ende wieder aus. Es sind scheue Vögel, die kein lebendiges Tier angreifen, nicht einmal ein kleines, solange es

Die Piraten, die in der Festung Chagres geblieben waren, berichteten, dass die Bussarde kaum mehr als zwei Unzen Fleisch am Leibe gehabt hätten, als sie sich zum ersten Mal über die Leichen hermachten. Nach einem nächtlichen Festmahl jedoch waren sie fett wie Truthähne.

sich noch bewegt. Ihre Schnäbel können Tierhaut nicht durchdringen, also hacken sie die Augen aus, kriechen durch diese Öffnungen mühsam in den Rumpf des Tieres und fressen es von innen heraus. Nur Haut und Knochen bleiben übrig.

Sie richten großen Schaden bei den Herden auf der Weide an. Neugeborenen Kälbern, Fohlen oder Lämmern hacken sie die Augen aus. Ganze Schwärme folgten den Jägern, wie sie jetzt den Bukanieren folgen, denn bei jedem Beutezug fällt reichlich für diese Vögel ab, seien es Leichen oder Kadaver. Sie kündigten den Spaniern die Ankunft der Freibeuter an. Wenn sie einen Schwarm sahen, sagten diese: «Die Piraten kommen.» Bussarde leben auf dem amerikanischen Kontinent und auf einigen Inseln wie Kuba oder Jamaika. Man findet sie auch in Städten, wo sie die Abfälle durchstöbern. Sie sitzen stets auf Kirchtürmen und Hausdächern und warten. Wenn Fleisch oder etwas anderes aus einem Haus geworfen wird, stürzen sich zehn oder 20 von ihnen herab. Sie können lange fasten; Experten meinen, sie könnten einen ganzen Monat ohne Nahrung auskommen. Die Piraten in der Festung Chagres berichteten, dass die Bussarde kaum mehr als zwei Unzen Fleisch am Leibe gehabt hätten, als sie sich zum ersten Mal über die Leichen hermachten. Nach einem nächtlichen Festmahl jedoch waren sie fett wie Truthähne. Ich berichte dies, weil wir solche Vögel in Europa nicht haben.

Verteilung der Beute und Morgans Verrat

Bei der Ankuft in Chagres befahl Morgan, die Beute möglichst schnell zu verteilen, da die Lebensmittel knapp waren. Außerdem schickte er eine Schaluppe nach Portobelo, um die Gefangenen von Santa

Rechts: In Chagres wird die Beute verteilt, bevor die Piraten wieder an Bord gehen (Gemälde von Howard Pyle). Viele empfanden ihren Anteil als zu gering und beklagten sich.

Catalina freizulassen und Lösegeld für die Festung Chagres zu fordern. Das Schiff kehrte nach nur zwei Tagen zurück. Die Spanier hatten sich barsch geweigert, mit Morgan zu verhandeln, und teilten ihm mit, sie könnten mit der Festung nach Belieben verfahren. Sofort begann Morgan mit der Verteilung der Beute, doch viele Männer beschwerten sich, da jeder nur 200 Silberpesos erhielt. Der Wert des Silbers wurde auf lediglich zehn Silberpesos pro Pfund geschätzt, etliche Juwelen waren billiger Tand, und viele wertvolle fehlten, was Morgan angelastet wurde. Er wollte jedoch keine Klagen und Anschuldigungen hören. Als er sah, dass sich die Stimmung seiner Gefolgsleute gegen ihren Anführer wandte, riss er die Festungsmauern ein, verbrannte die Gebäude und schaffte die Messinggeschütze auf sein Schiff.

Ohne einen Freibeuterrat einzuberufen, setzte er unverzüglich Segel, gefolgt von nur drei oder vier Schiffen unter dem Kommando seiner treuesten Kapitäne. Einige französische Schiffe nahmen die Verfolgung auf, da sie glaubten, dass sich ein Großteil der Beute auf seinen Schiffen befinde. Sie mussten jedoch umkehren, da sie nicht genug Proviant für die Fahrt nach Jamaika hatten. Admiral Morgan hatte alle Vorräte mitgenommen. Die Piraten saßen nun auf ihren Schiffen in Chagres fest, neben einem brennenden Fort und ohne Lebensmittel.

Oben: Morgan und seine getreuen Kapitäne stechen unangekündigt nach Port Royal in See (Anonymus).

GLOSSAR

Asiento (auch: *assiento*) – Spanisch für „Übereinkunft". Bezieht sich hier auf einen Erlass der spanischen Regierung, der von 1543 bis 1834 anderen Ländern den Sklavenhandel mit den spanischen Kolonien gestattete.

Assagai (auch: Assegai) – Wurfspeer mit Eisenspitze.

Bandelier – Schultergurt mit Behältern für Schwarzpulver.

Barbacoa (auch: *barbacu*) – Feuerstelle der Taíno-Indianer, Ursprung des Wortes *barbecue*.

Bark – Dreimaster mit Rahsegeln an Haupt- und Fockmast sowie einem Schratsegel am Kreuzmast.

Boucan – Französischer Begriff für ein Gitter aus grünem Holz, das die Bukaniere als Grill verwendeten (siehe: Bukanier).

Brander (Feuerschiff) – Mit brennbaren Stoffen und Schießpulver beladenes Schiff, das dem Feind entgegengetrieben wurde, um dessen Schiffe in Brand zu setzen oder in die Luft zu sprengen.

Bukanier – Vom französischen *boucanier* abgeleitet, einem Jäger von wilden Bullen und Kühen, der sein Fleisch auf einem *boucan* zubereitete. Der Begriff wurde erst später für Piraten verwendet.

Cacique (dt. Kazike) – Eingeborenenhäuptling in Lateinamerika und der spanischsprachigen Karibik.

Chata – Flaches Boot.

Cromster – Kleines Schiff, das im 16. und 17. Jahrhundert in Küstengewässern eingesetzt wurde.

Derroterro (auch: *derrotero*) – Spanisches Schifffahrtshandbuch des 16. und 17. Jahrhunderts, in dem Ansichten der Küste vom Meer aus abgebildet waren. Der entsprechende portugiesische Begriff *roteiro* wurde zum französischen *routier* und zum englischen *rutter*.

Dublone – Spanische Goldmünze. Der Begriff leitet sich von *doblón* (doppelt) ab, da die Münze den doppelten Wert einer *pistole* hatte, die im 17. und 18. Jahrhundert in ganz Europa in Umlauf war.

Faden – Einheit zur Messung der Wassertiefe; etwa 1,8 Meter.

Färbermaulbeerbaum – Amerikanischer Tropenbaum, aus dessen Kernholz sich Farbe gewinnen lässt.

Flota (auch: Silberflotte) – Die spanische Flotte, die vom 16. bis 18. Jahrhundert Güter aus Europa zu den spanischen Kolonien in Amerika transportierte und mit Gold und Silber beladen nach Spanien zurückkehrte.

Freibeuter – Pirat oder gesetzloser Abenteurer.

Freibeuter (Kaperschiff) – Bewaffnetes Schiff in Privateigentum, das mit der Genehmigung eines Staates (Kaperbrief) feindliche Schiffe kapern durfte.

Gabione (Schüttkorb) – Behälter aus Weidengeflecht, gefüllt mit Steinen oder Erde, der zur Befestigung verwendet wurde.

Galiot – Kleine, wendige Galeere, die im Mittelmeerraum weitverbreitet war.

Grog – Hochprozentiger Alkohol, typischerweise Rum, mit Wasser verdünnt. Der Begriff leitet sich angeblich von „Old Grog" ab, dem Spitznamen von Admiral Vernon (1684–1757), der das Getränk für seine Matrosen erfunden haben soll.

Hoy – Kleines Küstensegelschiff mit einem Schratsegel.

Kaperbrief – Lizenz, ein Schiff zu bewaffnen, um damit feindliche Handelsschiffe zu kapern oder andere Taten zu begehen, die ansonsten als Piraterie gelten würden.

Karacke – Großes Handelsschiff, das vom 14. bis 17. Jahrhundert in europäischen Gewässern verkehrte.

Kaschuapfel – Essbare Frucht des Kaschubaums (*Anacardium occidentale;* auch: Cashewbaum).

Kopal – Harz verschiedener Tropenbäume, das zur Firnisherstellung verwendet wurde.
Korsar – Pirat des südlichen Mittelmeers im 17. Jahrhundert; auch Bezeichnung für ein Piratenschiff.
Krähenfuß – Metallkugel mit Stacheln, die auf den Boden geworfen wurde, um Menschen und Pferde zu verletzen.
Ladrone – Spanisch für Räuber oder Wegelagerer.
Landratte – Person, die mit der Seefahrt nicht vertraut ist.
Liane – Kletterpflanze, die in tropischen Regenwäldern von den Bäumen hängt.
Magenstein – Gebilde, das sich in den Mägen von Wiederkäuern findet. Magensteine waren als perlenähnliche Kostbarkeiten begehrt und galten als Gegenmittel bei Vergiftungen.
Mammiapfel – Die essbare Frucht des Laubbaumes *Mammea americana,* welcher der Mangostane ähnelt.
Matate – Indianersklave der Spanier.
Moidore – Portugiesische Goldmünze, die im 18. Jahrhundert in England weitverbreitet war und einen Gegenwert von etwa 27 englischen Schilling darstellte.
Montera – Hut ähnlich dem der spanischen Stierkämpfer.
Nopal (Feigenkaktus) – Kaktusart mit essbarem Fleisch, das in der mexikanischen Küche häufig verwendet wird.
Palliasse – Strohmatratze, Strohsack.
Paterara – Vorrichtung zum Schießen von Steinen oder Mörtelbrocken.
Piroge – Kleines, flaches Boot westafrikanischer Fischer und der Cajuns in der Marschlandschaft Louisianas. Leicht genug, um an Land gebracht zu werden.
Rah – Bestandteil der Takelage; quer zur Fahrtrichtung am Mast angebrachtes Rundholz, an dem die Segel befestigt sind.
Rauchbombe – Primitiver Vorläufer des Tränengases; kleiner Tonkrug, gefüllt mit brennendem Schwefel und manchmal auch verfaultem Fisch, der vor dem Entern auf das Deck des angegriffenen Schiffes geworfen wurde.
Reede – Geschütztes Gewässer in Ufernähe, wo Schiffe vor Anker gehen können.
Rodehacke – Werkzeug mit den Eigenschaften einer Axt und eines Pickels.
Seehund – Alter, erfahrener Seemann.
Schiff auf die Seite legen – Vorgehensweise beim Kalfatern, Putzen und bei Reparaturen.
Schiffsbohrwurm – Kein Wurm, sondern eine Muschel, die sich ins Holz frisst und dessen Stabilität beeinträchtigt.
Shanty – Seemannslied mit abwechselnden Strophen und Refrains, das bei der Arbeit an Bord gesungen wurde.
Silberpeso – Spanische Silbermünze, die vier Pesetas oder acht Reales wert war. Im 17. und 18. Jahrhundert waren so viele dieser Münzen in Umlauf, dass sie fast weltweit akzeptiert wurden.
Strappado – Foltermethode, bei der das Opfer mit einem Seil an seinen hinter dem Rücken gefesselten Händen in die Höhe gezogen wurde.
Veycou – Bierartiges alkoholisches Getränk aus fermentiertem Maniokmehl.
Vlieboot (auch: Flyboat, Saetia) – Kleines, wendiges Boot.
Walrat – Von Pottwalen abgesonderte, wachsartige Substanz, die oft in tropischen Gewässern treibend gefunden wird und in der Parfümherstellung Verwendung findet.
Zwangsrekrutierer (auch: Presskommando) – Einheit der britischen Royal Navy, die von 1664 bis ins frühe 19. Jahrhundert Männer zum Dienst in Armee und Marine zwang.

BIBLIOGRAPHIE

Bücher

Breverton, Terry: *Admiral Sir Henry Morgan: The Greatest Buccaneer of Them All.* Wales: Glyndwr Publishing, 2005.

Breverton, Terry: *The Pirate Handbook: A Dictionary of Pirate Terms and Places.* Wales: Glyndwr Publishing, 2004.

Cordingley, David: *Unter schwarzer Flagge: Legende und Wirklichkeit des Piratenlebens.* Zürich: Sanssouci Verlag, 1999.

Earle, Peter: *The Sack of Panama: Captain Morgan and the Battle for the Caribbean.* New York: St. Martin's Press, 2007.

Galvin, Peter R.: *Patterns of Pillage : A Geography of Caribbean-Based Piracy in Spanish America 1536–1718.* New York: Peter Lang Publishing, 1999.

Gerhard, Peter: *Pirates of the Pacific: 1575–1742.* Lincoln: University of Nebraska Press, 1990.

Kemp, P. H. and Lloyd, Christopher: *The Brethren of the Coast: British and French Buccaneers in the South Seas.* London: Heinemann, 1960.

Lane, Kris: *Blood & Silver: A History of Piracy in the Caribbean and Central America.* Oxford: Signal Books, 1999.

Linebaugh, Peter und Rediker, Markus: *Die vielköpfige Hydra: Die verborgene Geschichte des revolutionären Atlantiks.* Berlin: Assoziation A, 2008.

Little, Benerson: *The Buccaneer's Realm: Pirate Life on the Spanish Main 1674–1688.* Washington D.C.: Potomac Books, 2007.

Little, Benerson: *The Sea Rover's Practice: Pirate Tactics and Techniques 1630–1730.* Washington D.C.: Potomac Books, 2005.

Rediker, Markus and Flinn, Kathleen: *The Slave Ship: A Human History,* New York: Penguin, 2007.

Talty, Stephan: *Empire of Blue Water: Captain Morgan's Great Pirate Army, the Epic Battle for the Americas, and the Catastrophe That Ended the Outlaws' Bloody Reign.* New York: Crown Publishing Group, 2007.

Winston, Alexander: *No Purchase, No Pay: Morgan, Kidd and Woodes Rogers in the Great Age of Privateers and Pirates 1665–1715.* Eyre & Spottiswoode: London, 1970.

Websites

www.en.wikipedia.org/wiki/List_of_pirates
Hintergrundinformationen und weiterführende Hyperlinks zu Dutzenden von Piraten und Freibeutern.

www.de.wikipedia.org/wiki/Piraterie
Deutsche Wikipedia-Seite mit vielen Informationen vom Anfang der Piraterie bis heute.

www.gutenberg.org/etext/19564
Project Gutenberg bietet ein komplettes Who's who der Piraten von Philip Gosse.

www.nationalgeographic.com/pirates/
Piratenspaß für Kinder von National Geographic.

www.thepirateking.com
Reichhaltige Information über Piraten, Bukaniere und Freibeuter; Seite wird betrieben von Rob Ossian.

www.sieben-meere.de
Kompakte und solide historische Informationen mit Hinweisen zu Liedern, Literatur und Filmen.

www.piratesinfo.com/main.php
Übersichtliche Darstellung und gutes Material über berüchtigte Piraten.

REGISTER

Kursiv gesetzte Seitenzahlen verweisen auf Abbildungen

K

L

M

N

O

P

Q

R

S

UMRECHNUNGSTABELLE

Längenmaße:
1 League = 3 Meilen
1 Meile = 1,609344 Kilometer (= britische Landmeile)
1 Fuß = 30,48 Zentimeter
1 Zoll (Inch) = 2,54 Zentimeter
1 Faden (Fathom) ca. 1,83 Meter

Angaben zu Maßen und Gewichten in historischen Quellen sind ungenau, da es im 17. Jahrhundert keine einheitlichen Maßsysteme gab.

Flächenmaß:
1 Quadratfuß ca. 0,09 Quadratmeter

Geschwindigkeit:
1 Knoten = 1,852 Kilometer pro Stunde

Gewicht:
1 Zentner = 50 Kilogramm

BILDNACHWEIS

Quellen: AKG = akg-images, London; BAL = Bridgeman Art Library; AA = The Art Archive; MEPL – Mary Evans Picture Library; Scala = Scala, Florenz

u = unten; m = Mitte; o = oben; l = links; r = rechts

Seiten: 1 Getty Images/Hulton; 4–5 BAL/Royal Geographical Society; 8 Topfoto; 9 Corbis/Blue Lantern Studio; 10–12 Esquemeling, J., The Buccaneers of America 1684-1685, Routledge, London 1928; 14–15 & 16 BAL; 17o Corbis; 17u Topfoto; 18ol Alamy; 18u MEPL; 19o Marshall Editions, London; 20 Topfoto/Roger Viollet; 21 MEPL; 22ul Scala/DeAgostini Collection; 22ur AA/Archivo General de Indias, Sevilla; 23 & 24o Corbis/Owen Franken; 24u Photo Library/Oxford Scientific Films; 25 Corbis/Stapleton Collection; 26 Scala/The Pierpont Morgan Library; 27 MEPL 28 Alamy; 30 BAL/Bibliothèque Nationale, Paris, Archives Charmet; 31 MEPL; 32 BAL/Service historique de la Marine, Vincennes; 35 BAL/Privatsammlung; 36 DK Images; 38-39 AKG; 40 MPL; 41BAL/Fitzwilliam Museum, University of Cambridge; 42 Library of Congress/ Manuscript Division; 43 BAL/ The Stapleton Collection; 44ol AA/Eileen Tweedy; 44ul AA/Biblioteca Nacional, Madrid/Gianni Dagli Orti; 44ur Art Directors/Trip; 45o Corbis/ Macduff Everton; 45mr Oronoz; 45u AA; 46 BAL/Library/ Delaware Art Museum, Wilmington, USA, Schenkung Dr. James Stillman; 48 BAL/Privatsammlung; 49 AKG/Rabatti-Domingie; 50 BAL/ Privatsammlung; 51l Bild aus Exquemelin, A.O., Los Piratas de America, Editora de Santo Domingo, Spanien 1979; 51r AKG/Staatliche Kunstsammlungen Dresden, Rüstkammer; 54 DK Images; 55 Pierre LeGrand; 56 MEPL; 57 The British Library, London; 58o Scala/ HIP; 58u AA; 58–59 Corbis/Bohemian Nomad Picturemakers; 60o Scala/HIP; 60u AA/Musée Condé, Chantilly/Dagli Orti; 61 BAL/Prado, Madrid; 62 Esquemeling, John, The History of the Buccaneers of America, Sanborn, Carter and Bazin, Boston 1856; 63 BAL/British Library, London; 64 BAL/Privatsammlung/Peter Newark American Pictures; 66o BAL/Musée Carnavalet, Paris/Giraudon; 66u Corbis/ James L. Amos; 66ul Getty Images; 66l, 67gesamt Bilder mit freundlicher Genehmigung von DK Images; 69 DeAgostini/The Indies Archives; 70o Scala/HIP; 70u Bild mit freundlicher Genehmigung von Terry Breverton; 71Corbis/Stapleton Collection; 72 Topfoto/HIP; 73AKG; 74 Corbis/Bettmann; 75 Exquemelin, A.O., The Buccaneers of America, Editora Taller, 1992; 76 BAL/Library of Congress, Washington D.C; 77 South American Pictures; 78 Corbis/Jonathan Blair; 79 National Maritime Museum; 80 DeAgostini; 82 Corbis/ Jonathan Blair; 83 Jupiter Images; 84ul The Lordprice Collection; 84ur National Maritime Museum; 85or Corbis/Joel W. Rogers; 85ml & 85ur Ships – A Concise Guide in Colour, Hamlyn, London 1973; 87 Topfoto/Fotomas; 88 Corbis/David Muench; 89 AA/Galleria Estense, Modena/Dagli Orti; 90 AA/Biblioteca Nazionale Marciana, Venedig/ Dagli Orti; 93 BAL/Library of Congress, Washington D.C; 95 AA/Service historique de la Marine, Vincennes/Dagli Orti; 96–97 BAL/Service historique de la Marine, Vincennes; 98 BAL /Peter Newark Pictures; 100 National Archives/Public Records Office, London; 101 MEPL; 102 Corbis; 103 Corbis/Danny Lehman; 104 MEPL; 105 AKG; 106 National Maritime Museum; 107 Photos12.com/Oronoz; 108ol AKG; 108or AA; 109 BAL; 110 MEPL; 111 AA; 112 Photos12.com/Oronoz; 113ol BAL/Aisa; 113or Hispanic Society; 114o Alamy; 114u MEPL; 115 Exquemelin, A.O., De Americaensche Zee-Rovers, Amsterdam, 1678; 116 BAL/Aisa; 117 AA/Museo del Prado, Madrid;118o Eye Ubiquitous; 118ul Scala/British Library/HIP; 118ur MEPL; 119or BAL; 119m & 119u mit freundlicher Genehmigung von DK Images; 120 Photos12.com/Oronoz; 121o mit freundlicher Genehmigung von Piratedocuments.com; 123 BAL; 125 Corbis/Richard Cummins; 126 Exquemelin, A.O., De Americaensche Zee-Rovers, Amsterdam, 1678; 127 Scala/HIP; 128 BAL/Privatsammlung; 130 mit freundlicher Genehmigung von DK Images; 131ol BAL/Art Museum, Mass; 131or BAL/Archives Charmet; 131u Wellcome Images; 132u AKG; 133 BAL/Privatsammlung; 136 & 137 Getty Images/Hulton;139 BAL; 141 AGE Fotostock; 143 BAL; 144 Scala/New York Public Library; 145 Eye Ubiquitous; 146l Superstock/Frederick Judd Waugh; 146r BAL/Privatsammlung; 147o BAL; 147m National Maritime Museum; 147o BAL; 149 MEPL; 150 BAL/Philip Mould Ltd, London; 151 Corbis/ Jeremy Horner; 153o MEPL; 153u South American Pictures; 155 Corbis/Richard Bickel; 156 Corbis; 157 AGE Fotostock; 158ul, 158um & 158ur MEPL; 159 DK Images; 161AKG; 162 Corbis/Blaine Harrington; 163 Corbis/Richard Hamilton Smith; 164 AA; 165 Photos12. com/Oronoz; 167 Lord Price Collection; 168 AGE Fotostock/Ken Welsh; 169 Corbis/Bettman; 170 AGE Fotostock/Richard T. Nowitz; 171 Getty Images/Hulton; 172 MEPL; 173 BAL/Giraudon; 174l BAL/ Ashmolean Museum, University of Oxford; 174r AA/Musée des Beaux-Arts, Dijon/Dagli Orti; 175o Alamy/Banana Pancake; 175mr BAL/Peter Newark Pictures; 175u AKG; 176o Alamy/Humberto Olarte Cupas; 177 Getty Images/Hulton; BAL/Thomas Lumley Antiques, London; 179 MEPL; 180 BAL/Instituto de Valencia de Don Juan, Madrid; 181 Marshall Editions, Bild aus Esquemeling, J., The Buccaneers of America, William Swan Stallybrass (Hg.), George Routledge & Sons, 1924; 182 BAL/Museo de Santa Cruz, Toledo; 183 Corbis/ Academy of Natural Sciences of Philadelphia; 184 & 185 MEPL.